KB092008

정세현의 정세토크

정세현의 정세토크

초판 1쇄 발행 2010년 11월 10일
초판 4쇄 발행 2012년 1월 10일

지은이 정세현
정　리 황준호
펴낸이 이영선
펴낸곳 서해문집
이　사 강영선
주　간 김선정
편집장 김문정
편　집 허　승 임경훈 김종훈 김경란 정지원
디자인 오성희 당승근 안희정
마케팅 김일신 이호석 이주리
관　리 박정래 손미경

출판등록 1989년 3월 16일 (제406-2005-000047호)
주　소 경기도 파주시 교하읍 문발리 파주출판도시 498-7
전　화 (031)955-7470 | **팩스** (031)955-7469
홈페이지 www.booksea.co.kr | **이메일** shmj21@hanmail.net

ⓒ 정세현 · 황준호, 2010
ISBN 978-89-7483-450-0 03300

이 도서의 국립중앙도서관 출판시도서목록(CIP)은 e−CIP 홈페이지(http://www.nl.go.kr/ecip)에서
이용하실 수 있습니다.(CIP제어번호: CIP2010003945)

정세현의 정세토크

60년 편견을 걷어내고 상식의 한반도로

서해문집

머리말

이명박 정부 출범 후 남북관계와 대외관계가 예전 같지 않을 조짐을 보이던 2008년 7월 초, <프레시안>에서 '말로 쓰는 칼럼' 형식의 정세 분석 코너를 연재하자는 제의가 들어왔다. 내가 한 주제를 정해서 말로 해설하면 기자가 글로 정리하는 방식의 새로운 시도였다. 아이디어가 참신하다는 생각과 함께, 반년 혹은 길어야 1년 정도면 되겠지 하는 생각으로 쉽게 승낙을 했었다. 그랬던 작업이 2년을 넘기리라고는 생각도 못했고, 더구나 그걸 묶어서 책으로 낸다는 생각은 애당초 하지도 않았었다. 그때그때 시사성이 높은 문제들을 다루는 것이고, 내가 구술은 하지만 내 손으로 직접 집필하는 것도 아니었기 때문이다.

그런데 '정세현의 정세토크'라는 연재 제목이 운율이 맞아서 눈에 띄었던지 꽤 읽힌다는 얘기가 들리고, 강의 시간에 '정세토크'의 내용을 인용하기도 한다는 몇몇 교수들을 만나면서 책임감 비슷한 것을 느꼈다. 그러다 보니 기왕에 할 바에는 독자들의 반응과 수준에 맞게 서비스를 하는 게 도리라고 여기게 됐다. 그래서 현실 문제에 대한 분석과

정책 대안에 대한 이해에 도움이 될 수 있는 역사적인 선례나 이론적 배경을 가끔 곁들이기 시작했다.

그것이 다소 지루하게 느껴졌을 수도 있고, 역사 얘기를 하다가 이론 얘기를 하고, 정부를 비판하는가 싶다가 어느 새 정책 대안이 제시되는 등 독자들이 혼란스러웠을지도 모르겠다. 그럼에도 불구하고 '정세토크'가 오랜 시간 나름대로 좋은 반응을 얻었던 것은 난삽한 구술을 황준호 기자가 깔끔한 문장으로 다듬어냈기 때문이다. 나는 황 기자가 정리한 초고를 약간 수정·보완해서 최종본을 확정하곤 했다.

연재가 막 2년을 넘어서던 2010년 여름 서해문집 출판사가 '정세토크'를 재구성해 책으로 내자고 제의해왔지만, 나 자신은 사실 좀 망설였다. 기본적으로 이미 지나간 일들에 대한 분석이었고 내가 제시한 대안들도 타이밍이 지난 것들이기 때문에, 그걸 다시 의미 있게 들춰볼 독자가 있겠나 싶어서였다. 그러나 출판사 측에서는 '정세토크'가 기본적으로 시사성이 있지만 이론성도 겸비하고 있다는 바로 그 점 때문에 독자가 있을 거라며 나를 설득했다. 그렇게 해서 출판을 수락하게 되었고 이렇게 책으로 꾸며졌지만, 여전히 부족한 점이 많기 때문에 걱정되는 부분이 적지 않다.

　그렇다고 해도 책을 내면서 한 가지 바라는 게 있다면, 스스로 보수층에 속해 있다고 생각하는 분들이 많이 읽었으면 좋겠다는 것이다. 인터넷 매체에 접근하기가 귀찮았거나 이런저런 이유로 다소 거부감이 있던 분들이 오프라인으로 나온 '정세토크'를 통해 내 이야기를 듣고 생각을 달리하는 계기가 되면 좋겠다. 설령 거기까지는 어렵다면, 남북관계에 대한 편견을 일단 내려놓고 흉금을 터놓고 토론할 수 있는 기회가 이 책을 통해 마련됐으면 한다.

　나는 '정세토크'를 하면서 진보니 보수니 어느 한쪽에 치우치지 않고 '상식'에 맞게 한반도 문제를 보는 틀을 제시하는 데 역점을 뒀다. 특히 보수적인 분들의 눈높이에 맞추려고 애썼다. 그러다 보니 진보와 보수 양쪽 모두 불편한 부분도 없지 않았을 테지만, 그런 불편함을 무릅쓰고 이 책을 통해 나와의 '토크'를 시작했으면 하는 바람이 크다.

  <프레시안>과 함께 했던 '정세토크'가 기본 소스가 되긴 했지만 이 책을 위해 모든 문장을 다시 쓰고 때로는 몇 개의 토크를 재구성했다. 목차도 '정세토크'가 나갔던 순서를 버리고 크게 세 부분으로 나눠 다시 짰다. 또한 이미 지난 일들이 많다 보니 각각의 글마다 간단하게라도 해제를 붙였다. 시의성이 너무 강한 글은 뺐기 때문에 건너뛰는 부분이 없지 않지만 해제를 꼼꼼히 읽는다면 전체의 흐름을 파악하는 데 그리 큰 어려움은 없으리라고 생각한다. 쉽지 않은 일을 나와 같이 해내고 있는 황준호 기자, 그리고 이렇게 훌륭한 책으로 탈바꿈시켜준 서해문집에 고마울 따름이다.

2010년 11월
정 세 현

차례

01

남북의 망령들

코스트가 있으면 베네핏도 있다

보수 진영이 남북교류에 제동을 걸면서 내놓는 단골 메뉴 중 하나가 통일비용이다. 통일비용론은 "돈이 많이 든다"는 인식을 퍼뜨려 남북교류를 어렵게 하는 데에서 나아가 "고로 통일을 해서는 안 된다"는 통일무용론의 이데올로기로 쓰이고 있다.

통일비용 논란의 실체

며칠 전에 한 신문을 보니까 2007년 정상회담에서 나온 10·4 선언을 다 이행하려면 14조 3000억 원이 든다고 통일부가 국회에 보고했다고 합니다. 10·4 선언 이행에 얼마나 드느냐만 물어봐서 그렇게 답했는지 모르겠지만, 코스트cost(비용)를 말할 때는 반드시 베네핏benefit(수익, 효과)에 대한 설명이 있어야 합니다. 그게 상식 아녜요? 특히 이명박 대통령은 CEO 출신입니다. '이 정도의 돈을 들여서 땅을 사고, 토목공사에 얼마, 건축에 얼마, 내장에 얼마를 들여서 시장에 내놓으면 얼마짜리가 되고, 그러면 우리 회사는 돈을 얼마나 번다.' 이런 방식에 아주 익숙해 있는 분입니다. 대통령 보고나 국회 보고나 마찬가지죠. 그리고 또 국민들한 테도 코스트가 14조 들어가면 베네핏이 얼마로 예상된다는 걸 분명히 얘기해야 해요.

또, 예산이나 경비 관련 얘기를 할 때는 그 돈이 얼마 동안 투자되는 돈인가 하는, 소요 기간을 명시해야 돼요. 10·4 선언 이후 합의된 걸 보면, 5년 이상 걸리는 게 있는 반면, 효과가 바로 나는 사업도 있어요. 예를 들어서 조선소 같은 건 북한한테 지어주는 게 아니에요. 북한에 조선소를 만들지만 싼 노동력을 가지고 우리 조선산업의 경쟁력을 높이는 거죠. 조선소를 가령 1억 달러 들여 만들면, 인건비 때문에도 현대중 공업이나 대우조선해양 같은 데서 어차피 블록 공법을 쓰기 때문에 투자 환수 시간이 굉장히 짧을 거예요. 그런 걸 얘기해야죠. "연평균 얼마씩 들어간다. 우리한테는 언제부터, 전체적으로 얼마만큼 수익으로 돌아온다"를 같이 설명해야죠.

한나라당 국회의원 한 분이 우리가 북한에 지원을 할 때, 보건·복지 분야에서만 33조 이상의 이익이 오히려 우리한테 돌아온다고 계산했다는 보도가 있었어요. 우리가 북한을 도와서 북한 주민들의 건강 상태가 지금보다 5%만 좋아져도 우리가 거기서 33조의 이득을 볼 수 있다는 겁니다. 예를 들면 노동력의 질이 향상되니까, 생산성이 높아지고 뭐 이런 겁니다. 그러니까 10·4 선언을 이행하기 위해 14조를 들여 대북사업을 하면, 그것이 140조 효과가 될지 1400조가 될지 정부가 이제는 정확하게 얘기해야 한다는 겁니다. 돈 들어가는 것만 얘기하지 말고.

통일비용론도 마찬가지예요. 1990년대 중반에 통일비용론이 왜 국민들로 하여금 차라리 분단 상태에 있는 게 좋겠다는 생각을 갖게 만들었느냐? 통일되면 분단비용이 더 이상 안 들어가는 얘기는 안 하고 투자비용만 계산해서 내놨기 때문입니다. 생돈 들어가는 얘기만 하고 그 돈이 새끼를 치는 얘기는 안 하니까 '아이고, 돈 엄청 드는구나.' 이렇게 생각한 거죠. 그래서 사실 통일비용론은 분단 이데올로기의 역할을 했습니다.

지금도 마찬가지예요. 14조가 들어간다는 얘기를 잘못 과장하기 시작하면 '야, 이거 남북사업도 그만두고 차라리 이렇게 그냥 사는 게 좋겠다. 그 뭐, 14조씩이나 들여도 북쪽한테 고맙단 소리도 못 듣는데…' 라고 생각하기 쉬워요.

14조가 그리 많은 액수도 아니라고 봅니다. 올해 책정된 남북협력기금이 1조 2000억이니까, 내년에도 1조 정도 된다고 보고 계산을 하면 10년이면 10조입니다. 그게 14조랑 거의 비슷해요. 언뜻 보면 크지만 별로 큰 것도 아닙니다. 독일 통일 전에 서독이 동독에 매년 지원한 액수(80년대 10년간 2000억 마르크, 연평균 200억 마르크/120억 달러)와 비교하면 14조(140억 달러)는 그 8분의 1이나 10분의 1 정도밖에 안 되는 거예요.

그렇게 해서 국제정치 상황과 무관하게 남북 경제공동체를 만들고 남북 간의 민심이 연결돼서 외세의 간섭 없는 통일까지 꿈꿀 수 있게 되면, 우리 국민들이 '그 돈은 써야 되는 거 아니냐' 하는 식으로 생각을 해줘야 합니다. 우리 속담에 "쌀독에서 인심 난다"고 했습니다. 북쪽도 그 말을 잘 써요. 지원을 통해서 민심의 흐름이 바뀌는 겁니다.

또 14조가 우리 경제 규모에 비해서 정말 얼마 안 되는 돈이라고 생각했던 게… 우리나라에서 1999년 음식물 쓰레기가 연간 14조 7000억 원어치 나왔답니다. 88년에 8조였고, 11년 만에 1.7~1.8배 늘어났으니까 지금은 연간 거의 20조 정도의 음식물 쓰레기가 나오겠죠. 그것에 비할 때 14조 3000억 원은 1년도 아니고 몇 년 동안 들어가는 거니까 정말 얼마 안 됩니다. 물론 개인적으로야 엄청나게 큰돈입니다. 만져볼 수도 없어요.

음식물 쓰레기가 1년에 20조 원어치 나오는 나라에서 5~6년짜리 프로젝트를 하는 데 정부·민간 합쳐서 14조 3000억 원 들어가는 걸 천문학적이라고 하면 국민을 아주 무식쟁이로 알고 우롱해도 한참을 우롱하는 거죠. 천문학적이라고 하면 몇억 광년 이럴 때나 쓰는 거 아닙니까?

1999년 통계를 보니까 버려지는 곡물 쓰레기가 174만 톤입니다. 육류는 56만 2000톤인가 버려지고. 엄청나게 나가는 거죠. 174만 톤이면 북한 식량 부족분의 70~80%입니다. 그러면서 북에 쌀 지원하는 걸 퍼주기라고 욕하면 벌받습니다. 벌받는다고요. 특히 '퍼주기'라면서 대북지원에 인색한 사람들일수록 윤택한 사람들이 많고, 음식물 쓰레기를 그렇게 많이 만드는 사람들입니다. 가난한 사람들은 음식물 쓰레기도 못 만들어요. 비싼 음식점에서 비싼 음식 시켜놓고 손도 안 대고 나오는 그런 음식들이 결국 쓰레기가 되는 건데….

북한으로 들어간 달러가 무기로 돌아왔다고?

올해 국정감사에서 나온 보도를 보니까 참여정부 기간 중에 북한이

6500만 달러어치 무기를 사들였다는 얘기가 있더라고요. 그러면서 한나라당 의원 한 분이 "그간 우리가 무분별한 지원 논란으로 인해 남남갈등을 겪는 동안 북한은 극심한 식량난에도 불구하고 체제 유지는 물론 무기 도입과 군력 증강을 이뤄냈다"고 했더라고요.

북한이 금강산 관광으로 연간 1200만 달러 정도 벌고 개성공단으로도 그 정도 인건비가 들어가니까 매년 2000만 달러 이상 북으로 올라갔다고 봐야죠. 참여정부 5년간 6000만 달러 들어갔다는 얘긴 맞습니다. 그러나 그분이 그렇게는 말하지 않았지만, 이번 발표에는 북한에 지원된 돈이 무기로 둔갑되어 돌아왔다는 뉘앙스가 있어요. 무기 6500만 달러어치를 중국에서 사왔다, 중동에서 사왔다, 이런 말들을 하는데, 조중무역 구조를 한번 볼 필요가 있어요.

조중무역은 절대 달러로 거래하지 않습니다. 구상무역 방식으로 하는 게 많고, 외상 거래인 기장무역記帳貿易이란 게 있어요. 장부에 기록해놓고 몇 년 동안 안 갚고 있다가 나중에 중국이 그냥 손비 처리하는, 탕감해버리는 식으로 무역을 해왔어요. 핵이다 미사일이다 해서 북한 때문에 중국이 얼마나 골치가 아픈데 중국이 북한한테 무기를 팔겠어요? 석유, 식량 같은 전략물자하고 무기는 다릅니다. 거기에다가 조중 간의 정치·경제·사회·문화적 긴밀성 때문에 외상으로 남겨놓고 하는 식으로 돼 있고, 조중무역 구조 자체가 달러를 필요로 하는 게 아니라는 것에 대해 알고 난 뒤에, 의심을 해도 해야 돼요.

중동 국가들과의 무역을 보면, 북한은 중동하고 오래전부터 거래를 많이 했어요. 미사일 거래도 많이 한다는 거 아닙니까? 중동 국가들에

개성의 남북경제협력협의 사무소 청사 준공식 장면. 남북 간의 경제협력은 남한의 초기 투자로 장기적인 이익을 예상할 수 있는 가장 대표적인 분야다. 하지만 이익을 위해 쓰는 투자만이 통일비용으로 둔갑되어 분단 이데올로기의 역할을 수행해왔다.

미사일 기술을 주고 가져오는 게 많이 있겠죠. 석유도 있고. 또 무기도 있을 수 있겠죠. 그것도 일종의 구상무역, 물물교환 방식입니다. 북한이 부가가치가 큰 하이테크놀로지를 가지고 거래하지 달러를 주지는 않는다는 말입니다. 그 문제는 이스라엘이 제일 민감하니까 혹시라도 위험한 기술이 중동 국가들로 들어가나 해서 따지는 과정에서 무기 거래 상황이 드러났는지 모르겠지만, 북한과 중동 사이에는 물물교환이나 기술 교류 방식으로 이뤄지는 게 대부분입니다.

　그럼 남쪽에서 올라간 돈은 어디다 쓰느냐? 달러가 필요한 뉴욕 UN 대표부 같은 외교 공관에도 보내고 프랑스 같은 데서 뭘 사올 때도 쓰겠죠. 도덕적으로 칭찬받을 데다가 쓰는 것만은 아닌 것 같아요. 철갑상어 알을 사온다거나 비싼 와인을 사오면서 쓰고, 특히 통치자금이라고 해서 김정일 위원장이 간부들 수고하면 주는 모양이더라고요. 외국에 나가서 쓸 수 있도록.

그런데 그건 말이죠, 나라가 가난할 때면 다 하는 일입니다. 이승만 대통령 시절 나라가 어려울 때 우리도 그랬대요. 그러니까 우리가 준 돈이 무기가 돼서 들어왔다는 식으로 등식화하는 것은, 아무리 한나라당이라도 그렇게까지는 하지 않겠지만, 그런 오해가 없도록 민주당이 풀어줘야 합니다. 민주당이 그걸 안 해주면 김대중·노무현 정부 10년은 나라를 위태롭게 만드는 세월이었다는 식의 주장을 결과적으로 뒷받침해줄 뿐만 아니라, 앞으로 이명박 정부가 무슨 대북 경제협력 사업을 할 때도 어렵게 됩니다. 한나라당도 조심해야 합니다. 제 발등 찍는 일은 하지 말아야죠. 지금은 이명박 정부의 대북정책이 경직됐지만 언젠가 이런저런 이유로 대화가 풀리고 평화체제 논의가 시작될 때가 옵니다. 이명박 정부 임기 내에 그럴 가능성이 높아요. 그럴 때 이명박 정부도 뭔가 해야 합니다. 그러니까 지금, 이전 정부 때리느라고 제 발등 찍는 일을 해놓으면 그때 가서 한 발짝도 못 나가게 됩니다. 그런 것에 대해서 한나라당이 먼저 나설 리는 없고, 민주당이 나서서 지난 10년 이러이러한 성과가 있었으니, 지금 이 정부가 몰아붙이는 것은 이러이러하기 때문에 사리가 맞지 않다는 것을 얘기해줘야 합니다. 그래야 대안정당이 되는 거 아닙니까. 그리고 그래야 수준 있는 초당적 협력이 되는 겁니다.

대북지원으로 긴장 완화가 안 됐다고?

끝으로 대북지원을 했음에도 군사적 긴장이 완화되지 않았다는 주장에 대해서 얘기할게요. 그렇게 말하는 사람들의 기본 입장은 "그러니까 남북관계보다는 한미관계에 주력해야 한다, 한미동맹 강화가 결국 안보도 보장하고 통일도 앞당긴다"는 겁니다. 그런 논리의 연장선에서 나오는 거예요. 논리의 시발점이기도 하고.

그런데 한반도의 군사 구조를 보면 솔직히 말해서 남한이 군사 문제를 풀 여지가 현재로서는 별로 없습니다. 한국군에 대한 전시작전통제권이 돌아오면 상황이 달라질지 몰라요. 그런데 아직은 전작권이 없어서 북한이 군사 문제를 우리랑 얘기하지 않으려고 해요. 남한하고 약속해봤자 지킬 능력이 없다 이겁니다. 결정권이 없으니까. 부끄럽지만 이게 우리 현실 아닙니까?

또 하나, 북한 입장에서는 우리가 미국과 함께 해마다 하는 군사훈련, 그거 굉장히 겁나는 거예요. 봄·가을 두 번 하잖아요. 옛날보다 규모가 많이 줄긴 했죠. 80년대 군사정부 시절보다 줄었고, 북한이 제일 두려워하던 팀스피리트 훈련도 없어졌고. 북한 입장에서는 그 사람들이 잘 쓰는 말로 "연습이라지만 임의의 시각, 아무 때나 바로 우리를 상대로 한 본격적인 공격 행위로 돌변할 수 있다"는 거예요. 그런 상황에서 군사 문제를 남북 간에 얼마나 심도 있게 논의할 수 있겠습니까.

그렇게 구조적이고 전략적인 문제, 군비를 통제하거나 감축할 권한은 없지만 초보적인 문제, 예컨대 비무장지대 주변에서 최소한의 긴장 완화는 경제협력이나 인도적 지원을 통해서 끌어낼 수 있습니다. 실제로 그렇게 됐죠. 가령 서해상 무력 충돌 방지를 위한 함정 간 무선교신이나 비무장지대 내 오해로 인한 충돌 격화를 방지하기 위한 연락들은 해왔어요. 경의선 철도, 도로를 운영하기 위한 남북의 최전방 실무 부대 간 통신 수단이 만들어지면서 쌍방의 군부대 간에 오해의 소지를 없애는 수단으로도 쓰였단 말입니다.

지금은 그것도 안 되고 있지만 그전에는, 예를 들어 "좀 전에 난 총성은 오발이니까 오해하지 마라"라는 얘기를 주고받게 되면서 작은 충돌이 큰 충돌로 확산되지 않게 만들어놨어요. 이런 정도의 긴장 완화나 신뢰 구축은 해왔으나, 본격적인 긴장 완화나 신뢰 구축은 북미 간의 군사적 적대관계가 풀리거나 전작권이 돌아와야만 가능해지는 겁니다.

우리 국민들은 그걸 이해해야 합니다. 전작권이 돌아오면 남북 간 군사 상황은 경협이나 지원에 걸맞게 개선될 여지가 있습니다. 그게 바로 이명박 정부 시기에 일어납니다. 그때 가서라도 많은 성과를 내게 하려면 지금부터 북쪽이 군사 분야에서 긴장 완화에 협력하는 게 결과적으로 크게 도움이 된다는 걸 인식할 수 있도록 교육 효과를 내고 축적해나가야 합니다.

통일은 남는 장사다

2009년 11월 9일 베를린장벽 붕괴 20주년에 맞춰 독일 통일 문제를 이야기했다. 독일 통일 하면 또 한 번 통일비용 논란을 거론할 수밖에 없다. 독일의 통일비용은 정말 천문학적으로 들었을까? 그렇다면 무엇이 문제였나? 그리고 한반도의 통일은 독일 방식이 될 것인가?

베를린장벽 붕괴 20년

오늘은 베를린장벽이 붕괴된 지 20주년 되는 날입니다. 독일에서는 장벽 붕괴 20주년을 기념하는 여러 가지 축제가 열리고 있습니다. 그런 보도와 남북관계의 현실이 겹치면 만감이 교차합니다.

독일과 우리는 제2차 세계대전 후 거의 비슷한 시기에 국제정치적 이유로 분단됐지만, 독일은 이미 19년 전인 1990년 10월 3일 통일을 했습니다. 그러나 남북관계는 김대중·노무현 정부 10년간 통일의 구심력을 키우는 방향으로 나가다가, 이명박 정부 출범 이후 통일의 원심력이 커지는 쪽으로 뒤집혔어요. 그러니 더욱 착잡한 마음을 금할 수 없습니다.

베를린장벽 붕괴 20주년 기념 행사. 1989년 동구권이 해체돼가면서 베를린장벽이 무너지고 독일은 통일을 맞았다. 20여 년 전 통일을 이룬 독일이지만, 그들은 자신들보다 남북한이 먼저 통일을 할 것이라고 생각했다.

1970년대 초 독일 통일의 기초가 된 동방정책을 추진했던 서독의 빌리 브란트 수상은 통일이 된다면 한반도가 먼저 될 것이라는 말을 한 적이 있습니다. 독일은 중세 이래 작은 나라들이 서로 경쟁하며 살아왔던 세월이 워낙 길어서 언어와 혈통이 같아도 통합이 잘 안 됐습니다. 그래서 1865년 비스마르크의 독일 통일이 특히 의미가 컸는데, 그에 비하면 우리 역사는 분단·분열의 역사보다 통일의 역사가 더 길었습니다.

우리는 신라의 삼국통일 이후 1300년 이상 단일 국가를 이뤄왔습니다. 요즘에는 발해도 우리 민족사에 포함해야 한다는 시각이 있는데, 그렇게 따지면 고려 때부터 약 1100년을 쭉 통일 국가로 살아온 겁니다. 그렇기 때문에 우리는 통일을 해야 한다는 인식이 독일보다 클 수밖에 없어요. 빌리 브란트가 그런 역사까지 알고 그랬는지는 모르지만, 적어도 자기네 역사보다 분열의 시대가 짧았다는 걸 알고 있었기 때문에 한반도가 먼저 통일될 거라고 말했을 겁니다. 그러나 그 예상과 달리 독일이 먼저 통일을 했는데, 우리는 언제쯤 통일 후유증이 문제라느니, 통일비용이 어땠느니 하는 얘기를 할 수 있을지 착잡합니다. 부러워요.

독일 통일비용의 실체

독일 시사주간지 <슈테른>이 지난 9월에 했던 설문조사를 보니까 서독 주민의 16%, 동독 주민의 10%가 "통일되기 전이 더 좋았다"고 답을 했더군요. 그럼 나머지 70~80%는 통일에 대해 대체로 만족하거나 최소한 불만은 없다는 얘긴데, 그건 아마도 통일 때문에 안게 된 부담보다 편익이 더 컸기 때문일 겁니다.

그러면 독일의 통일비용은 얼마가 들었는지 또 다른 독일 주간지가 보도한 걸 보면, 지난 20년 동안 1조 3000억 유로, 우리 돈으로 약 2260조 원이 들어갔다는 연구 결과가 나왔다고 하더라고요. 그건 작년 독일 국내총생산(GDP)의 50% 정도에 해당하는 규모랍니다.

20년 동안 들어간 통일비용 총액이 그 정도라면, 20년 동안 연간 GDP의 2~3%, 많아야 3~4% 들어갔다는 건데, 사실 그리 많은 돈은 아닙니다. 통일을 하는 데 그 정도도 안 쓰고 되겠습니까? 또 투자를 하면 그보다 많은 수익이 돌아오게 돼 있습니다.

그런데 독일의 통일비용은 원래 좀 많이 들어갈 수밖에 없었어요. 베를린장벽 붕괴 후에 서독의 헬무트 콜 정부가 집권을 연장하기 위해서 총선용으로 동·서독의 화폐통합을 서둘렀고, 동독 지역의 부동산에 대한 권리를 인정했거든요. 이 두 가지 정치적 조치가 결과적으로 통일비용을 키우는 원인을 제공했습니다. 그래서 독일식 조치를 취했을 때 우리의 통일비용이 얼마인가를 계산하는 건 적절치 않은 겁니다.

베를린장벽이 무너지고 11개월 만에 통일이 됐는데, 통일 주도 세력인 서독이 총선 때문에 조급하게 일을 진행했어요. 콜 수상의 기민당은 화폐통합을 빨리 해서 동독 사람들에게 경제적인 이득, 즉 선물을 주면 표가 많이 나올 거라는 계산을 했습니다. 당시 서독과 동독 화폐의 교환가치는 명목상으로는 2대1 정도였지만, 실질 구매력은 4대1이었습니다. 서독의 1마르크짜리 물건을 사려면 동독의 4마르크가 있어야 했는데, 그걸 그냥 1대1로 통합해버린 거예요.

어떻게 됐겠습니까? 초기에는 동독 사람들한테 굉장한 선물이었는데, 나중에는 그것 때문에 동독 지역이 경쟁력을 잃게 됩니다. 동독 지역을 부흥시키려면 거기에다 공장도 짓고 고용을 늘려서 그 사람들이 자력으로 일어설 수 있도록 도와줘야 되는 겁니다. 그런데 화폐통합 때문에 인건비가 사실상 4배로 올라가니까 기업들이 공장을 세울 유인이 없어졌어요.

화폐통합 말고 다른 문제도 있었습니다. 콜 정부는 동독 출신으로 서독에 살아왔던 사람들한테 동독 내 부동산에 대한 권리를 인정해줍니다. 그러다 보니 동독 지역의 땅값이 올라갔어요. 경쟁이 없는 사회주의 체제에서 살다 보니 노동의 질은 낮았고, 화폐통합 때문에 인건비는 올라갔고, 거기에 땅값까지 오르니까 아무도 동독 지역에 공장을 지으려고 하지 않는 거예요. 서독의 민자民資가 들어가길 꺼려하는데 해외투자라고 들어가겠습니까? 그러다 보니 고용이 창출되지 않았죠. 그래서 결국 동독 지역 경제개발이 서독 정부의 투·융자 중심으로 된 겁니다. 정부의 재정, 즉 국민의 혈세가 엄청나게 들어갈 수밖에 없었습니다.

앞에서 말했지만 통일비용으로 20년간 매년 GDP의 최대 4%가 들어간 셈인데, 그게 그리 큰돈은 아니었지만, 그보다 더 적게 들어갈 수 있었는데도 총선에서 이기려고 일을 급하게 하다 보니까 그런 과오를 범하게 됐습니다.

동·서독 사람들은 분단 시절에 서로가 정치교육을 강화했기 때문에 서로를 얕잡아보고 적대·불신·반목하게 되었는데, 통일이 돼서 서독 사람들이 동독 사람들을 먹여 살린 셈이 되니까 불만이 터져나왔습니다. 그래서 '오씨ossi' '베씨wessi' 같은 말들이 나온 거예요. '동독 놈들' '서독 놈들' 이런 뜻인데, 잘못된 정책 때문에 그런 반목의 용어들도 생겨난 겁니다. 그럼에도 불구하고 통일된 독일은 이런저런 후유증들을 극복해가면서 통일 이전보다 국력이 훨씬 커지고 위상도 올라갔습니다. 세계 3위 경제대국이 됐고 국제정치적 위상도 UN 안전보장이사회 상임이사국 후보군 반열에 오를 정도입니다. 통일이 그런 결과를 가져왔어요.

90년대 통일비용 계산 왜 허구였나?

1990년대 중반 우리 사회에서는 독일의 통일을 부러워하면서 통일비용을 계산하는 게 유행이었던 때가 있었습니다. 그런데 그 계산들은 대부분 북한의 붕괴를 전제로 한 것들이었어요. 북한이 곧 무너질 거라는 신념은 90년대 중반에 보편화되어 있었습니다. 김영삼 대통령 자신이 확신하고 있었고, 심지어 미국도 94년 제네바 합의를 할 때 속으로는 그런 계산을 했었습니다. 북한이 붕괴할 거라고 가정하고, 또 서독 정부가 투자했던 수준에 맞춰서 통일비용을 계산하니까 결과적으로 통일에 굉장히 많은 돈이 드는 걸로 나왔어요.

그리고 중요한 착오 하나는 통일비용을 계산하는 데 늘 투자비용만 계산했지, 분단시대에 불가피하게 지불해야 했던 분단비용을 빼지 않은 것이었어요. 통일이 되면 분단비용은 통일비용으로 전환되기 때문에, 통일비용을 계산하려면 투자비용에서 분단비용을 빼야 순투자비용이 나오는 겁니다. 그런데 그걸 빠뜨리는 경우가 대부분이었어요.

또 다른 오류는, 통일이 되면 초기 투자는 들어갈지 모르지만, 민자가 됐건 정부 투·융자가 됐건 자본이 들어가면 '회임 기간'을 거쳐서 소위 코스트(비용)보다 몇 배 큰 베네핏(편익)이 돌아오는 건데, 들어가는 돈만 계산했지 편익은 안 따진 거예요.

참, 그리고 우리의 통일비용을 누가 가장 먼저 계산했는가? 내 기억으로는 일본의 장기신용은행입니다. 한국의 연간 GDP 총액의 14~15%가 들어갈 거고, 한국의 경제력으론 감당 못 하기 때문에 일본이 좀 도와줘야 한다는 얘기까지 했어요. 그러니 우리 국민들한테는 얼마나 겁나는 얘기예요. GDP의 14~15%라면 국가 예산의 절반 정도인데… 그런 내용이 검증이나 여과 없이 보도되면서 많은 국민들은 통일 공포증

정세현의 정세토크

26

같은 걸 갖게 된 겁니다. 90년대 중반 통일비용론은 그렇게 분단 이데올로기로 굉장히 큰 역할을 했습니다. 잘못된 거였죠. 요즘 10대 학생들이 통일되면 북한에서 온 거지들을 먹여 살려야 한다는 말을 한다는데, 그런 인식도 바로 거기서부터 나온 겁니다.

北의 저임금 노동력이 北을 일으킬 것

90년대 후반이 되면서 그에 대한 반성이 나왔습니다. 김대중 대통령은 취임사에서 흡수통일을 추구하지 않겠다고 못 박았고, 그 후로 북한의 붕괴가 아닌 점진적 교류·협력을 통해 남북 경제공동체를 형성해나가야 한다는 개념이 적용되면서 통일비용을 제대로 계산한 연구들이 하나둘씩 나오게 됩니다.

대표적으로 중앙대 경영학과에 재직했던 신창민 교수가 2~3년 전에 국회 예산결산특별위원회의 용역을 받아서 연구한 게 있습니다. 그분은 내가 말한 식으로 계산했어요. 지금 시점에서 통일이 됐다고 가정하고, 약 15년 동안 북한 경제를 어떻게 얼마나 도와주어야 남북이 쉽게 융합할 수 있는 경제적 조건을 만들 수 있느냐 하는 측면에서 계산했어요.

남북의 경제 격차를 해소해야 통일로 갈 수 있다는 전제가 있었던 건데, 거기에 필요한 돈을 통일비용이라고 부른다면, 대체로 매년 우리 전체 GDP의 약 6.0~6.9%를 투자비용으로 넣어야 한다는 결과가 나왔습니다. 그런데 현재 지불하는 분단비용이 GDP의 4.35~4.65% 전후라는 계산이 나왔기 때문에, 계산해보면 결국 순투자비용 즉, 순통일비용은 GDP의 1.35~2.55% 정도가 됩니다.

그러면 통일의 편익은 어떻게 되는가? 신창민 교수는 우선 통일을 하면 GDP가 연간 11.25% 고도성장을 할 수 있다고 전망했어요. 그 통일편익(11.25%)에서 위에서 계산한 순통일비용(1.35~2.55%)을 빼면 매년 GDP의 8.7~9.9% 순성장이 가능합니다. 통일편익(11.25%)에서 통일투자비용(6.0~6.9%)을 빼는 방식으로 계산하더라도 매년 GDP의 4.35~5.25%가 순성장하게 되니까 낮지 않은 수준입니다. 속된 말로 통일은 남는 장사입니다. 우리도 독일처럼 될 수 있을 겁니다.

(A) 통일비용 : 연간 GDP의 6.0~6.9%

(B) 분단비용 : 연간 GDP의 4.35~4.65%

(C) 순통일비용 : (A)-(B) = 연간 GDP의 1.35~2.55%

(D) 통일편익 : 통일 시 연 11.25% 성장

(E) 순성장 : (D)-(C) = 8.7~9.9%

* 통일편익(D)에서 통일비용(A)만 빼는 방식으로 계산해도 (D)-(A) = 4.35~5.25% 성장

여기서 독일의 경험을 교훈으로 삼아야 한다는 얘기를 다시 한 번 다질 필요가 있습니다. 우선 서독과 동독의 인구 비율이 4대1이었지만, 남북은 2대1이기 때문에 경제정책을 더 잘해야 부담을 줄일 수 있습니다. 둘째, 독일은 동독이 무너지면서 흡수 방식을 쓸 수밖에 없었지만, 남북은 교류·협력하면서 경제공동체를 만들어나가는 방식을 써야 한다는 것입니다.

이 과정에서 화폐통합을 서두르면 안 됩니다. 부동산 권리를 인정해

도 안 됩니다. 독일식으로 했다가 인건비가 올라가고 땅값 올라가면 북한 경제는 스스로 일어서지 못하고 주저앉을 수밖에 없어요. 북한 지역에 아무도 투자를 안 할 테니까. 개성공단 월급 60달러, 공장부지 평당 15만 원같이 저임금과 저지대低地代가 북한 경제성장의 동력이 되는 겁니다. 북측의 임금과 지대 수준을 아주 서서히 올릴 때만이 중국이나 베트남에 가 있는 우리 기업들, 그리고 국내에서 노동집약적으로 생존하다가 한계에 처한 기업들이 북쪽으로 갈 수 있을 겁니다.

그렇게 되면 남북 경제공동체에서 새로운 경쟁력을 가진 수출품이 나오는 건 시간문제가 될 겁니다. 7000만이 넘는 국내 시장을 가지고 남쪽은 하이테크, 북쪽은 노동집약적 산업을 발전시키면 최근의 중국처럼 고속 성장도 가능합니다. 요새 청년실업 때문에 고민인데 남이나 북이나 일자리가 늘어나는 건 당연한 결과고요. 남한에서 나오는 것 중에 국제경쟁력을 가진 1등 상품이 현재 10여 개 정도라고 하는데, 7000만 시장 규모를 가지게 되고 우리 민족의 지적 수준과 근면을 고려하면 20~30개 정도의 1등 상품이 나올 겁니다. 그러면 우리 경제는 세계 10위권 이내로 쑥 들어가게 될 겁니다. 그래서 신창민 교수는 통일이 빠를수록 좋다고 했어요.

거듭 말하지만, 독일 방식에 문제가 있었다는 걸 모르고 잘못 계산된 통일비용 규모 때문에, 통일을 하면 가난한 북쪽 주민들을 무조건 책임져야 한다는 걱정들이 한때 우리 사회를 지배했었습니다. 그러나 그건 명백히 잘못된 것이었습니다. 베를린장벽 붕괴 20주년이 되는 날에, 앞으로의 일을 생각할 때 한 번은 반드시 짚고 넘어가야 할 문제라서 말씀드립니다. 지금까지 내가 한 얘기들은 흡수통일 상황을 가정한 게 아니라 남북이 경제 교류·협력을 하고 남북 경제공동체를 만들어가는 과정에서 남측이 기여하고 역할을 해야 한다는 입장에서 나왔다는 것을 분명히 해둡니다.

내부 식민지? 생각은 착한데 통일기피론으로 흘러선 안 돼

지금까지는 "통일비용이 엄청나기 때문에 통일이나 경협을 하면 안 된다"는 분단 이데올로기를 반박하는 말이었는데, 우리 사회 일각에는 또 남북 경협이나 통일 얘기를 하면 남한이 북한을 내부 식민지로 만들어서 착취하려고 한다는 식으로 말하는 분들도 있더군요.

우리 고속성장의 역사에 어두운 측면이 있었기 때문에 그런 걱정이 나올 수 있습니다. 또 인본주의적 발상이란 걸 알기 때문에 그게 아무 의미 없는 말이라고 잘라버릴 생각은 없어요. 경협을 하고 경제공동체를 만들어갈 때 우리는 그런 우려를 적극 받아들여서 부정적인 요소를 최소화해야 합니다. 그런데 그런 우려가 있다고 해서 경제협력도 하지 말고 통일하지 말자는 쪽으로 논의를 펴는 건 곤란합니다. 일종의 좌파적 의미의 경협기피론이나 통일기피론이라고 할 수 있는데, 구더기 무서워서 장 못 담그는 것밖에 안 돼요.

경제공동체로 나아가야 한다고 생각하는 동시에 내부 식민지론에도 어느 정도 일리가 있다고 생각하는 전문가들은 이미 여러 가지 대안을 내놓고 있습니다. 예를 들어서 북한에 사회간접자본(SOC)을 개발할 때 난개발을 하지 말고 생태적인 관점을 가지고 개발해야 한다거나, 부동산 투기 세력이 들어가지 못하게 해야 한다거나, 중소기업이 진출할 때는 노무관계에서 악덕이었던 기업들을 배제해야 한다는 식의 얘기들이 이미 많이 나와 있어요. 논의가 그런 식으로 가야 됩니다.

경제공동체가 본격적으로 추진되면 북쪽을 일종의 특별 경제 관리 구역으로 정해서 우리식 성장의 역사에서 나온 시행착오를 되풀이하지 않도록 해야 됩니다. 북한에서도 전태일이 나오면 안 되잖아요. 정치 부문에서 해야 할 일이 바로 그겁니다. 남측 정부나 남북연합의 어떤 기구에서 그런 일을 해야 합니다. 그렇게 해서 북한 지역의 경제가 점진적이고 건강한 발전을 한다면 그게 역으로 남쪽의 자본주의가 가진 문제점을 수정하는 데 시사점을 줄 수도 있어요. 북측만 발전하는 게 아니라 남쪽의 문제점도 고쳐지는 선순환을 하는 겁니다. 그걸 생각해야지, 경협이 가진 우려 사항 때문에 경협을 아예 하지 말자는 식으로 말하는 건 대안이 아닙니다.

'퍼주기'라는 오래된 농담

— 대북 식량지원에 관한 오해와 억측 _ 2008. 9. 9

김영삼 정부 시절 물꼬를 트고 김대중·노무현 정부에서 활발히 이뤄졌던 대북 식량지원은

보수 진영이 제기하는 '군량미 전용론' 혹은 '투명성 문제'에 시달려왔다. 2008년 9월 9일 정

세현 전 장관은 남북관계와 북미관계의 위기를 타계하기 위해 남측의 대북 식량지원이 있어

야 한다고 제언하며 인도적 식량지원에 대한 온갖 오해와 억측을 해부했다. 7월 11일 금강산

관광객 피격 사망 사건과 8월 14일 북한의 영변 핵시설 불능화 중단으로 남북관계와 북미관

계가 냉각되던 때였다.

정세 주도권을 쥐는 '손쉬운' 방법

하르트무트 코쉬크 독일 연방의원이 얼마 전에 북쪽에 다녀와서 김영

남 북한 최고인민회의 상임위원장이 했다는 얘기를 전했습니다. 남북

관계를 풀어나가기 위해서는 "남쪽에서 강한 신호를 보내줘야 한다"고

했답니다. 그건 아마 6·15 공동선언과 10·4 정상선언에 대해서 입장을

분명히 해달라는 얘기일 겁니다만, 남쪽이 상황을 주도해달라는 뜻이

기도 합니다. 그렇다면 우리 정부의 체면이 걸려 있는 금강산 피격 사건 남북 공동조사에 호응하도록 만들기 위해서도 6·15와 10·4에 대한 입장은 이쪽에서 정리해서 얘기를 해줘야 됩니다.

북쪽의 요구는 원칙적인 입장을 분명히 해달라는 건데 우리 쪽에서는 거꾸로, 금강산 사건에 대해 북쪽이 공동조사에 응하지 않기 때문에 남북관계가 풀리지 않고 있다면서 책임을 북에 넘기고 있습니다. 저쪽은 원칙 문제를 분명히 하자는 거고, 우리는 현실 문제인 식량지원, 금강산 사건에 대한 대화부터 해야 한다고 버티다 보니 접점을 못 찾고 있는데, 북쪽이 요구하고 우리가 들어주는 걸 '끌려 다닌다' 혹은 '자존심 상하는 일이다, 우리가 뭐 아쉬운 게 있어 그러느냐'고 생각한다면 남북관계는 계속 이런 상태로 갈 수밖에 없습니다. 더 나빠질 수도 있어요. 그럴 경우 누가 손해를 보겠습니까?

남북관계도 일종의 정치인데, 정치적인 성격을 띠는 문제와 관련해서 상대방의 요구를 들어줌으로써 상황이 완전히 반전되고 오히려 이쪽에서 주도권을 잡을 수 있으면 그렇게 하는 게 정치력을 발휘하는 거 아닙니까? 남북관계건 국내정치건 역대 정부에서 국민들이 요구하는 걸 그대로 수용해 대통령이 사과하고 거기에 수반되는 조치를 취하는 식으로 위기를 극복하면서, 오히려 상황 주도권을 정부가 장악해나가고 위기를 돌파하고 그랬잖아요. 그건 김영삼 대통령 시절에도 그랬고, 김대중 대통령 시절에도 그랬습니다. 1987년에 노태우 후보도 6·29 선언으로 국민의 요구를 수용하면서 결국 상황 주도권을 장악해서 대통령 당선된 것 아닙니까?

남북관계에서도 국민들의 요구를 받아들이는 게 필요할 때도 있습니다. 허심탄회하게 기존 입장을 바꾸고 상황을 주도할 수 있는 기회를 역으로 포착하는 것이 정치력이듯 남북관계에서도 그런 정치력을 발휘할 필요가 있지 않느냐 하는 겁니다.

우리가 할 수 있는 하나의 좋은 대북 조치가 바로 식량지원이라고 생각합니다. 대북 식량지원과 관련해서 세계식량계획(WFP)은 최근 "이대로 놔뒀다간 큰일 난다, 아사자 나올 것 같다"는 경고를 두 달 이상 하고 있고, 5억 달러 조성 목표로 우리한테 참여해달라고 요청하는데 정부는 아직 입장을 못 정하고 있습니다. WFP가 필요로 하는 5억 달러를 옥수수로 환산하면 125만 톤 정도 됩니다. 옥수수 값이 많이 올랐어요. 김영삼 대통령 시절 톤당 100~120달러였는데, 요즘은 중국산 옥수수가 300달러가 넘어요. 미국산 시카고 현지 가격이 209달러, 중국산이 320달러, WFP로 가는 경우에는 송료 포함해서 톤당 400달러 정도 될텐데, 옥수수로 계산하면 5억 달러로 125만 톤을 살 수 있습니다. 톤당 800달러 하는 밀가루로 보낸다면 63만 톤을 보내게 되고요.

우리가 주목할 대목은 미국이 북한의 금년 식량난을 작년부터 예견해온 가운데 금년 초여름부터 내년까지 1년 동안 50만 톤을 지원하기로 했고, 그 식량은 지금 약속대로 잘 가고 있다는 점입니다. 북한이 불능화 중단 등 대미 압박 전술을 쓰는 상황에서도 식량지원은 계속되고 있습니다. 우리 정부는 북한이 협조를 잘 안 한다며 식량지원을 안 하고 있지만, 미국에서는 북한이 불능화를 중단했는데도 식량지원을 끊겠다는 얘기가 나오지 않습니다. 그건 뭘 의미하는지, 미국 사람들은 왜 그렇게 하는지를 곰곰이 생각해봐야 돼요.

미국이 50만 톤을 주는데도 불구하고 WFP가 옥수수로는 120만 톤, 밀가루로는 60만 톤이 넘는 분량을 별도로 보내야 한다면, 그건 기본적으로 식량 부족 상황이 최소한 150만 톤 전후라는 계산이 나왔으니까 그러지 않겠어요? WFP가 헛말 하는 조직입니까? UN 산하 기구예요. 공신력이 있는 조직이에요. 미국이 50만 톤 보내는 걸 뻔히 알면서도 WFP가 따로 보낸다는 건 식량 사정이 굉장히 급박하다는 얘기예요. 그런데도 우리 정부가 금년 농사 상황 봐서 다음 달에 입장 정하겠다고 미루는 게 난 참 답답해요. 어떻게 보면 참으로 옹색한 일이라고 생각해요.

정부 입장도 이해는 합니다. 왜냐면 옥수수 5만 톤 주겠다고 했다가 거절당했단 말이에요. 북한이 전통문(쌀 지원 관련 남북 접촉을 위한 전화통지문) 접수 안 한다고 했고, 그러다가 다시 최근에 5만 톤 얘기를 또 꺼냈다가 사실상 거절당했어요. 그러니 기분도 나쁘고 그러겠지요.

그런데 북한 입장에서 볼 때 그 옥수수 5만 톤은 이명박 정부의 선물이 아니에요. 노무현 정부 말기에 수해물자 지원 차원에서 약속했다가 못 준 걸 다시 주겠다고 한 것 아닙니까. 어떻게 보면 떡 중에서 쉰 떡이란 말이에요. 그걸 자꾸 들었다 놨다 하니까 북쪽으로서는 아무리 배가 고파도 기분 나쁘죠. 물론 우리 정부 생각은 그걸로 끝나는 게 아니라, 그걸 계기로 남북 당국 간 대화가 재개되면 6·15나 10·4선언을 존중한다는 얘기도 자연스럽게 얘기해주고, 그렇게 해서 관계를 복원할 수 있다고 생각했는지 모릅니다. 그러려면 그런 메시지가 적절한 방식으로 암시라도 되어야 해요.

2007년 남북 정상회담 이후 노무현 정부가 주겠다고 했던 5만 톤을 이명박 정부 인수위가 못 주게 했다가, 그것을 꺼내서 또다시 5만 톤 얘기를 하니까 북으로서는 고맙지가 않은 겁니다. 옥수수 5만 톤이 무슨 전가의 보도도 아니고, 북한이 볼 때는 쉰 떡인데 기분 나빠서도 안 나온다 이겁니다.

그러니까 WFP도 이렇게 나서는 걸로 봐서 북한의 식량 사정이 급박해진 것이 분명해졌다는 걸 국민들에게 설명하고 일을 시작해야 합니다. 인도적인 문제를 외면하면 국제적으로 우리 정부의 도덕성 문제까지 나올 수 있습니다. 그리고 이제는 옥수수 5만 톤보다 많은 분량을 전제로 얘기를 시작해야 합니다.

그리고 일단은 금강산 사건이나 6·15 선언과는 무관하게 시작해야 돼요, 인도적인 문제니까. 6·15는 정책과 원칙의 문제이고, 금강산 사건은 그야말로 사건입니다. 이걸 섞어버리면 안 됩니다. 북한에 아사자가 나오는 걸 방지하려고 국제기구까지 발 벗고 나서서 여기저기 지원을 요청하는 마당에, 거리상으로도 가깝고 핏줄도 같은 사람들이 북한 식량 사정을 면밀히 분석하고 있다고 하면서 결정을 미루더니, 최근에는 다시 금년 작황까지 보고 내달 중에 결정하겠다? 내달은 벌써 10월입니다. 사후약방문이 될 수 있습니다.

그러지 말고 양을 좀 늘려서, 그 양까지 내가 말하는 건 적절치 않다고 생각합니다만, 정부가 민간단체들의 대북지원에 매칭펀드 하는 식으로 보태줄 수도 있고, 뭐니뭐니 해도 가장 바람직한 것은 정부가 직접 나서는 겁니다.

YS 때만큼도 안 하려나?

정부는 북핵 문제도 안 풀리고 금강산 사건도 해결되지 않은 마당에 아무리 인도적 문제라 하더라도 까딱하면 여론의 역풍을 맞을 수 있다는 생각을 하는 것 같아요. 자꾸 여론 평계를 댄다고 그래요. 그런 얘기가 여기저기서 흘러나오더군요. 그런데 보수적인 여론만 인식하면 5년 동안 아무것도 못 할 겁니다.

나는 김대중 정부, 노무현 정부에서만 일한 사람이 아닙니다. 보수적이라는 김영삼 정부에서 청와대 비서관으로 일했었고, 그전 정부에서도 미관말직으로나마 일해봤는데, 남북관계 관련 여론은 기본적으로 성향이 이렇습니다. 대체로 보수와 진보가 각각 15~20%씩 양쪽에 포진돼 있고, 나머지 60~70%가 중도예요. 그 중도는 정부가 가는 쪽으로 대개 따라갑니다. 그런데 15~20%를 차지하는 진보와 보수 중에서 대체로 5~10% 정도는 다시 극진보와 극보수로 구별할 수 있습니다. 진보 중에서도 10%는 정부가 잘 설득하면서 끌고 가면 동조하고, 보수 쪽에서도 마찬가집니다.

정부가 어떻게 방향을 설정하고 어떤 논리로 국민들을 납득시키느냐에 따라 적극 반대층은 10% 정도밖에 안 되는 셈이죠. 물론 보통 70~80%는 기본으로 안고 갈 수 있습니다. 따라서 자꾸 여론 평계를 대는 게 능사는 아닙니다. 정부 하기 나름이에요. 정부가 여론 평계를 댄다는 게 현실적으로는 책임을 회피하는 겁니다.

정부가 의지를 가지고 "이렇게 가는 게 경제적인 영향이나 외교적인 위상 면에서도 좋겠다"고 설득하면서 끌고 나가야죠. 국민이 정권을 맡

1장 남북의 말걸음

길 때는 기본적으로 국민의 뜻을 존중해야 하지만 국가 이익에 도움이 되는 일이라면 리더십도 발휘해달라는 전제가 있는 것 아닙니까? 자꾸 여론 핑계만 대면 리더십은 없어집니다. 보통 사람은 못 보는 미래의 모습을 보면서, 미래가 이러이러하게 되어야 하니 이런 방향으로 나가자고 끌고 가는 게 리더 아닙니까? 여론만 따르면서 방향을 제시하지 않고 여론에 편승하면 그건 지도자가 아니에요.

김영삼 대통령은 북핵 문제와 김일성 조문 문제로 남북관계가 통미봉남通美封南 상황에 빠져 있던 1995년에도 북한이 어렵다고 하는 소문만 듣고 쌀 15만 톤을 지원했습니다. 쌀 보내주는 과정에서 '퍼주고 뺨맞기'니 뭐니 하는 갖은 반대가 있었지만, 96년 이후에도 옥수수를 매년 10만 톤씩 보낼 수 있는 돈을 WFP에 보냈어요. 북쪽에서 통미봉남을 아주 철저히 견지하는 와중에도 WFP에 옥수수 10만 톤을 살 수 있는 돈을 보냈고, 세계보건기구(WHO)나 유니세프 사업에 계속 협찬을 했습니다.

왜 그랬겠습니까? 국제사회가 북을 돕겠다고 나서는 마당에 우리가 가만히 있으면 이웃나라 보기도 부끄러워진다는 거였습니다. 그리고 남북관계가 당장은 막혀 있지만 뒷날을 생각해서 일종의 마일리지는 적립해놓고 있어야 한다는 생각 때문에 그렇게 했다고 봅니다.

지금 이명박 대통령 가까이에서 일하는 분들은 북쪽이 이명박 대통령의 실명을 거론하면서 비난하는 걸 상당히 기분 나빠하는 것 같더군요. 그런데 김영삼 대통령 시절엔 더 심했어요. 그걸 좀 비교해보라고 그래요. 그때와 비교하면 지금은 내가 볼 때 별것 아니라고 생각합니다. 그런데 그런 경험이 없고 처음 당하다 보면 화가 나고 기분도 나쁘고 그럴 거예요. 그리고 자꾸 보수 쪽에서 "그 욕하는 놈들한테 뭘, 왜 주냐"고 하지만, 그렇게 치자면 김영삼 정부에서는 완전히 끊었어야죠. 그러나 그런 주장이나 여론을 뛰어넘어 대북지원을 했습니다. WFP가 요청하는데 그것마저 거절하면 민족적 체면에 관한 문제라고 생각해서 그렇게 한 겁니다. 이 정부가 그때만큼도 안 하려고 하지 않기를 바랍니다.

북핵 핑계를 댈 수 있어요. 김영삼 정부 당시에는 북핵 문제가 일단 1994년 10월 북미 제네바 기본 합의를 통해서 풀려가는 걸로 돼 있었습니다. 그리고 통미봉남通美封南에도 불구하고 경수로 건설 비용의 70%를 떠맡기로 한 겁니다. 왜 그랬느냐? 한반도 문제와 관련된 우리의 발언권을 높일 수 있다고 봤기 때문입니다. 70%를 내놓으면 미국과 일본에 대해 발언권이 생긴다는 거였죠.

물론 국제정치라는 게 돈 놓고 돈 먹기는 아녜요. 그러나 그런 식의 기여를 하고 상황을 주도하는 노력을 해놓으면 앞으로 동북아 평화 문제를 풀어나가는 데 있어서 미국, 일본, 중국, 러시아에 대해 발언권이 생깁니다. 이명박 정부에 있는 양반들이 그런 계산도 좀 했으면 좋겠어요.

북한 식량난의 원인과 현황

북한의 식량 문제는 북한이 본격적으로 개방·개혁에 나서기 전에는 근본적으로, 구조적으로 헤어날 수 없는 문제입니다. 북한 2300만 인구가 배고프지 않게 먹고 살려고 하면 600만 톤이 필요합니다. 우순풍조雨順風調 해주면 한 400만 톤까지 자체적으로 생산해요. 하지만 가뭄이나 홍

수가 오면 350만 톤 정도로 내려갑니다. 기본적으로 200만 톤이 부족하고, 상황이 나빠지면 250만 톤이 부족한 거죠.

우리는 돈이 있어서 사다 먹지만 북한은 외화가 부족하다 보니 그 부족분을 메울 길이 없습니다. 그리고 비료, 농약이 부족한 데다 사회주의 생산방식을 고집하기 때문에 부족한 35%를 메울 여지가 현실적으로 없다고 봅니다.

2005년에 경기도가 북쪽하고 농업 협력을 하면서 평양 순안 쪽에서 쌀농사를 공동으로 한 적이 있어요. 300평 논 한 마지기 기준으로 남쪽에서는 대개 벼 500kg이 나옵니다. 평양에서 농사를 지으면서 완전히 남한식으로 비료·농약 충분히 주고 제때 김매고 하니까 300평 기준으로 그해 벼 494kg이 생산됐어요. 그전에는 같은 땅 같은 면적에서 벼 270kg을 생산했었답니다. 같은 면적에서 남쪽 생산량의 54%를 생산한다는 겁니다. 나머지 46%를 메우지 못하는 이유는 비료와 농약, 협동생산 방식 때문에 그렇다고 보아야 하지 않겠어요?

북한이 개방·개혁을 하고 외화를 벌어서 부족한 식량을 사다 먹든지, 중국이나 베트남처럼 농업 생산 방식을 바꿔서 북한 인민들이 식량 생산에 총력을 기울이도록 하기 전에는 부족분을 메우기 쉽지 않을 겁니다. 요컨대, 북한 식량 문제는 한두 해에 끝날 수 있는 문제가 아닙니다. 그런데도 북한의 금년 농사를 지켜보겠다? 어차피 재작년, 작년 수해 때문에 금년에 어렵게 살았고, 농토 복구도 제대로 안 됐을 텐데 금년 농사가 난데없이 잘될 이유는 없죠.

그런 마당에 작황을 봐서 지원 여부를 결정하겠다고 하면 쌀을 쌓아놓고 있으면서 너무하는 게 아니냐는 생각이 안 듭니까? 영국이나 캐나다나 미국에서 그러면 북한 사람들이 서러울 것도 없고 괘씸할 것도 없습니다. 그런데 가까운 데 사는 사람들이 먹는 문제 가지고 그러면, 그리고 그전에 주던 사람들이 그렇게 하면, 정말 나중에 북쪽 사람들이 쉽게 마음을 열 수 없게 될 겁니다. 어떻게 보면 잔인한 행동도 될 수 있습니다.

지원 식량 전용과 투명성 논란

지원된 식량을 군인들이 빼앗아 먹는다는 얘기가 많은데 그 문제를 좀 보죠. 조선인민군이 장교 포함해서 117만 명입니다. 북한 전체 인구의 20분의 1이에요. 117만 명이 365일간 1일 평균 700g을 먹는다면, 총 소요량이 30만 톤이 조금 안 돼요. 700g이면 거의 1되가 되는 양이라서 꽤 많이 잡은 겁니다. 기본적으로 쌀과 옥수수를 섞어 먹지만, 조선인민군을 쌀로만 먹이는 데 필요한 쌀의 양은 30만 톤 정도 됩니다.

그리고 노동당 당원을 300만으로 잡고, 당원이면서 군 장교인 사람들을 감안해도, 4인 가족 기준으로 계산하면 1200만 정도 됩니다. 거기에 독신 병사 100만 보태서 인구의 반 조금 넘는 정도 되는 핵심계층이나 군인은 자기네가 생산한 양으로 먹일 수 있게 돼 있습니다. 계산이 그렇게 나오지 않습니까? 모자라서 그렇지 해마다 쌀은 130~150만 톤, 옥수수 150~180만 톤, 감자 70~80만 톤, 총 350~400만 톤 식량은 있기 때문에… 결국 조선인민군 병사도 아니고, 노동당원과 그 가족도 아닌 불쌍한 민초, 국가가 책임질 수 없는 경계선 밖에 있는 사람들이 남쪽이나 외국에서 들어오는 식량을 받아야 연명하게 돼 있다 이겁니다. 그러니까 이쪽에서 간 쌀을 군인들이 빼앗아 먹는다, 높은 사람들이 빼돌린다고 하는데, 국가적으로 식량난을 겪고 있는데 높은 사람들이라고 하루에 네 끼 다섯 끼를 먹을 수는 없는 것 아닙니까?

또 군인들이 어떻게 관련되는지 여러 가지 현장 사정을 더 알아봐야겠지만, 이런 경우도 있다고 해요. 기름 소비량과도 관련되는데요, 북한의 경우는 원유 도입량이 100만 톤이 안 되는데 거기서 딱 절반을 떼서 군용으로 돌려놔요. 나머지를 민수용으로 씁니다. 그러면 어떤 일이 생기느냐? 도 인민위원회나 군 인민위원회가 가지고 있는 자동차에 기름이 없고, 군용은 기본적으로 보장된다고 봐야죠. 그럼 원산항에 식량이 들어와도 함경남도 인민위원회가 수송 문제를 해결할 길이 없어요. 그럴 경우 근처 부대에다가 실어 날라 달라고 부탁을 하고, 군대는 어차피 군민일체니까 봉사를 해야죠. 그런데 이 장면을 인공위성으로 찍어서 들이대면 다른 알리바이를 댈 수가 없어요. 그걸 가지고 투명성 문제 제기하고, 군이 다 빼앗아 먹는다고 하는 주장도 있더군요. 식량이 모자라는 건 분명하지만, 조선인민군이나 노동당원이 먹을 건 기본적으로 가지고 있습니다. 그게 아닌 사람들 때문에 지금 식량지원을 하자는 거죠.

그리고 "굶겨서 폭동이 일어나게 해야지 왜 먹을 걸 보내서 김정일 정권을 연장해주느냐?"고 하는 사람들도 있는데, 그건 참 정말 국제정치에 대해 눈을 감는 일종의 억지죠. 북한이 95년도에 식량난을 국제사회에 호소하기 시작했어요. 그전에도 식량난은 있었지만 감추고 있었겠죠. 김일성 생전에만 해도 조(북)중관계가 지금보다 나았으니까 어떤 방식으로건 중국이 메워주고 해서 근근이 버텼다고 할 수 있습니다. 그러나 김일성이 사망하고, 또 중국의 개방개혁 심화로 조중관계가 소원해지면서 손 벌릴 데가 없다 보니까, 국제사회에 손을 벌렸는데 그때 가장 먼저 북한에 쌀 50만 톤을 지원하겠다고 나선 데가 일본입니다.

왜 그랬겠어요? 식량난을 방치하면 북한에서 보트피플이 일본으로 올까 봐 그런 겁니다. 일본이 그러니까 김영삼 대통령이 우리가 먼저 줄 테니 일본은 뒤로 좀 빠지라고 했던 거고. 또 그 상황에서 중국이 가만히 있을 수 있어요? 중국은 소리 없이 지원합니다. 미국도 그동안 간헐적으로 북한에 식량지원을 해오지 않았습니까? 그러니까 우리가 북에 쌀 안 준다고 해서 북한에 폭동이 일어나 김정일 정권이 무너진다는 건, 그건 참 나이브한 판단입니다.

그리고 우리가 준 쌀을 인민들에게 안 주고 다음 해나 나중을 위해 비축할 수 있다는 주장도 있어요. 그런데 방아를 찧어서 주기 때문에 비축할 수 없습니다. 우리는 2년 정도 된 쌀, 한 해 더 지나면 어차피 공업용으로 나갈 쌀을 방아 찧어서 보내요. 그걸 비축할 수는 없어요. 우리가 준 걸 먹고 자기네 것은 비축할 수 있다고 할 수 있지만, 쌀은 오래 보관하면 방아를 찧어도 싸라기로 부서지거나 푸석푸석해져서 죽이나 끓여야 돼요. 우리 걸 먹고 자기들 것은 비축한다? 아니 아무리 북한 지도자가 밉다고 해도 그렇지, 사람이 굶어죽어 나가는데도 그런 짓을 할 거라고 단정하면서 지원을 하지 말자고 하는 건 상당히 지나친 거죠.

또 WFP로 주면 투명성이 보장되고 우리가 직접 주면 투명성이 보장

안 된다는 말도 북한 사회를 너무나 모르는 얘깁니다. 북한은 아직도 당국의 일언지하에 인민들이 무조건 복종할 수밖에 없는 사회입니다. 극단적으로 말해서 WFP 보는 데서 줬다 나중에 얼마든지 다른 조치를 할 수 있는 데가 북한 아닙니까? 그런 식으로 하면 민심이 나빠지지 않겠느냐? 그렇다고 주민들이 어떻게 할 수 있습니까? 그러니까 WFP를 통해 보내주면 투명성이 보장되고 우리가 보내주면 어디로 가는지도 모른다고 하는 건, 북한 사회가 최고로 통제된 사회라는 것을 일부러 외면하면서 하는 얘기가 됩니다.

WFP가 5억 달러나 조성해서 옥수수로 100만 톤이 넘는 분량을 준다고 할 때는 분명 북한의 식량난이 심각하다고 봐야 합니다. 이쯤 되면, 여기서 우리가 "WFP 그동안 수고 많았다. 우리도 큰 몫을 하겠다. 그런데 기왕 할 바에는 직접 지원하겠다" 하면서 치고 나가면 좋겠어요. 서울―평양 거리가 200km밖에 안 돼요, 그렇지만 WFP로 하면 가까이 가도 2000km 이상을 돌아야 합니다. 행정비도 많이 듭니다.

이런 상황에서 WFP를 통하기보다 우리가 직접 지원하겠다고 하면서 차제에 강력하면서도 좋은 메시지를 보내면 자연스럽게 북쪽이 유연하게 나올 거고, 그렇게 되면 우리도 6·15와 10·4에 대한 확실한 입장을 표명하는 데 어색하지 않은 상황이 되리라 봅니다.

정부도 갑자기 밑도 끝도 없이 그 얘기를 하자니 어색해서 그럴 거예요. 그러나 어색한 상황에서 아이스 브레이킹icebreaking 효과를 내는 힘과 여유를 가지고 있는 쪽은 우리입니다. 책임도 가지고 있어요. 북한 사람들 들으면 기분 나쁘겠지만, 우리가 북한하고 1대1 상호주의, 기계적 상호주의 할 때는 이미 지났습니다.

서독판 '퍼주기'를 아는가?

독일 통일 당시 서독 정부의 안보보좌관을 했던 텔칙이라는 사람이 최근 서울에 와서 말한 내용이 우리 언론에 보도된 적이 있습니다. 자기네는 80년대에만 동독으로 2000억 마르크 상당의 현금과 물자를 지원했다는 거예요. 당시 환율로 계산해도 1000억 달러가 넘는 돈입니다. 10년 동안 1000억 달러 이상 갔으면 연간 100억 달러 이상입니다.

우리가 2001년부터 대북 쌀 지원을 시작해서 한 5년 지원하다가 북한이 핵실험을 한 2006년부터는 그나마 중단했어요. 대북지원에 들어간 비료값, 민간지원 매칭펀드 등 이것저것 합쳐서 많을 때가 약 5억 달러 됐어요.

지금 우리 GDP가 1조 달러 조금 못 되는데, 독일의 GDP는 3조 달러 정도예요. 그렇게 우리와 독일의 경제 규모가 1대 3 정도라고 보면, 서독이 80년대에 동독에 지원해 준 게 명목 액수로 우리의 20배, 1대3의 경제규모의 비율을 대입해도 우리보다 6~7배 이상 지원한 셈입니다. 그게 결국 독일 통일을 앞당긴 겁니다. 대북지원을 퍼주기라고 비난하려면 통일 얘기는 하지 말아야 합니다.

북한 경제구조 모르고
'핵·미사일 개발 비용' 논하지 말라

대북지원 전용론의 진실은? _ 2009. 7. 7 / 7. 21

김대중·노무현 정부 당시 대북 쌀·비료 지원과 금강산 관광 및 개성공단 사업으로 북한에 올라간 현금이 핵·미사일 개발에 쓰였다는 주장은 '퍼주기론'의 고전이다. 북한이 2차 핵실험을 하고 단거리·장거리 미사일을 잇달아 쏘던 2009년 5~7월, 보수 언론들은 김대중·노무현 정부 시절 대북지원액을 계산하는 데 열을 올렸다. '대북지원 = 핵·미사일 개발' 공식을 뒷받침하려는 시도였다. 이명박 대통령은 7월 초, 대북지원이 핵 개발에 전용된 의혹이 있다는 이른바 '폴란드 발언'을 통해 논란에 기름을 부었다.

10년간 北으로 간 현금 '탈탈 털어' 1조 원

이명박 정부 실세들이나 여당 국회의원들, 일부 보수 야당은 김대중 정부 이후 10년간 햇볕정책의 결과 돌아온 것은 핵무기와 미사일밖에 없다고 합니다. 북한이 그 돈으로 미사일을 만들고 핵무기를 만들었다는 겁니다. 과연 그게 사실일까요?

　김대중·노무현 정부 대북정책의 공과를 놓고 변호하는 차원이 아님니다. 남북관계를 보는 데 있어서 시각을 잘못 가질 경우 얼마나 많은 오류를 범하고 여론을 얼마나 왜곡해서, 결과적으로 정책 결정에도 악영향을 미치는지 따져보자는 차원에서 던지는 질문입니다.

우선 햇볕정책 10년 동안 북으로 간 돈 액수에 대해 보수 언론은 말할 것도 없고 한나라당 국회의원들도 수조 원의 현금이 갔다는 말을 많이 합니다. 보수 야당에서도 그렇습니다. 그런데 그건 우선 사실관계 자체가 틀린 얘기입니다. 과장이에요.

수조 원이라면 최소 20억 달러가 넘어야 하는데, 일단 남북협력기금 즉, 국민들이 낸 세금이 현금으로 넘어간 건 없습니다. 쌀과 비료를 산 돈은 남북협력기금인데 그건 전부 현물로 갔습니다. 그 액수는 국회 상임위에 정확히 보고됐고, 언론도 그 숫자를 가지고 있습니다.

햇볕정책 기간 동안 이른바 대북지원이라고 비료나 쌀이 가기 시작한 건 1999년부턴데, 초기에는 몇백만 달러 정도였고 많을 때가 5000억 원 정도, 달러로 환산하면 연 5억 달러어치가 갔습니다. 그런데 그건 다 현물로 보내는 거고, 수송비는 우리 해운회사가 받으니까 실제로는 많을 때 연 4억 달러어치 현물이 갔다고 보면 됩니다. 2006년부터는 지원이 끊어졌으니까, 99년부터 2005년까지 6~7년 동안 정말 넉넉히 잡아서 총 20억 달러어치 현물이 갔습니다.

2000년 정상회담과 관련해서 돈이 간 문제는 2003년 대북송금 특검에서 결론이 났고 보도도 됐습니다. 전부 현대 돈이었고, 현대가 정상회담 이후 남북관계가 급진전될 경우를 대비해서 소위 7대 대북사업을 독점 개발하는 권리를 보장받으려고 선수금으로 4억 5000만 달러를 줬다고 특검이 발표했습니다. 정부는 일부 액수의 달러 환전과 반출에 편의를 제공한 것뿐이었습니다.

또 현대아산이 작년 7월 12일부로 금강산 관광이 중단될 때까지, 98년 11월 18일 이후 금강산 관광 대금으로 북쪽에 준 돈이 10여 년간 총 4억 8600만 달러입니다. 이것도 물론 세금은 아니죠. 금강산을 보고 싶은 국민들이 관광 대금으로 낸 거니까.

개성공단에 투자하느라고 북한에 돈을 갖다 바쳤다고 말하는 사람들도 있어요. 그런데 그건 너무 악의적인 얘기입니다. 왜냐하면 개성공단 개발은 인건비와 공장부지, 땅값 압박 때문에 중국으로 베트남으로 나가는 우리 중소기업들이 싼 노동력과 싼 땅값의 혜택을 받을 수 있도록 해주기 위해서 시작한 겁니다. 그리고 그건 전부 현물로 갔어요. 야산을 깎고 평지를 만들고 하수도 시설을 하고 도로를 만드는 등 공장을 지을 수 있는 공단을 만든 건데, 거기 1단계 100만 평에 7329억 원, 미화로 7억 3290만 달러가 들어갔습니다. 복잡하니까 환율은 1000대1로 계산합시다.

숫자가 나와 골치 아프겠지만 알 건 알아야 하니까 자세히 봅시다. 개성공단 1단계 7329억 원 중에서 정부의 남북협력기금은 2033억 원 들어갔습니다. 그건 정부가 현대에 준 돈이 아니라 토지공사에 넘겨줘서 집행해나간 겁니다. 그리고 토지공사 자체로 1051억 원을 썼고, 한전이 전기 공급하는 차원에서 투자한 돈이 480억 원이었습니다. 송전시설·전봇대 같은 거 세우는 데 들어갔습니다. 또 KT가 통신시설 갖추느라고 84억 원, 민간이 자기 공장을 짓기 위해 쓴 돈이 3681억 원. 이렇게 도합

개성공단의 노동자들. 개성공단으로 인해 북한에 돈을 갖다 바쳤다는 말들이 있다. 그러나 개성공단은 우리 중소기업들의 경쟁력을 위해 시작한 것이며, 거기에 들어간 돈은 기업들을 위해 나간 돈과 북한 노동자들의 임금일 뿐이다.

7329억 원, 미화로 7억 3290만 달러가 됩니다. 이거 다 우리 중소기업들을 위해 현물로 나간 겁니다.

개성공단 관련해서 준準정부라고 할 수 있는 토지공사가 북한에 현금으로 준 게 유일하게 토지임차료 1600만 달러인데요, 이번에 5억 달러로 올려달라는 바로 그 1600만 달러가 현금으로 갔는데, 토지공사가 300만 달러는 현물로, 1300만 달러는 현금으로 선대납했다가 나중에 공단 분양하면서 입주기업들로부터 다 환수했습니다. 수익자 부담으로 한 거죠. 세금은 아니지만 어쨌든 돈이 가긴 간 건데 우리 중소기업들이 저지대·저임금으로 사업할 수 있도록 해주기 위해서 50년 동안 독점적으로 임대하는 조건으로 낸 셈입니다.

　그리고 개성공단 임금이 2004년 38만 달러로 시작해서 금년 5월 말까지 총 6500만 달러 올라갔습니다. 이건 그냥 준 게 아니라 노동력을 제공한 대가를 준 거죠. 5년 반 동안 1인당 월 50~60달러짜리 노동력의 대가가 모인 겁니다.

　이렇게 해서 햇볕정책 기간 동안 남북관계 개선과 안보 불안 저하에 들어간 돈이, 현대아산이 쓴 돈까지 모조리 다 합해서 총 37억 3000달러 정도, 우리 돈으로 3조 7000억 원이 됩니다. 그중에서 현금만 따지면 현대가 준 사업 선수금과 금강산 관광 대가, 개성공단 노동 대가 다 털어서 약 10억 달러 즉, 1조 원입니다.

미사일 발사로 올해 쓴 돈만 1조 원

북한이 올해 미사일을 18발 가까이 쏜 것에 대해서는 이번에 <연합뉴스>가 계산을 했는데, 한 3억 4000만 달러 들어간 것 같다는 결론이 나왔어요. 그리고 올 4월 발사한 광명성 2호를 만드는 데 2억 5000만 달러, 5월 핵실험에 3~4억 달러 들어갔다고 계산했어요. 금년에만 총 9~10억 달러가 든 거죠. 많이 썼습니다.

　그런데 북한은 93년 5월 이미 중거리 미사일을 쐈고, 98년 8월 31일 장거리 미사일을 또 쐈습니다. 이 미사일 발사는 대미 협상용이기도 하지만, 동시에 미사일 수출을 위한 쇼의 성격도 강합니다. 해마다 하는 한미 군사훈련도 사실은 미국이 신형 무기 들고 나와서 성능 보여주면 우리 국방부가 신무기 구매 계획을 세우고 예산 신청을 하는 거잖아요.

북한이 98년 장거리 미사일을 쏘고 나니까 미국이 99년부터 미사일 협상을 시작했습니다. 미국이 미사일 수출 중단과 시험 발사 중지를 요구하니까 북은 "우리가 미사일로 연간 10억 달러를 정도를 벌고 있는데 그걸 못 하게 하려면 보상하라"고 했어요. 그러니까 미국은 10억 달러는 너무 많고 5억 달러 정도는 인정할 수 있다는 식으로 해서 미사일 발사를 중지시켜요. 그게 조명록 북한 국방위원회 차수와 매들린 올브라이트 미 국무장관이 2000년 10월 발표한 조미 공동 코뮈니케에 있는 '미사일 발사 유예' 조항 합의의 배경입니다.

미사일 발사를 유예시키고 수출하지 않는 조건으로 연간 5억 달러 정도 인정하되, 돈을 바로 줄 수 없으니 1차적으로 3년간 10억 달러 상당의 식량부터 제공한다는 것이었습니다. 이건 미국이 해마다 5억 달러 정도만 북한에 보상하면 그걸로 되겠다는 계산이 맞아떨어졌기 때문입니다. 달리 말하자면, 미국도 90년대 말에 이미 북한이 연간 5~10억 달러를 무기 수출로 벌고 있다는 사실을 인정했다는 겁니다.

그렇게 해서 미사일 발사 유예를 하다가 다시 발사하기 시작한 게 2003년입니다. 조지 W. 부시 대통령이 취임하고 대북 압박정책이 시작되면서 조미 공동 코뮈니케가 이행되지 않으니까 다시 쏘기 시작한 겁니다. 달리 말하면 미사일 수출을 다시 시작했다는 겁니다.

2004년엔 6자회담이 굴러가고 있어서 좀 쉬다가 2005년에 1발 쏘고, 2006년엔 3월과 7월에 총 9발을 쐈고, 2007년에 7발, 2008년에 18발, 2009년엔 7월 7일 현재까지 18발 쐈습니다. 이렇게 93년 이후 총 50발 정도를 쐈어요. 햇볕정책 이후지만 미국의 대북 압박이 심하던 시절에 쏜 것을 보태면 48발이죠. 돈으로 환산하면 총 14~15억 달러 정도를 미사일 시험에 썼다는 겁니다.

그런데 그만큼 쓰면 그 몇 배가 남는 장사가 되니까 쏜 거 아니겠어요? 핵 문제로 미국을 압박할 일이 있을 때는 물론이고 특별히 그럴 일이 없을 때도 쏜 것은 장삿속도 있다는 겁니다. 미사일을 쏠 때 이란 같은 구매 희망국에서 사람들이 와 있었다고 하잖아요? 이건 북한이 계속 미사일 장사를 했다는 뜻입니다. 현대가 보낸 돈 같은 걸 다 써버린 뒤에도 이런 장사는 계속됐어요. 돈이란 건 한 번 들어가면 곧바로 여기저기 쓰이지, 3~4년간 꼬깃꼬깃 접어서 깊숙이 넣어두었다가 미사일 쏠 때 꺼내 쓴다는 건 비현실적인 얘기입니다.

민수 / 군수경제의 엄격한 구분

더욱 중요한 건, 북한의 경우 스탈린식 경제의 특성이기도 한데, 소위 인민경제와 군수경제가 완전히 쪼개져 있어서 서로 절대 넘나들지 않는다는 사실입니다. 그런 특성을 잘 보여주는 얘기가 있죠. 소련은 80년대에 이미 사람을 달에 착륙 시킬 정도의 과학기술을 가지고 있었는데, 그럼에도 불구하고 80년대 초까지 모스크바 최고급 호텔의 엘리베이터가 느려터진 것은 물론이고 어떤 층에서 멈추면 바닥하고 높이를 맞추지 못할 정도로 형편없었다고 해요. 민수용 기술과 군수 기술의 연계가 안 되는 것입니다.

그런 특징이 가장 강한 나라가 바로 북한입니다. 북한에는 군수경제만 전담하는 제2경제위원회가 따로 있습니다. 거기서 미사일을 개발해 돈을 만들고, 그걸로 핵도 개발합니다. 그런데 금강산 관광 때문에 9억 3000만 달러 정도를 받은 기관은 민경련(조선민족경제협력연합회)이나 아태(아태평화위원회)란 말예요. 민수경제 쪽이라고. 그건 자기네 인민 경제에 투자하기 위해 돈을 받아썼죠.

일본무역진흥회사(JETRO) 같은 데서 이미 분석이 나왔는데요, 금강산 관광 등으로 현금이 들어가던 시절 북한이 중국에서 원자재 등을 사 들여가는 경향이 나타났다는 겁니다. 아무리 가까운 중국이지만 북한이 외상으로 절대 살 수 없는 원자재나 기술을 들여오는 데 민경련이나 아태 쪽에서 벌어들인 돈을 썼다는 얘기가 됩니다. 인민경제를 통해 번 돈을 인민경제를 위해 쓰는 거죠.

사실이 이런데도 불구하고 햇볕정책 때문에 수조 원이 북한에 들어갔고, 그걸로 미사일을 쏘고 핵실험을 했다고 하는 건 맞지 않습니다. 정치 선동이라고 치부하면 그뿐이지만, 억지가 심한 거죠. 그래도 계속 그렇게 우긴다면, 북한이 93년에 쏜 미사일은 누구 돈으로 쏜 겁니까? 노태우 정부 때인 89년부터 남북 경협이란 게 아주 약소한 액수로 시작했는데, 그 돈 모아서 쐈다고 할 겁니까? 그리고 98년 쏜 사거리 1650km 미사일은 누구 돈으로 만들고 쐈다고 할 겁니까? 김영삼 정부가 95년 6월부터 가을까지 쌀 15만 톤을 보낸 적이 있는데 그걸로 쐈다고 할 겁니까? 98년 8월이면, 그때는 김대중 정부에서도 정책적으로는 햇볕을 추구했지만 실제로 대북지원을 하지 않았을 때입니다. 쌀이 됐건 비료가 됐건 하나도 안 갔을 때입니다.

그러니까 북한이 핵실험을 하고 미사일을 개발하는 건 제2경제위원회가 자기 능력을 확대 재생산함으로써 가능했다고 이해해야지, 남쪽에서 간 돈이 핵과 미사일로 돼서 돌아왔다고 말하는 건 북한 경제의 가장 중요한 특성을 모를 뿐만 아니라, 햇볕정책 이전 북한의 무기 수출 상황이나 무기 능력 발전에 대해 전혀 모르거나, 혹은 모르는 척하고 일부러 이전 정권과의 차별화 차원에서 말하는 겁니다. 국민을 오도하는 거예요.

과거 공산주의를 했던 나라들은 이제 민수경제와 군수경제를 나누는 걸 다 포기했습니다. 소련은 무너지면서 군수산업을 민수로 전환했고, 중국도 다 바꿨습니다. 그런데 북한에는 군수산업이 아직도 별도의 불가침의 영역으로 돼 있습니다.

또, 2009년 미사일을 쏘는 데 든 돈 3억 달러만 가지면 식량 100만 톤을 사다 먹을 수 있었다는 주장을 정부 당국자가 했더군요. 말이 안 되는 건 아닌데, 북한은 과거부터 식량을 사다 먹지 않았어요. 부족한 식량은 어차피 중국이나 소련 같은 데서 무상으로 지원받아 살아왔기 때문일 겁니다. 세계식량계획(WFP)이나 미국, 95년에는 심지어 일본에서도 받았어요. 인민경제에 대해서는 신경 안 쓰는 거예요. 들어오면 들어오고 안 들어오면 마는 거죠. 주머닛돈이 쌈짓돈이라는 건 북한의 경우 맞지 않습니다. 북한은 주머닛돈은 주머닛돈이고 쌈짓돈은 쌈짓돈입니다. 우리식으로 터서 쓴다는 생각은 사실이 아닙니다. 그걸 가지고 "저런, 나쁜 놈들"이라고 도덕적으로 욕을 할 수는 있겠죠. 그렇지만 북한의 현실하고는 분명 다릅니다.

햇볕정책이 핵실험 불렀다고 말하는 美언론 봤나?

핵실험에 대해서는 2006년 1차 때 미국 언론들이 이미 답을 말했습니다. 당시 부시 정부는 북한이 플루토늄이 아니라 고농축 우라늄 프로그램(HEU)을 가동하면서 핵 개발을 한다고 압박했었습니다. 플루토늄 핵 개발과 우라늄 농축을 통한 핵 개발은 종류가 다릅니다.

그런데 핵실험을 하고 1주일 정도 뒤인 10월 16일자 <뉴욕타임즈>는 익명을 요구하는 정보 당국자의 증언을 토대로 북한 핵폭탄의 원료는 우라늄이 아니라 플루토늄이었다는 게 확인됐다고 보도했습니다. 클린턴 행정부 때 북미가 맺은 약속에 의해서 수조 속에 들어갔던 폐연료봉이 부시 정부의 잘못으로 밖으로 나와서 플루토늄 폭탄이 됐다는 겁니다. 엉뚱하게 HEU 문제를 만들어서 북한을 압박한 부시 정부가 북한으로 하여금 결국 핵실험을 하게 했다는 겁니다. 햇볕정책 때문에 북한이 핵실험을 할 수 있었다는 얘기는 없어요. 말이 안 되니까 안 쓴 겁니다. 바로 전날 <워싱턴포스트>를 봐도 북한의 핵실험은 대미 억지력을 확보하기 위해서이지 한국의 햇볕정책 때문에 그랬다는 얘기는 없었어요.

그러니까 핵이나 미사일 같은 국제 문제가 나오면 미국 등 외국 언론도 좀 봐가면서 얘기하자 이겁니다. 국회의원쯤 되면 본인이 하든지 보좌관을 시켜서라도 "오늘 <워싱턴포스트>나 <뉴욕타임즈>에 북한 관련 기사 없나 봐라" 하면 될 거 아닙니까. 국제사회에서 핵이나 미사일 또는 북한을 어떻게 평가하는지 봐가면서 이전 정부나 상대를 공격하든지 언론플레이를 해야죠.

<LA타임스>도 지난 10년 동안 추진되던 북한의 개방·개혁이 중단된 것 같다는 보도를 최근에 했더군요. 우리 내부적으로 북한은 하나도 안 변했다고 말하는 사람들이 있지만, 미국 언론도 지난 10년 동안 북한이 개방·개혁, 즉 변화를 해왔다는 걸 인정하고 있는 겁니다. 사정이 이런데도 이전 정부 시기를 '잃어버린 10년'이라고 몰아붙이면 안 되죠.

우물 안 개구리처럼 자기가 가지고 있는 아주 짧은 정보, 과학적이지도 않고 정치 선동 차원에서나 나온 얘기를 그대로 국회의원들이 옮겨버리고 심지어 견강부회牽强附會까지 해서, 당 대표자급 인사들이 얘기해버리고 보수 언론이 받아쓰면 국민들은 '아, 저 정도 사람이 하는 말이니까 맞겠지' 하면서 믿어버리는 겁니다. 사실과 전혀 다른 그림을 국민들이 머릿속에 그려놓고 남북관계를 보게 되는 거죠.

요컨대, 햇볕정책으로 북한에 간 돈이 한 10억 달러 정도 되지만, 그보다 훨씬 더 많은 돈을 제2경제위원회가 미사일 등 무기 수출로 벌어서 미사일 사거리도 계속 늘리고 핵실험도 벌써 두 번씩이나 한 겁니다.

그리고 우리 아니면 북한이 돈 얻어 쓸 데도 없고, 우리 아니면 굶어죽는다는 착각을 해서도 안 됩니다. 북한은 중국과 기장무역을 하면서 나중에 빚을 탕감받는 식으로 하고 있고, 동남아·아프리카와의 관계도 남남협력이라고 해서 우리와의 관계보다 훨씬 깊습니다. 못사는 나라들끼리 자원 같은 걸 서로 싸게 팔고 사주는 외교를 오랫동안 해왔어요. 김영남 북한 최고인민회의 상임위원장이 연초가 되면 동남아 쪽으로 해서 아프리카, 중동까지 쭉 한 바퀴 돌고 오잖아요. 그런 나라들하고 적은 액수지만 교역을 통해서 자기네들이 필요한 걸 조달해 쓰고 있기 때문에 그러는 겁니다.

그런데 우리 아니면 북한이 못산다고 하는 건 동네에 있는 쩨쩨한 부자가 흉년 들었을 때 쌀 한 가마니 달랑 내놓고 "내 덕에 다 먹고 산다"고 자랑하는 거나 마찬가지예요. 규모가 작아서 그렇지 다 융통해서 씁니다. 우리가 도와주지 않는다고 해서 그쪽이 굶어 죽을 거라고 단정하는 건 성급한 얘깁니다. 물론 북한이 그렇게 근근이 버티고 있지만, 우리가 대북 영향력을 늘리기 위해 어떻게 해야 하느냐는 생각은 별도로 해야 합니다.

미국이 지원한 쌀 200만 톤도 핵무장에 쓰였나?

그런데도 이명박 대통령은 지난(2009년) 7월 13일 스웨덴 스톡홀름에서 가진 기자간담회에서 비료·식량을 북한에 준다고 남북관계가 보장되는 건 아니라는 말을 했습니다.

남북교역과 협력을 통해 북한이 이득을 봤다는 액수를 보수 언론이 챙기고 챙겨서 종합한 게 10년간 69억 달러예요. 인터넷 매체 <데일리NK>에서 그런 통계를 냈더라고요. 현금 29억 달러, 현물 40억 달러 정도가 넘어갔다고. 현물 지원 속에는 개성공단과 금강산 관광 개발을 위해서 길과 땅에 깐 것도 다 포함시켰죠. 어쨌든 불리고 불려서 얘기한 걸 그대로 인정한다 쳐도 1년에 6억 9000만 달러가 간 거 아닙니까? 그 정도라면 중국도 그만큼 북한에 보태줬다고 할 수 있습니다. 2008년 같은 경우 북한이 중국과의 무역에서 12억 8000만 달러의 외상을 졌는데 그건 나중에 결국 탕감받으니까요. 미국에서도 과거 200만 톤 쌀이 갔으니까 우리가 김대중·노무현 정부 10년간 준 거랑 비슷합니다. 중국과 미국에서 이렇게 갔는데 거기엔 눈 감고 우리의 대북지원이 핵무장에 쓰였다는 건 북한의 대미·대중관계를 너무나 모르고 하는 얘기입니다.

그리고 정부의 핵무장 비용 전용론에 결정적인 타격을 주는 반론이 얼마 전에 미국에서 나왔습니다. 미 의회 입법조사국(CRS)에서 오랫동안 한반도 문제를 연구한 래리 닉쉬 박사가 7월 14일 워싱턴의 한 세미나에서, 북한이 이란과의 거래만으로도 연 20억 달러씩을 벌고 있다는 것을 미국 정부가 알고 있다는 얘기를 했단 말이에요. 이거 어떻게 된 거죠? 이명박 대통령이 제기한 우리 대북지원의 핵무장 전용론, 설득력 있습니까?

또 인도 델리대학에서 한국학을 하는 산디프 미슈라 교수가 최근 한국을 다녀갔어요. 한반도 문제를 전문으로 보는 분인데, 이런 얘기를 했어요. "햇볕정책 기간 동안에 북한이 핵 개발을 한 걸 가지고 한국에서 자책론이 나오는데, 제3국 입장에서는 이해가 안 된다. 햇볕정책을 안 했으면 북한은 핵 개발도 안 하고 미사일 개발도 안 했겠는가?" 핵과 미사일 문제는 햇볕정책 이전부터 북한의 외교 카드로 개발돼왔는데 어떻게 그런 얘기가 나오냐는 말입니다.

대통령 주변의 참모들은 뭐하는 거죠? 그런 정보가 있다면 대통령한테 입력을 시켜줘야 되거든요. "국제사회에서도 이렇게 보고 있으니까, 수위를 조절해서 발언하시라." 이런 건의를 해야죠.

돌아온 '붕괴론'의 시대,
신기루를 쫓는 사람들

북한은 당장 무너질 것인가? _ 2009. 4. 6

1990년대 중반을 풍미했던 북한 붕괴론의 시대가 다시 돌아왔다. '전략적 인내'라는 이름으로 포장된 한·미 정부의 대북정책에는 북한이 곧 무너질 것이라는 전제가 깔려 있다. 북한은 정말 붕괴할 것인가?

6자회담, 어떻게 해야 하나?

6자회담이 2008년 말에 한 번 열리고 아직도 언제 열릴지 불투명한 상태입니다. 6자회담이 이렇게 오랫동안 열리지 못하는 건 북한을 제외한 나머지 참가국들이 입장을 조율하는 데 시간이 오래 걸리기 때문입니다. 그게 6자회담의 특성이자 한계인데, 문제는 그 시간 동안 북한이 그냥 손 놓고 기다리겠냐는 겁니다. 절대 그렇지 않을 겁니다.

북한은 그동안에도 6자회담이 열리고 차기 회담이 열릴 때까지의 틈새 시간을 활용해왔어요. 북한은 회담이 한 번 끝나면 늘 강수를 둡니다. 그렇게 벼랑 끝 전술을 쓰면 거기에 어떻게 대응할 것인가를 두고 나머지 참가국들이 셔틀 외교도 하고 3자 협의도 했습니다. 그러는 와중에 결과적으로 북한의 핵 능력은 점점 커졌습니다. 그게 하나의 교훈입니다.

6자회담은 원래 부시 행정부 시절 네오콘(신보수주의자)들이 5대1 대북 포위 전략 차원에서 시작했던 회담 형식입니다. 물론 성과도 있었습니다. 그러나 5개국의 입장 조율에 시간이 많이 걸리고, 한·미·일에서 정권교체가 일어나면 북핵 문제에 대한 입장이 그때마다 변하기 때문에 그걸 조율하는 데 또 시간이 필요했습니다.

핵 문제는 미국과의 양자 간 문제니까 다른 나라는 빠지라는 게 북한의 기본 입장입니다. 그러나 미국은 러시아는 몰라도 최소한 한국·일본·중국과 보조를 맞춰가면서 북한을 설득·압박하겠다는 기본 전략을 가지고 있어요. 그걸 일종의 공간적 틈새라고 할 수 있는데, 북한은 바로 거길 파고듭니다. 4개국의 국가 이익의 차이, 같은 나라 안에도 존재하는 정권 변화에 따른 국가 이익 해석의 차이라는 틈새를 파고들면서 결국 레버리지(영향력·지렛대)를 극대화하는 전략을 씁니다. 또 차기 회담까지의 시간을 활용해서 핵 능력을 높이고 몸값을 높이는 건 시간적 틈새라고 할 수 있을 겁니다. 북한은 그 두 가지 틈새를 이용해왔고, 앞으로도 그럴 겁니다.

그렇다면 각 나라들 사이의 입장 차이라는 공간적 틈새를 활용하는 북한의 전략까지 막는 데에는 한계가 있다고 치더라도, 시간적 틈새는 주지 말아야 하지 않겠어요? 북한의 결단에 의해서 6자회담이 열릴 때까지 한없이 기다려서는 안 된다는 말입니다. 따라서 기본적으로 6자회담이라는 구도는 그대로 살리되, 미·북 양자 접촉에 대해 관련국들이 조금 더 열린 자세를 가질 필요가 있습니다. 특히 우리 정부가 그래야 합니다. 미·북 양자 접근을 마치 북한의 잘못된 행동에 대해 보상을 해주는 거라고 생각하고 견제하면, 마냥 시간만 가고 결국 북한의 핵 능력만 강화된다는 사실에 주목해야 합니다. 소탐대실小貪大失 하지 않으려면 한국 정부가 유연하게 나가야 하는 게 핵심입니다.

한국 정부의 입장은 6자회담이 열린 뒤에나 평화협정을 위한 4자회담을 할 수 있다는 식으로 정리된 것 같은데, 거꾸로 생각하자 이겁니다. 잘못하다가 북한이 정말 핵보유국으로 가버리면 협상 방식으로 문제를 풀더라도 우리가 지불해야 할 대가만 더 커져요. 그걸 알아야 합니다. 이명박 정부도 떠날 때를 대비해야 합니다. 욕을 덜 먹을 준비를 해야 하는 겁니다. 나중에 어떤 정부가 들어서더라도 이전 정부 때문에 한국의 부담이 훨씬 더 커졌고, 안보도 더 불안해졌다는 비난은 받지 않게 해놓고 떠나야 하는 겁니다. 이런 얘기에 콧방귀도 안 뀌겠지만, 정권에 대한 평가라는 건 오래가는 겁니다. 그렇게 간단히 생각할 게 아니에요. 이명박 정부 때문에 6자회담이 지지부진 길어졌다는 평가를 받는다면 영원히 지워지지 않는 낙인이 될 겁니다.

북한을 민주·개방 사회로 전제하는 건 자가당착

이명박 정부가 북핵 문제에 대해 게으름을 피우는 근저에는 북한의 붕괴 가능성에 대한 막연한 기대가 작용하고 있는 게 아닌가 싶습니다. 요즘 '작전계획 5029'니 '부흥계획'이니 하는 얘기들을 들으면 그런 인상을 강하게 받을 수밖에 없어요.

북한 체제의 특성을 어떻게 평가하느냐, 북한 체제의 장래를 어떻게 전망하느냐에 따라 북한을 상대하는 정책과 전략은 크게 달라집니다. 그런데 지금 한국과 미국에서 대북정책을 입안하는 사람들의 공통적인 특징이 하나 있어요. 북한이 국제사회의 여론도 의식하는 민주국가라고 생각하는 것 같습니다. 현실을 비판할 때는 북한 체제의 특성에서 나타나는 이해 안 되는 대목을 비판하면서도, 체제의 장래를 전망할 때는 마치 북한이 민주국가이고 개방사회인 것처럼 전제하고 있다는 거예요.

북한 붕괴 가능성을 강하게 제기하는 사람들은 주로 세 가지 근거를 듭니다. 첫째는 경제난, 둘째는 불안정한 후계 체제, 셋째는 김정일 위원장의 건강 문제. 이것들을 근거로 대면서 북한이 몇 년 안 남았다고 말합니다.

하나씩 얘기해보자면, 우선 북한의 경제난은 어제 오늘의 일이 아닙니다. 1980년대에는 제로 성장을 했고, 90년대에는 마이너스 성장을 했어요. 특히 90년대 중반에는 스스로 '고난의 행군'이라고 표현할 정도로 어려운 시기를 겪었습니다. 즉, 이제 와서 경제난을 북한 붕괴의 근거로 대는 것은 비현실적이고 뜬금없다는 겁니다. 저 사람들은 어렵게 사는 데 익숙해져 있어요.

경제가 어려워서 주민 폭동이 일어나고, 특히 2009년 11월 화폐개혁 때문에 불만이 높아져서 붕괴할 거라는 전망도 있더군요. 북한은 세계적으로도 유명한 전체주의에 강력한 통제력을 가진 국가입니다. 통

1990년대 중반 북한은 자연재해와 경제난이 겹쳐 스스로 '고난의 행군'이라 표현할 정도로 힘든 시기를 지나왔다. 그렇게 어렵게 사는 데 익숙해진 북한이 경제난으로 붕괴할 것이라는 주장은 현실적으로 가능성이 떨어진다.

제력 강한 국가의 특징이 뭡니까? 반체제 세력을 철저히 감시하고 그들이 조직화되지 않도록 관리하는 거예요. 어떤 언론인은 북한에서도 10·26 사건 같은 게 일어나지 말라는 법이 없다고 하던데, 그건 상상의 세계에서나 가능하다고 봅니다. 오히려 10·26 같은 걸 봤기 때문에 북한은 그런 일을 철저히 막을 준비를 했을 겁니다. 북한은 미국식 민주주의 국가가 아니에요. 여론이 없거나, 설령 여론이란 게 있어도 그것이 조직화될 수 없는 나라입니다.

1997년 4월 입국 이후 북한에 대해 절대로 좋게 말하지 않던 황장엽 씨까지도 최근 미국에 가서 그런 말을 했잖아요. 중국이 버텨주는 한 북한은 절대 붕괴하지 않는다고. 맞는 말이에요. 북한이 가지고 있는 지정학적 중요성 때문에 중국은 절대 북한이 그냥 붕괴되도록 놔두지 않습니다.

한국에서 그런 북한 붕괴론이 나오면 미국에 있는 북한 전문가들이 그걸 받아서 미국에 유포시킵니다. 그런데 미국의 북한 전문가들 수준이 미국 내 중국 전문가나 일본 전문가들에 비해서 그렇게 높은 편이 아니에요. 이건 내 얘기가 아니고, 미국 정부에서 북한 문제를 오랫동안 깊숙이 다루어와 미국 내 북한 전문가들을 평가할 만한 위치에 있는 복수의 인사들이 하는 말입니다. 그건 아마도 북한 문제의 미국 내 정책 우선순위가 그리 높지 않고 시장성이 크지 않아, 죽자 사자 연구를 안 하기 때문일 겁니다.

그래서 소위 미국의 북한 전문가들은 미국 정보기관이나 정부 당국자들의 말뿐만 아니라 한국 당국이나 한국 언론매체의 얘기도 많이 참고를 한다는 겁니다. 그런 점에서 그들 북한 전문가들이 말하는 북한 정세나 전망의 절반 정도는 기본적으로 '메이드 인 코리아'예요. 김영삼 정부 시절에도 대북 강경책을 정당화하기 위해서 한국에서 북한 붕괴론이 많이 나왔어요. 그러면 그게 미국으로 건너가서 미국 정부에까지 침투가 돼요. 미국 사람들도 미묘한 문제에 있어서는 한국 사람들의 판단을 중요하게 봅니다. 그런데 '메이드 인 코리아' 정보가 태평양을 한번 건너갔다 다시 돌아오면 마치 미제인 것처럼 둔갑해서 한국의 보세점에서 잘 팔립니다. 우리나라 전문가들이 "미국에서도 이렇게 본다"고 하면서 확대 재생산을 하는 겁니다. 그럼 또 미국이 다시 그걸 받아서 대북정책을 수립하는 식이죠.

김영삼 정부 때 대북 강경정책이 지속되는 동안 북한 붕괴론이 강하게 제기되고 유포되었는데, 당시 제네바 미북 합의를 이끌어낸 미국 측 수석대표 로버트 갈루치도 공공연하게 그런 말을 했어요. "곧 무너질 나라하고 어떤 약속을 한들 무슨 상관이냐. 그래서 제네바 합의 체결한 거니까 너무 걱정하지 마라." 제네바 합의에 따라 북한에 경수로를 지어주면서 합의는 미국이 하고 돈은 우리가 70% 이상을 댄 것도 그런 논리에 편승한 측면이 있었어요. 곧 붕괴될 거니까 괜찮다는 거죠. 하지만 북한은 붕괴되지 않았고, 붕괴론을 사실상 유포한 한국이 비용을 뒤집어쓰게 됐습니다.

김정일 신장 투석, 의학적으로 알고 하는 얘기인가?

북한 붕괴론의 두 번째 근거는 후계 체제 불안정론입니다. 3대 후계자로 알려진 3남 김정은은 나이가 어려 경험이 부족하고 능력이 별로 없을 테니까 필연적으로 무너질 수밖에 없다는 겁니다.

그러나 조선 시대 역사에서만 봐도 그런 경우가 많았어요. 젊은 세자가 10대 후반이나 20대 초에 선왕을 승계하면 중신들이 그 젊은 임금을 잘 보필합니다. 그렇게 조선조 500년을 끌고 왔어요. 김정일 위원장도 조선 시대 중신에 해당하는 원로들이 보필해서 지금 여기까지 온 겁니다.

물론 김정일·김정은 부자간에 후계자로서의 조건이 똑같지는 않습니다. 김정일 위원장은 일찍부터 후계자 수업을 했고, 52세가 되어서야 공식 승계를 했습니다. 이제 26~27세 되는 후계자의 장래가 그 아버지만큼 탄탄하다고 보기는 어렵지만, 그렇다고 곧바로 문제가 생기리라고 단정하기도 어렵습니다.

북한 체제가 자유민주주의적 선거로 정권의 정통성이 인정되는 체제라면 김정은 체제는 오래 못 갈 겁니다. 그러나 지금 북한 정권의 정통성은 선거가 아니라 혈통으로 결정되고 있어요. 북한은 사실상 왕조라고 봐야 합니다. 왕조는 혈통으로 정통성을 규정하는 거고, 중신들이 버텨주면 그냥 가는 겁니다. 이걸 무시하고 후계자가 나이가 어려서 붕괴할 거라고 말하는 건 너무 섣부릅니다.

북한을 비판할 때는 독재국가니 왕조니 비판하면서, 전망할 때는 민주주의 잣대를 들이대는 건 모순입니다. 물론 시대가 21세기이고, 지난 10년 동안 북한 주민들이 남한 사정도 좀 알게 됐고, 중국 사정도 많이 듣고 있을 테니까 그런 점들을 전혀 무시할 수는 없겠지만요.

세 번째 근거는 김정일 위원장 건강 이상설입니다. 김정일 위원장의 건강이 예전 같지 않은 건 틀림없어 보이는데, 최고 통치자는 판단을 두뇌로 하지 몸으로 하지는 않아요. 김대중 전 대통령도 보행이 불편했지만 임기 5년 동안 역동적으로 활동했고, 퇴임 후에도 1주일에 세 번씩 신장 투석을 하면서 국제적인 활동까지 활발하게 하셨어요.

김정일 위원장이 2008년 뇌혈관 계통에 병이 생겨서 오래 못 갈 것이라는 것이 지배적인 전망이 되어가고 있습니다. 심지어 미국의 동아태 차관보라는 사람은 한국에 와서 "김정일의 수명이 3년 정도밖에 안 남았다"고 했습니다.

그 3이란 숫자는 북한 붕괴론을 말할 때 늘 나오는 숫자예요. 김일성 주석 사후에도 3년 못 간다고 했어요. 3개월도 못 간다는 사람도 있었어요. 그러나 북한을 좀 연구하는 사람들은 30년까지도 갈 수 있다고 했어요. 그런데 실제로 3년 후에 북한은 안 무너졌고 지금까지 15년 이상 체제를 지탱해오고 있습니다.

한 관변 연구소 소장이 얼마 전에 "김정일이 2주에 한 번씩 신장 투석을 하고 있는 것 같다"는 말을 했어요. 그래서 내가 김대중 대통령 주치의였던 장석일 박사와 심장 계통을 잘 아는 의사들 몇 명한테 좀 물어봤어요. 장석일 박사는 지금 성애병원 원장인데 신장 투석 전문가입니다. 그분들이 뭐라고 하는가 하면, 우선 2주에 한 번 하는 신장 투석은 없답니다. 신장 투석은 두 가지가 있는데, 하나는 복막투석이라고 기계를 허리춤에 차고 다니는 건데 효과가 좀 약하대요. 그래서 대개 기계를 쓰는 혈액투석을 하는데, 그게 퇴임 후 김대중 대통령이 받았던 방법입니다. 그런데 그건 반드시 1주일에 세 번 이상 해야 하는 거랍니다. 신장 투석이란 건, 하면 하고 안 하면 안 하는 거지 2주에 한 번 하는 투석은 없다는 거예요. 의술의 수준과 상관없이 마찬가지라고 합니다. 신장이 안 좋아서 통치에 문제가 있다는 말을 하려면, 신장 투석에 대해 좀 알아보고 얘기를 해야죠. 정보기관 근처에는 의사들하고 아는 사람도 없나요?

또 김정일 위원장이 심혈관 계통에 타격을 입어서 왼손이 실제로 불편해 보이던데, 내 아버님이 1968년에 뇌혈전증이 와서 왼쪽에 마비가 왔었어요. 입도 돌아가고 왼쪽 눈, 팔, 다리에 마비가 왔었어요. 한 달여 만에 좀 나아졌지만, 1년 이상 불편하게 지내시다가 나중에는 완전히 회복이

돼서 정상적인 활동을 하셨고, 그로부터 15년 후에 돌아가셨어요.

　제 경험을 생각해보면, 김정일 위원장이 중풍이 와서 왼쪽 손이 조금 불편하더라도 시간이 가면서 회복된다고 볼 수도 있는 겁니다. 왼쪽 손이 불편해서 손톱도 하얗게 비쳐질 수 있답니다. 그런데 그 역시도 회복이 될 확률이 높다고 봐야지, 머잖아 무슨 일이 생길 거라고 보는 건 의학적으로는 말이 안 된다는 게 의사들 얘깁니다. 그리고 무엇보다도 북한 체제의 장래를 객관적으로 전망하기 위해서는 체제 위협 요인만 따질 게 아니라 체제 지탱 요인도 같이 분석하고 비교하면서, 그 체제가 붕괴될 것인지 아니면 그럭저럭 버틸 것인지 전망해야 할 것입니다.

악의적 상상력으로 가득한
분석을 걷어치워라

─────── 북한에 대한 편견과 이데올로기 _ 2009. 12. 8

북한에 대한 편견은 남북관계가 단절되는 시기에 더욱 기승을 부린다. 교류와 접촉이 없어지

면서 잘 모르는 부분에 대한 악의적 상상력이 넘쳐난다. 정부는 물론 보수적인 언론과 전문

가들도 북한에서 나오는 모든 정보를 제 입맛에 맞게 해석하고 요리한다. 2009년 11월 말 전

격 단행된 북한의 화폐개혁에 대해서도 마찬가지였다.

일본의 전문가라는 사람들

일본 히로시마 평화연구소가 주최한 '동아시아의 비핵화와 2010 NPT(핵

확산금지조약) 검토회의 활성화를 위한 국제 심포지엄'에 다녀왔습니다.

히로시마와 나가사키는 1945년 8월 원자폭탄이 떨어진 도시이기 때문

에 전 세계적으로 비핵화 운동을 선도하는 대표적인 곳입니다.

　나는 기조 연설자로 갔었는데 일본에서는 언론인, 평화운동가, 전직

외교관들이 주로 많이 참석했습니다. 미국에서도 비핵화·군축 같은 주

제를 연구하고 정책 대안을 제시하는 사람들, 전직 대사, 평화운동가들

이 왔습니다. 거기서 만난 사람들의 얘기를 들으면서 특별히 실감한 게 있습니다. 북한이 국제적으로 굉장히 나쁜 이미지로 각인되어 있다는 사실입니다. 그것은 상상 이상이었습니다.

회의 주제는 동아시아의 비핵화였는데, 2009년 8월 총선으로 일본에 민주당 정부가 들어선 것과 무관치 않습니다. 하토야마 유키오 총리가 동아시아 공동체를 말하고, 비핵 3원칙(핵무기를 만들거나 보유하거나 반입하지 않는다)을 UN 총회 연설에서까지 언급하면서, 그 개념은 동아시아 비핵화와 표리의 관계이기 때문에 회의 주제를 그렇게 잡은 것 같았습니다.

문제는 거기에 온 사람들의 얘기가 너무 공허하다는 것이었어요. 특히 일본 측 참가자들의 말이 굉장히 관념적이었어요. 동아시아 비핵화를 추진하려면 당대 최고의 핫이슈인 북한 비핵화 문제부터 가닥을 잡아야 하고, 그렇게 돼야 2010년 5월 NPT 검토회의도 성과가 있을 텐데, 일본 사람들은 미국이 일본에 제공하고 있는 소위 '핵우산'을 빨리 걷어내야 한다는 말만 하더라고요.

일리가 없지는 않습니다. 평화주의자들이 많이 참석했으니까 미국이 핵우산, 확장적 억지(extended deterrence)를 포기하지 않고서는 동아시아의 비핵화는 어렵다는 생각을 하는 겁니다. 일본에서 열린 회의니까 일본 사람들의 관심사에 초점을 맞출 수밖에 없었겠지만, 미국 측 참석자들까지도 미국의 핵우산을 제공받고 있는 30여 개 나라가 앞장서서 오바마 정부의 '핵무기 없는 세계'를 위한 정책을 적극 지지해야 한다는 말만 하면서, 북핵 문제에 대해서는 그냥 북한이 무조건 핵을 폐기해야 한다는 말만 하더라고요.

문제를 해결하기 위해 실현 가능성 있는 적실한 대안을 내놓지도 않았고, 북한이 핵 카드를 통해 보장받으려고 하는 것에 대해선 전혀 관심이 없었어요. 그래서 내가 요즘 강조하고 있는 말을 몇 마디 했어요.

"북한이 1990년대에는 체제 인정의 의미가 있는 북미수교와 경제지원을 받아내기 위해 핵 카드를 이용했다. 특히 체제 인정의 의미가 있는 수교에 치중했다. 그런데 미국의 이라크 침공 후에는 군사·안보적인 보장에 관심이 더 많아졌다. 힐러리 클린턴 국무장관이 2009년 정전협정을 대체할 평화협정 체결의 우선순위를 높여서 북한에 자꾸 메시지를 보냈던 건 북한의 핵 카드에 담긴 정책적 의도, 숨은 전략을 간파했기 때문이다. 그 방향으로 나가는 게 옳다."

그런데 전략을 연구한다는 사람들까지도 전략적 사고를 하지 않는다는 생각이 들었어요. 북한도 그런 현실은 알아야 합니다. 심지어 이런 말을 하더라고요. "미국 사람들은 대부분 북한은 미쳤다(crazy)고 생각하도록 교육을 받아왔다."

이 대목에서 나는 이거 참 심각하다는 생각을 했습니다. 나름대로 진보적인 생각을 하는 미국 사람인데도 불구하고 북한은 제정신이 아닌 나라이기 때문에, 북한이 미국을 상대로 뭔가 전략적인 행위를 하려고 하면 그건 미친 행동으로밖에 여겨지지 않는다는 겁니다. 그럼 북한은 어떻게 해야 하나? 미국이 시키는 대로만 해야 한다는 결론이 나옵니다.

오바마 대통령이 선거 운동 당시 약속했던 대로 북한을 방문해 김정일 위원장을 직접 만나서라도 북핵 문제를 푸는 데 적극성을 띠어야 한다고 내가 말했더니, 일본에서 오랫동안 외교관을 하고 군축 대사까지 지낸 사람이 그렇게 말하더라고요. "오바마 대통령이 가서 김정일하고 약속을 한들 북한이 그걸 지키겠습니까?" 그러면서 "빌 클린턴 대통령도 2000년에 김정일과 정상회담을 하려고 했다가, 해봤자 동아시아의 평화를 가져오는 데 도움이 안 될 것 같아서 안 갔다. 내가 보기에도 안 가길 잘했다고 생각한다"고 하더라고요. 오바마도 가지 말라는 겁니다. 부시 시대는 겨울이었고 오바마 시대는 봄이라고 하면서도 북한에 대해서는 오바마가 가봐야 소용없다고 하는 겁니다.

이 일본 전직 외교관의 클린턴 전 대통령에 대한 얘기는 사실관계가 틀린 겁니다. 클린턴은 부시와 고어가 대결한 2000년 대선이 이상하게 끝나면서 법정 공방까지 가고, 팔레스타인의 지도자 야세르 아라파트가 이스라엘과의 문제에 대한 결정이 임박했다는 이유로 평양행을 만류했기 때문에 못 간 겁니다. 부시 당선자 측에서 반대하기도 했고요. 클린턴 대통령이 퇴임 후 방한해서 김대중 대통령에게 그렇게 설명했어요. 매들린 올브라이트 당시 국무장관의 회고록에도 그렇게 나왔고요. 그러니까 그 일본 사람이 말한 것처럼, 김정일 위원장과 회담하고 합의해봤자 지켜지지 않을 것이기 때문에 자진해서 그만둔 게 아닙니다. 사전 준비 차원에서 올브라이트 장관까지 보내지 않았습니까? 다른 문제들 때문에 결국 못 갔다는 게 진실입니다.

내가 그 얘길 했더니 그 사람이 반박을 하지는 못했는데, 어쨌든 일본의 지식인들이나 관리들이 북한에 대해 가지고 있는 기본적인 불신감

2000년은 북미관계의 획기적 전환점이 될 수도 있던 해였다. 북미 정상회담을 앞두고 올브라이트는 평양을 방문했고, 곧이어 미국에서 북미 공동 코뮈니케가 발표됐다. 그러나 미국 대선에서 부시가 승리하고, 팔레스타인-이스라엘 문제가 발목을 잡는 바람에 클린턴은 김정일을 만나지 못했다. 그리고 북미관계는 과거로 되돌아갔다.

이 어느 정도인지를 잘 보여주는 사례였습니다. 일본 사람들이 북한을 그렇게 보는 건 북한의 책임도 어느 정도 있지만, 자신들이 동아시아 국가들 중에서는 가장 우수하다는, 일본인들의 민족적 편견도 작용했다고 봅니다. 또 미국 사람들이 북한에 대해 미친 사람들이라고 생각하고, 특히 황인종 중에서 가장 질이 안 좋은 게 북한이라고 생각하는 것도 인종적 편견에서 나온 측면이 있다고 봅니다.

그런 말을 들으면서 '아, 통일 문제에 대해 관련 국가들의 정책적 협조를 이끌어내는 게 참 어렵겠구나' 하는 생각이 들었습니다. 적대적 대북관이 굳어 있는 우리 일부 국민들로부터 합의를 이끌어내는 것보다 훨씬 더 어렵겠구나 하는 생각을 하면서, 앞으로는 밖에서도 좀 활동을 해야겠다고 생각했습니다. 나는 그 사람들이 그렇게까지 심하게 생각한다는 걸 잘 몰랐어요. 정부에 있을 때 정책을 책임지고 있는 미국이나 일본 사람들하고 대화를 할 때는 그렇게까지 적나라하지 않았습니다. 그래서 서로 공감대가 있는 부분을 정책으로 끌고 나가면 됐어요.

그 뒤 정부에서 나와 미국·일본의 민간 전문가들을 만나면서 조금씩 벽을 느낀 적은 있었습니다. 하지만 이번처럼 그 사람들이 그렇게 강한 지역적·인종적 편견을 가지고 있다는 걸 확인한 것은 처음입니다. 우리 정부 사람들이 그런 생각과 말을 하는 미국·일본의 사람들을 자주 만나다 보면 자기네 생각이 옳다고 생각할 수밖에 없을 겁니다. 그러면서, 김대중·노무현 정부 10년 동안 남북관계 일선에서 책임 있는 일을 했던 사람들을 두고 북한에 대한 환상을 가지고 또는 신기루를 보고 뛰었다고 할 겁니다.

그러나 그건 아닙니다. 실제로 그 기간 동안 북한 사회는 굉장히 많이 변했습니다. 지난 11월 말 북한이 화폐개혁을 했다고 하는데, 바로 그게 북한이 변화해왔다는 걸 입증하고 방증하는 거라고도 볼 수 있습니다.

암시장 확대가 부작용? 스스로 헷갈리는 전문가들

이명박 정부 들어 남북관계가 경색됐는데, 만약에 그렇지 않고 과거 정부의 정책을 그대로 이어서 했더라면 화폐개혁은 솔직히 못 했을 겁니다. 시장경제가 굴러가고 공급도 그런대로 이루어지고 조금씩 확장되고 있었기 때문에 중간에 커트할 수가 없었을 거예요.

화폐개혁이란 건 기본적으로 인플레를 잡으려고 하는 겁니다. 인플레는 왜 생기는가? 공급은 한정되어 있는데 수요가 늘어나면서 생기는 겁니다. 사회주의 국가에는 대부분 장롱 화폐들이 많아요. 생필품은 기본적으로 아주 싼값에 국가가 공급하기 때문에 쓰고 남은 화폐가 장롱으로 들어가게 돼 있어요.

장롱 화폐가 나와서 한정된 공급량과 만날 때 암시장이 생기고, 물가도 확 올라가면서 인플레가 일어납니다. 그걸 잡는다고 화폐개혁을 한건데, 지난 2년 가까이 외부 공급이 크게 줄었기 때문에 그렇게 할 수밖에 없는 겁니다. 남북관계가 그대로 진행되고 중국에서 오는 물자의 양에도 기복이 없었다면 굳이 그럴 필요가 없었을 겁니다.

히로시마 회의에 온 사람들도 화폐개혁에 관심이 많던데, 그 사람들은 오히려 그 문제에 대해서는 제대로 설명을 하더라고요. 인플레를 못잡으면 빈곤층의 불만이 커지기 때문에 그런 조치를 했을 거라고. 또수요 자체를 막을 길은 없는 법이고 결국 공급을 늘리지 않을 수 없는데, 그러다 보면 개혁·개방으로 갈 수밖에 없다고 보더라고요.

1992년 4차 화폐개혁 때도 그런 설명이 나왔습니다. 사실 그때는 합영법 제정, 나진·선봉 자유무역지대 지정 같은 조치는 있었지만, 북한이 개혁·개방으로 가는 징조가 별로 없었을 때였는데 경제학자들은 "인플레는 결국 개혁·개방이 필요하다는 조짐이니까 조금 지켜보면 답이 나올 것이다"라고 분석했습니다. 물론 그 뒤로 김일성 사망과 3년 연속 이어진 자연재해 때문에 개혁·개방을 못하고 '고난의 행군'을 하다가 북한 경제가 주저앉아 버렸지만, 어쨌든 이번에도 외국 사람들은 인플레가 개방·개혁의 불가피성과 연결되어 있다고 보더라고요.

그런데 우리 국내 신문들의 보도 태도는 달랐습니다. 화폐개혁 후 1주일 가까이 되면서 비교적 중립적으로 보도되고 있지만, 내가 일본에 갔던 12월 3일자 기사는 이게 무슨 70년대 신문인가 하는 생각을 하게 했습니다. 소위 전문가라는 사람들도 그런 식으로 코멘트를 하더라고요. 신문 구미에 맞게 말해준 것이겠지요. "사실상 강탈이다" "겉으론 총리가 지휘했지만 실제는 김정일의 작품이다" "나중에 문제가 생기면 총리를 자르려고 그러는 거다" 등등.

사실 내용상으로는 크게 틀리지는 않은 말이에요. 맞는 말인데, 아니 어디는 그런 짓 안 합니까? 대통령 중심제에서는 그렇게 안 합니까? 상황이 복잡하면 분위기 쇄신으로 개각하잖아요. 내각책임제에서는 이런 문제가 생기면 국회 해산하고 총선해서 다시 신임 묻고 그러잖아요. "저항 부를 위험한 도박", 저항 좀 일어났으면 좋겠다는 얘기죠. 이렇게 "쓸데없는 짓을 하고 있고 북한 주민들만 못살게 한다"는 식으로 쓰는 건 어느 시대 신문입니까?

김정일의 아들로 권력을 넘기기 위해서 국내정치적 기반을 조성하려고 화폐개혁을 했다는 전문가의 해설도 있습니다. 나는 이게 무슨 소리인지 모르겠어요. 글쎄, 갖다 붙이면 말을 만들 수는 있겠지요. 이른바 시장 세력에 불만을 가지고 있는 다수의 사람들이 이번 화폐개혁을 통해서 상대적인 박탈감을 덜 느끼게 되면서 "누가 이런 훌륭한 일을 했나? 아, 그 젊은 대장이 이런 것까지 신경 쓰는구나"라는 말이 나올 거라고요? 상상력이 너무 풍부한 얘깁니다.

"암시장 확대 부작용 클 듯", 이건 또 무슨 얘깁니까? 사회주의 국가들은 기본적으로 공급이 달리기 때문에 암시장이 커지면서 국가의 배급 기능을 대체하고, 결국은 개방·개혁으로 나가는 겁니다. 북한이 화폐개혁을 하면 그 방향으로 가는 걸 일시적으로 중단시키는 효과는 있을 겁니다. 그러나 먹던 걸 못 먹게 하고 입던 걸 못 입게, 쓰던 걸 못 쓰게 할 수는 없어요.

그러면 다시 강을 건너든지 허가를 받아 중국에 가서 보따리 장사를 하는 사람들이 뭔가 좀 가지고 들어올 겁니다. 그게 암시장에서 유통이 되겠죠. 암시장 확대 자체를 부작용이라고 하는 모양인데, 그건 북한의 골수 사회주의자들이 보기에나 부작용인 거예요. 우리 입장에서는 부작용이 아니에요. 이 전문가들은 자기가 하는 말이 어떤 함의를 갖고 있는지 스스로도 헷갈리는 것 같습니다.

북한이 하는 일에는 무조건 나쁜 단어, 자극적인 단어를 쓰면 반북 의식이 생길 수 있다고 생각하는지 모르겠지만, 이런 보도를 보면서 지금이 어느 시대인지 모르겠다는 느낌을 받았습니다. 1960~70년대에는 관변이건 전문가건 북쪽과 관련된 얘기에는 무조건 이데올로기적인 색깔을 칠해서 전망하고 분석했습니다. 하는 일마다 상황이 나빠질 수밖에 없는 길로 간다는 식으로 묘사를 했죠.

지금 떠오르는 게 '북괴의 지리'라는 표현입니다. 그런 말을 학자들도 썼어요. 북괴는 북한 괴뢰집단의 줄임말이고, 북한의 정치 지도부를 북괴라고 했잖아요. 그런데 북한을 지리적인 맥락에서 언급할 때에도 '북괴의 지리'라는 말을 썼습니다. 그때는 그런 표현을 쓰는 것이 보통이었지만, 요즘 신문 보도에 그 비슷한 용어나 분석이 다시 살아나는 걸 보면서 지난 2년 가까운 기간 동안의 남북관계 경색과 대북 압박정책, 대북 비우호적 자세가 이런 결과를 가져온 거라는 생각을 할 수밖에 없었습니다.

있는 대로 북한을 보지 않고 자기의 편향된 대북관에 조금이라도 힘을 실어줄 수 있는 대목을 찾아내고 그것을 확대해석해 보도하면, 그거야말로 신기루를 스스로 만들어내고 그쪽으로 쫓아가는 겁니다. 이렇게 된다면 우리 언론들은 결국 남북관계의 개선이나 북한의 의미 있는 변화 같은 걸 기다리는 게 아니라, 그런 변화가 안 일어나길 바라는 게 아닌가 하는 생각까지 들었습니다.

대북영향력 '제로' 시대,
북한의 민심을 잃으면 통일은 없다

—— **독일 통일과 한반도 통일** _ 2009. 11. 26

정세현 전 장관은 2009년부터 연세대 김대중도서관이 주최하는 김대중평화아카데미의 강사로 활약하고 있다. 2009년 9월 17일부터 11월 26일까지는 '정세현의 평화 · 통일론'이란 강의가 총 10회로 진행됐는데, 여기서는 독일 통일을 통해 우리가 배울 점과 남북관계에 관한 다양한 쟁점이 종합적으로 다뤄졌다.

베를린장벽이 무너지기까지

2009년 11월 9일은 베를린장벽 붕괴 20주년이었습니다. 우리 식자층, 정치인, 언론인들은 독일과 한국의 경우를 많이 비교합니다. 그러면서 우리 정부가 동·서독처럼 하지 않는 데 대해 비판이나 질타를 많이 합니다.

그런데 대부분 잘못 알고 있어요. 예를 들어 서독은 동독에 절대로 현금을 주지 않았고 반드시 현물로 줬는데, 그때마다 꼭 조건을 걸고 줬다는 말을 많이 합니다. 하지만 그건 사실과 다릅니다. 내가 1977년 통일원에 들어가서 처음으로 했던 일이 동·서독관계와 남북관계를 비교·연구하는 것이었기 때문에 독일 사례를 조금 압니다.

처음에 서독이 동독에 경제지원을 하겠다고 하니까 동독은 안 받으려고 했습니다. 코 꿸까 봐서. 그래도 서독은 동독이 받을 수밖에 없는 여러 가지 명분을 만들어서 결국은 줬습니다.

예를 들면 이런 겁니다. 동·서독은 우리하고 분단의 원인이 달라요. 우리는 죄도 없이 분단됐지만, 독일은 두 번이나 전쟁을 일으킨 나라이기 때문에 위험해서라도 찢어놔야 한다며 미·영·불·소 네 나라가 네 토막을 내서 각각 관리하기 시작했어요. 나중에 미·영·불이 하나로 뭉치면서 그게 서독이 되고 나머지는 동독이 됐습니다. 동독 지역에 있던 베를린도 네 토막을 내서 4개국이 관할했는데, 넷으로 쪼개놓으니까 소위 역간(구역 간) 교역을 허용할 수밖에 없었어요. 우린 두 토막이 나서 그게 어려웠는지 몰라요. 그렇게 왕래가 허용되니까 서쪽에서 동쪽으로 가는 왕래가 많았어요. 공산주의 사회가 폐쇄적이니까 동쪽에서 서쪽으로 가는 경우는 별로 없었습니다. 서독 사람들이 동독 쪽으로 들어가면서 고속도로 통행료를 냈는데, 그 액수가 제법 됐어요. 그래서 서독이 동독한테 그걸 한 번에 몰아주겠다고 했어요. 그걸 명분으로 경제지원을 한 겁니다.

그런데 처음엔 동독이 거절했어요. 그때그때 받으면 되지 서독 정부가 나설 필요가 있겠느냐, 그리고 정확한 통행량 예측도 힘들다면서 거절했습니다. 그렇지만 서독이 갖가지 명분을 대면서 계속 설득하니까 결국은 현금을 받았습니다. 사실 목돈이 들어오면 경제계획을 세울 수 있으니까 좋은 겁니다. 푼돈이 조금씩 들어오면 중간에 이거저것 하다 나중에 남는 게 없어지잖아요. 그렇게 돈을 주기 시작하고, 나중에는 고속도로를 넓혀주고 통행료는 너희가 받으라고 하면서 계속 돈맛을 알도록 한 겁니다.

최소 10년 지원해야 레버리지 생겨

그렇게 해서 어느 정도 의존성(dependency)이 생겼다고 판단했을 때, 그때부터 서독은 조건을 내걸기 시작합니다. 현금으로 주던 걸 투명성 문제를 걸면서 현물로 주기 시작했습니다. 우리 국회의원들은 서독이 처음부터 현물로 줬다고 잘못 알고, 금강산 관광 대가를 현금으로 주는 것 등 정부의 대북정책을 막 비판했는데 사실과 다른 겁니다. 하긴 연방제 얘기를 하다가 미국이 연방제라고 하면 깜짝 놀라는 국회의원들도 많으니까.

그게 실체적 진실입니다. 서독은 동독에 지원하면서 처음부터 상호주의를 적용하지 않았고, 현금으로 주다가 나중에 어느 정도 정례화되고, 동독이 그 지원을 기다리는 상황이 됐을 때 현물 지원으로 돌아서면서 방송 개방 같은 조건을 걸었습니다.

거기 방송 개방은 기술적으로 쉬웠어요. 방송 송출 방식이 같으니까. 남북 간에는 차이가 있습니다. 우리는 NTSC 방식으로 송출하고 북한은 PAL 방식, 즉 유럽 방식입니다. 남한, 일본, 대만은 미국 방식으로 송출하기 때문에 북한에서 남한 TV를 보려면 별도의 장치가 필요합니다. 우리 일반 국민들은 북한 방송을 볼 수 없지만, 우리 통일부나 정보기관에서는 PAL 방식으로 전환하는 장치를 가지고 북한 방송을 봅니다.

유럽은 전부 PAL 방식이기 때문에 동·서독 간에는 별도의 장치가 필요 없었어요. 서독이 방송 개방이라는 조건을 걸었지만, 그냥 단속하지 말라는 요구 정도만 한 거예요. 방송 개방은 그냥 되는 거였어요.

지원이라는 건 나중에 레버리지가 됐을 때에나 조건을 거는 겁니다. 대북지원에 대해서 퍼주기라고 비난하지만, 실제로 대북지원을 본격적으로 했던 것은 한 5년 정도밖에 안 됐어요. 노무현 정부 때도 중간에 못 했어요. 그 정도 가지고는 레버리지가 안 됩니다. 최소 10년 정도는 계속하면서, 저쪽이 거기에 인이 박히고 기다리게 되고 중독이 되고 의존을 하게 될 때 비로소 레버리지가 될 수 있는 겁니다. 정책을 비판만 하려면 아무렇게나 말해도 되지만, 국정에 참여해서 정책 대안을 내놓고 싶은 분들은 레버리지가 될 수 있는 적정 기간이 최소한 어느 정도인지 사례를 연구할 필요가 있어요.

사민당의 동방정책은 1969년부터 10년 넘게 계속됐고, 82년 기민당으로 정권이 교체된 뒤에 7년 있다가 베를린장벽이 무너지지 않습니까. 이 과정에서 사민당의 대對동독 포용정책이 10년 이상 일관되게 지속됐기 때문에 레버리지가 강했고, 그걸 기민당이 받아서 그때부터 동독을 요리했다고 봐야 합니다.

동방정책 계승한 기민당의 지혜 배워야

지원 액수의 문제를 한번 봅시다. 우리는 많이 할 때 1년에 5억 달러 정도 지원했는데, 그걸 가지고 퍼주기를 했네, 핵개발에 전용했네, 했던 게 지금 자승자박이 돼서 지원을 할 수 없게 됐습니다. 금강산 관광 대가를 현물로 주는 문제를 생각해보겠다고 11월 26일 정부가 언론에 흘린 모양인데, 북쪽에서 금강산 관광 재개와 관련한 당국 회담을 제의할 가능성이 있다고 보고 그걸 비켜가기 위해 한 자락 깔아놓는 게 아닌가 하는 의심도 들지만, 현물로 준다면 북한은 안 받을 겁니다. 이미 25일 북한 조선아시아태평양평화위원회가 현물은 안 받겠다고 했으니까, 그건 안 되는 거예요.

어쨌든 많이 할 때 1년에 5억 달러 정도의 대북지원을 했는데, 서독은 1972년 동·서독 기본조약이 체결된 후 약 18년 동안 총 1044억 마르크를 지원했습니다. 달러로 환산하면 약 576억 달러, 1년에 32억 달러입니다. 우리가 가장 많이 했을 때보다 6.4배 많습니다. 그런데 서독은 우리보다 6.4배 잘살지 않았어요. 한 4배 정도 잘살았을 겁니다. 경제 능력에 비춰볼 때 우리보다 1.6배 이상 더 지원했다는 계산이 나옵니다.

지원 방식도 특이했어요. 98년 남북 비료회담 할 때 북쪽 사람들이 그런 말을 했어요. "주는 사람만 자존심이 있는 게 아니라 받는 사람도 자존심이 있다." 최근에 우리 정부가 아프리카 사람들 불러다 놓고 회의를 하면서 "받는 쪽의 체면도 고려하면서 지원해야 한다"는 말을 했다고 오늘 아침 신문에 나왔더라고요. 아프리카한테는 자존심을 세워주면서 북쪽한테는 왜 그렇게 자존심을 긁으면서 주려고 하는지… 옥수수 1만 톤이 뭡니까. 장난이죠, 희롱입니다.

서독은 교회를 통해 많이 줬습니다. 지금 독일 총리를 하는 앙겔라 메르켈의 아버지가 목사였는데, 동독으로 이주해서 설교를 했을 정도로 동·서독의 교회 사이에는 특별한 정이 있었기 때문에 가능했겠지만, 교회가 정부를 대행해서 많이 했습니다. 정부가 국고에서 갖다 주라고 하는 겁니다. 도로 건설 같은 건 정부가 직접 했지만, 어쨌든 그런 식으로 정말로 퍼주기를 했습니다. 그렇게 해서 통일의 구심력이 만들어졌는데, 그게 바로 통일의 원심력으로 작용하던 국제정치 질서가 왕창 허물어질 때 동·서독이 확 연결될 수밖에 없게 한 원천이 됐습니다. 액면으로 우리 대북지원액의 6.4배였지만, 가중치를 계산하면 더 됩니다. 18년 동안 그걸 할 때 독일 야당은 시비를 걸지 않았어요.

기민당이 야당일 때 약간 비판하긴 했지만 정권을 잡고 나서는 군소리 없이 그대로 계승했습니다. 아니 오히려 더 활성화시켜서 결국 동독 인민들의 자의에 의해 베를린장벽이 무너지도록 만드는 힘을 발휘했던 겁니다. 저는 독일 민족이 한민족보다 특별히 더 우수하다고 생각하지 않아요. 우리도 대단한 잠재력을 가지고 있는 민족입니다. 그렇지만 야당이 시비를 거는 문제와 관련해서, 왜 우리 정치인들은 독일의 정치인들만큼 안 되는가 하는 생각을 많이 합니다. 서독의 내독관계성에서 그 일을 하면서 "여기에 대해서는 시비 걸지 마라. 자꾸 따지면 동독이 그 사이를 파고 들어오고, 그럼 대동독 영향력이 안 생긴다"고 하니까 야당에서 아무 소리 안 했어요.

나무를 심어도 뿌리가 안착될 때까지는 흔들면 안 됩니다. 버팀목까지 해주잖아요. 대북지원을 10년도 안 했는데 "조건 안 걸었다. 뭘 안 했다. 뭘 했으니까 그만두라"는 식으로 비판하는 사람들이다 보니까 지금 정권을 잡고 완전히 반대 방향으로 가고 있어요. 그러니까 지금 우리의 대북 영향력은 제로입니다. 아니 마이너스예요. 이 상태에서 미북관계가 빨리 진행되고 6자회담이 열리면 그 자리에서 남북이 어떨 것 같습니까? 옥수수 1만 톤으로 희롱을 했으니 아마 소 닭 보듯 할 겁니다. 악수도 건성으로 하고. 그러나 그전에는 악수를 할 때 그렇게 건성으로 하지 않았어요. 뭔가 눈빛이 그윽한, 그런 게 있잖습니까.

납북자·국군포로 문제, 현실을 따져가며 접근해야

이명박 정부가 납북자·국군포로를 데려온다고 하면서 서독이 했던 소위 프라이카우프Freikauf를 검토한다고 합니다. 프라이는 '자유'고 카우프는 '산다'는 뜻입니다. 돈을 주고 동독에 있는 정치범들을 데려오던 제도입니다. 원래 이것도 교회가 시작했어요. 교회를 적절하게 잘 활용한 거죠.

돈 많은 우리 교회는 그런 거 절대 안 합니다. 어느 대형 교회 목사님이 왜 북한에 쌀을 보내느냐고 따지더라고요. 그래서 "이번부터는 포대에다가 '제공자 대한민국'이라고 씁니다"고 했더니 "그러면 줘야지" 그러더라고요. 그분이 교회에서 설교를 할 때는 오른손이 한 일을 왼손이 모르게 하라고 할 텐데 말이죠.

좌우간 독일에서 오래 공부해서 거기 사정을 잘 아는 분한테 프라이카우프에 대해서 물어본 적이 있습니다. 처음에는 서독에서 동독으로 보낸 간첩들이 동독에 잡혀 있는 경우, 그 사람들을 데려오기 위해서 시작했다고 합니다. 그러다가 길이 나면서 그쪽의 정치범들까지 데려왔는데, 대상자가 처음에는 1만 명 정도였다가 통일될 때쯤엔 2000~3000명밖에 동독에 남아 있지 않았다고 합니다. 소위 동파 간첩을 데려오려고 시작했다가 나중에 동독이 돈맛을 알게 되면서 정치범까지 서독에다 팔아먹은 제도였는데, 돈맛을 알았기 때문에 서독 말을 안 들을 수 없게 됐고, 이 과정에서 동독의 민심이 서쪽으로 건너가면서, 그게 베를린 장벽을 무너뜨린 겁니다.

제가 좀 더 알아봐야 하는 건데, 그 가족들은 어떻게 했는지 궁금해요. 동파 간첩을 데려오는 거였으면 가족은 서쪽에 있으니까 문제될 게 없었겠지만, 동독의 정치범을 데려올 경우에는 가족들하고 같이 데려와야지 그렇게 안 하면 또 하나의 이산가족을 만들 수 있으니까요.

우리도 프라이카우프를 적용해서 납북자·국군포로를 데려오겠다는 건데, 특히 납북이라고 하면 북한의 납치 행위를 부각시킬 수 있으니까 북한 때리기에 좋죠. 그리고 국군포로… 사실 정전협정에 의해서 포로 교환은 법적으로 다 끝났는데, 정전협정이 적용한 시점 이전의 포로들은 다 왔지만, 그 이후 전투를 하다가 잡힌 사람들은 못 돌아왔어요. 그게 지금 저쪽에 남은 국군포로예요. 정전협정 이전의 포로들은 자유의 사에 따라 가고 오고 다 끝났어요. 박재규 경남대 총장이 2000년 무렵 통일부 장관을 할 때 국회에서 그렇게 말을 했더니 야당 의원들이 막 고함을 지르고 난리가 났었습니다. 거기다 대고 정전협정이 적용되는 시점 이후에 잡힌 사람들이 남아 있는 거라고 하면 또 고함지르고 그러겠죠. 그럼 지금까지 뭐했느냐고. 지금까지 뭘 하긴요. 그때 고함지르던 사람들이 정권 잡았을 때는 뭘 했습니까?

납북자·국군포로 문제가 간단치 않은 게요, 국군포로의 가족들이 여기 있습니다. 대개 부모님은 돌아가셨고 형제 몇 명 있습니다. 그러나 10

대 후반, 20대 초반에 전투에 나갔다가 잡혀서 북쪽에 살다 보니까 거기서도 손자까지 생겼어요. 그럼 남쪽에 있는 형님보다도 북쪽에 있는 아내와 자식, 손자가 더 소중한 겁니다. 10대 때 헤어진 형님이 그리워서 거기 있는 가족을 두고 내려올 국군포로가 현실적으로 있겠습니까? 납북자도 마찬가지입니다. 거기서 결혼 다 했어요. 그러면서 줄줄이 직계 가족이 생긴 게 납북자의 현실입니다. 이쪽에서는 독일의 프라이카우프를 응용해서 그 사람만 빼내라고 하는데, 그게 그렇게 할 수 있는 건지 난 모르겠어요.

가족 전체를 움직이게 하는 건 북한 사회의 해체를 의미하는 겁니다. 납북자·국군포로가 대략 1000명 정도라고 하는데, 그 사람들만 데려올 수만 있으면 괜찮겠지만, 가족들까지 데려오면 5000명, 6000명이 될 수도 있습니다. 그 숫자가 움직인다고 생각해보세요. 그건 통일 과정이 진척돼서 남북연합 단계가 돼도 어려운 일이라고 생각해요. 북한 체제의 자존심에 관한 문제예요. 자기 수단껏 중국을 거쳐 남쪽으로 내려오고 가족까지 빼내오면 모르겠지만, 당국이 나서서 도장까지 찍는 건 인도주의로 미화될 수 없는 문제라고 봅니다. 독일 사례를 벤치마킹하는 데에도 한계가 있어요. 무조건 따라서 할 수는 없는 겁니다. 그걸 오해하면 안 됩니다.

독일의 절묘한 국제정치는 따라 배워야

독일이 통일 과정에서 국제정치는 참 잘했다고 생각합니다. 그건 따라 배워도 좋다고 봅니다. 나는 젊은 학생들한테도 아주 분명히 얘기하는 게 뭐냐면, 통일 과정에서 미국하고 척을 지려고 하면 통일 못 한다는 겁니다.

만약 서독의 주민들과 정부가 베를린장벽이 무너져서 동독 사람들이 밀려들어오는 데 도취돼서 "이제 자존심 상하게 미군이 우리 땅에 있을 필요가 없다. 나가라"고 했으면, 난 솔직히 미국이 무슨 장난을 쳤을지 모른다고 생각합니다. 미군은 공산주의의 확장을 막는다는 명분으로 2차 대전 후에 나토군의 이름으로 서독에 들어갔습니다. 지금도 3만 명 좀 넘게 있습니다. 그런데 독일 통일 때 나가라고 했으면 미국의 군부, 정보기관들이 다 나서서 장난을 쳤을지 몰라요. 동독을 다시 살려내든지 하면서 미군이 필요한 상황을 만들 수 있었다고 생각합니다.

독일은 그걸 현명하게 처리했어요. 우리는 그걸 배워야 합니다. 물론 소련이 펄펄 살아 있었으면 그렇게 못 했을 겁니다. 소련이 미국과의 군비 경쟁을 견디다 못해 손을 들면서 89년 연말에 몰타선언이 나오고 냉전이 끝나는 상황이었기 때문에, 소련군에 돈을 주면서 동독 지역에서 철수시켰어요. 돈 많이 줬어요. 그러면서도 미국에는 통일 후에도 유럽의 균형자로 그 자리에 있어야 한다고 하니까 당시 아버지 부시 미 대통령이 독일 통일에 'OK'를 한 겁니다.

미국이 그렇게 하니까 독일의 국력이 강해지는 걸 제일 불편해하던 영국의 마가레트 대처 수상도 어쩔 수 없었어요. 영국의 전통적인 대유럽 정책은 독일과 프랑스 사이에 불편한 관계를 만들어서 자기들이 조정자로서 유럽 정치를 끌고 나가는 거였잖아요. 독일은 미국의 힘을 빌어서 영국의 불만을 누그러뜨렸습니다. 사실 찍어누른 거죠.

당시 프랑스 대통령이 사회당의 미테랑이었다는 게 독일에 굉장히 유리한 상황이었습니다. 만약 우파 대통령이 있었다면 달랐을 겁니다. 미테랑 대통령이 있었기 때문에 독일 통일에 결국 협조했습니다. 도둑이 들려면 개도 안 짖는다는데, 일이 되려니까 그런 상황이 있었던 겁니다. 독일 사람들은 그런 점에서 운이 좋았던 거죠. 또 서독의 헬무트 콜 총리가 사실 미테랑한테 참 잘했대요. 수시로 전화해서 "당신네가 불안하지 않게 통일을 해나가겠다. 의견 있으면 달라"고 하는데 어떻게 반대를 합니까. 콜 총리가 덩치는 커도 머리는 진짜 좋았어요. 물론 콜 혼자 한 건 아니지만, 독일이 국제정치 하나는 참 잘했어요. 우리가 벤치마킹할 대목입니다.

그런데 국내적으로는 두 가지 중대한 착오를 저질렀습니다. 그래서 통일비용이 엄청나게 들어갔어요. 첫째, 화폐통합을 1대1로 해서 동독 지역의 경쟁력을 죽였습니다. 선거 때문에 그랬어요. 기민당이 집권을 연장하기 위해서 동독 지역의 표를 끌어들이려고 실질 구매력에서 4배 차이가 나는 화폐를 1대1로 통합했습니다. 당장 동독 사람들한테는 큰 선물을 준 것 같았지만, 장기적으로는 동독의 경제를 망치는 독약이었어요. 노동의 질은 형편없는데 인건비가 올라가버렸잖아요. 그래서 기업인들이 투자를 못 했던 겁니다.

기업인들한테는 노동의 질에 맞는 인건비를 줘야 수지가 맞는 거잖아요. 개성공단 60달러는 노동의 질에 맞는 액수예요. 그래도 북한의 평균임금보다 훨씬 높습니다. 공단 땅값도 평당 15만원이죠. 이렇게 쌌기 때문에 공장이 들어간 겁니다. 남쪽의 공단은 평당 100만 원이 훨씬 넘어요. 목포 대불공단에는 400만 원짜리도 있다고 하더라고요.

둘째, 서독으로 와 있는 동독 출신들한테 동독의 부동산에 대한 권리를 인정하면서 동독 지역의 땅값이 확 올라가버렸어요. 나중에 우리도 남북연합이 실현된다거나 하더라도, 부동산투기업자들한테는 절대 방북 허가를 하면 안 됩니다. 그랬다가는 좌우간 무슨 수를 써서라도 뒷일을 생각해 땅을 몰래 사놓을 겁니다.

그렇게 해서 독일의 통일비용이 엄청나게 올라갔어요. 아무도 동독 지역에 공장을 지으려고 하지 않았어요. 서독의 저임금 산업과 노동집약적 산업이 동독으로 넘어가야 되는데 안 갔습니다. 서독에서도 안 가는데 해외에서 누가 들어가겠어요. 그래서 결국 정부 투·융자로 할 수밖에 없었기 때문에 통일비용이 많이 들어갔습니다. 심지어 동독 지역의 국유 재산을 처분하는 것도 굉장히 힘들었어요. 신탁관리청을 만들어서 우리가 해방 후에 적산가옥을 처분하던 식으로 처분을 하는데, 비싸니까 잘 안 사려고 했습니다. 수리비가 더 들게 생긴 것도 많았고. 그게 다 통일비용으로 지불됐습니다.

그건 우리가 절대 따라하면 안 됩니다. 화폐통합 서두르지 말 것, 부동산업자 못 들어가게 할 것. 이건 확실히 지켜야 합니다. 우리는 10년이건 15년이건 북한을 특별경제관리구역 같은 걸로 지정해야 합니다. 화폐 가치 올려주고 땅값 올려주면 당장 먹기엔 곶감이 달지 몰라도, 나중엔 북한을 죽이는 거라는 걸 북한 당국뿐만 아니라 북한 주민들한테도 이해시켜야 됩니다.

한국인의 대미 정서 형성 과정, 남북관계에도 적용해야

통일의 구심력과 원심력으로 얘기를 시작했는데, 통일의 구심력을 꾸준히 키워나가고 있다가 원심력이 훨씬 작게 작용할 시점이 왔을 때 통일을 해야 하는 거고, 그러려면 꾸준~히 꾸준~히 남북관계를 개선해야 합니다.

경제공동체다 뭐다 여러 가지 거창한 개념을 쓰지만 결국은 민심입니다. 남북의 민심이 연결되도록 하는 것만 한 통일의 왕도는 없어요. 민심이 연결돼서 북쪽이 남쪽 때문에 어려운 시기를 넘기게 되면 북쪽도 남쪽 중심으로 통일이 되는 것을 자연스럽게 받아들이게 되는 겁니다.

우리나라 사람들은 미국이라면 거의 까무러치잖아요. 대통령도 미국 대통령만 봤다 하면 50년 만에 친구를 만난 것처럼 등 두드리고, 악수도 오래 하잖아요. 미국 대통령한테만 그래요. 그런데 전반적으로 우리 국민들의 대미 정서가 그렇습니다. 왜 그런가? 6·25 이후에 어려울 때 먹을 것, 입을 것 줬기 때문에 그때 형성된 대미 정서가 아직까지 있는 겁니다. 나중에는 공산주의를 막아줘서 고맙다는 식으로 이념적인 포장을 하게 됐지만, 실은 바로 그 어려울 때 도와줬다는 고마움. 그거 이상 없다고 생각해요.

그러다 보니 군사·경제·문화 모두 미국 중심의 질서 속에서 살고 있습니다. 학계에서도 미국에서 학위를 딴 박사하고 유럽에서 온 박사하고 대접이 달라요. 학문까지도 미국 질서로 돼 있는 겁니다. 정보도 미국적인 질서 속에 살잖아요. 미국이 보도하면 진실이고, 보도하지 않으면 안 중요한 거잖아요. 남북관계도 한미관계에서 배울 점은 바로 그렇게 어려울 때, 그리고 필요로 할 때 도와주면 나중에 통일의 원심력이 약화되는 순간, 그 원심력을 무너뜨리면서 통일로 갈 수 있는 겁니다.

■■ 김성재 김대중도서관장 추가 설명

독일에서는 분단이 됐을 때도 교회 조직은 하나로 통합되어 있었습니다. 베를린에 있는 본부가 동·서독의 교회를 다 관장했어요. 또 독일의 교회는 국가 교회이기 때문에 정부가 종교세를 받아서 교회에 나눠줍니다. 그걸 제3세계에 지원하는 국가 기구도 있는데, 동독은 바로 그 창구로 지원을 받았습니다. 교회가 그걸 하니까 주변국에서도 뭐라고 할 명분이 없었습니다.

독일은 전범국가라는 이유로 강제로 분단됐기 때문에, 통일되는 그 날까지 공식적으로는 통일이란 말을 한 번도 쓰지 않았어요. 일례로, 1982년에 한독교회협의회가 남북통일 문제를 가지고 토론을 할 테니 서독 교회도 같이 하자고 하니까 "다른 건 다 좋은데 통일 문제로는 토론을 할 수 없다"고 하더라고요.

그 사람들은 통일 대신 평화 공존을 말했습니다. 그리고 철저하게 평화 교육을 시켰습니다. '하나의 독일'이라는 개념 속에서 문화와 역사를 같이 가르치고 평화를 지속적으로 얘기하면서 주변국들의 경계심을 풀었어요. 그래서 독일의 학자나 교회 사람들은 우리한테도 "통일이란 걸 자꾸 내세우면 결코 좋지 않다. 우선 평화 공존을 얘기하라"고 조언을 합니다.

서독은 동파 간첩이나 정치범을 서독으로 데려오는 데에도 상대방의 체면을 살려주면서 최대한 합리적인 명분을 대면서 돈을 줬습니다. 예를 들면, 사람들을 데려올 때 "지난 세월 동안 먹여주고 재워주고 교육시킨 비용을 주겠다"고 하면서 돈을 주는 겁니다. 그 창구를 다 교회가 했어요.

또 통일이 되면서 동독 지역의 부동산 소유권을 인정했는데, 경제적으로도 문제가 됐지만 사회적으로도 큰 문제가 됐습니다. 서독에 살던 사람들이 어느 날 갑자기 와서 동독 사람들의 주거권을 빼앗으려고 하니까요. 그래서 그때도 교회가 소유권을 포기하는 운동을 펼쳤습니다. 그게 한때 우리나라에도 전해져서 통일이 되어도 북한에 있는 땅에 대한 소유권을 주장하지 말자, 부동산 문서 신탁하자, 하는 운동이 벌어지기도 했습니다.

---

* 연세대 김대중도서관의 김성재 관장은 한신대 교수를 거쳐 김대중 정부 시절 문화관광부 장관을 지냈다. 독일 통일 당시 현지에서 통일 과정을 지켜봤다.

북한은 또 실기失機하고 싶은가?

─────── 자기중심적 정세 판단은 이제 그만 _ 2009. 1. 19

북한은 중요 순간마다 상투적인 '벼랑 끝 전술'을 쓰곤 했다. 자기중심적인 정세 판단으로 오직 강수만을 둔 나머지 수차례 실기失機했던 경험도 많다. 북한은 오바마 미 행정부가 출범하던 2009년 1월, 조선인민군 총참모부 대변인과 외무성 성명 등을 잇달아 내놓으며 위기를 고조시켰다. 북한과 대화할 용의가 있었던 오바마 대통령의 취임에 맞춰 나온 강경한 대남·대미 메시지는 과연 북한에 득이 됐을까?

너무 세게 나가면 역풍이 불지도…

"말 타면 견마 잡히고 싶다"는 우리 속담이 있습니다. 조선인민군 총참모부와 외무성에서 1월 17일 나온 말들을 들으면서 그 속담이 생각났어요. 북한이 좀 과욕을 부린다는 느낌을 받았습니다. 인민군 총참모부 대변인은 군복을 입고 나와서 남쪽을 상대로 굉장히 강한 어조로 "대남 전면 대결 태세에 진입하게 될 것"이라는 등 여러 가지 위협적인 언사를 늘어놓았습니다. 그런데 그건 대개 남쪽보다는 미국에 보내는 메시지로 보고 있습니다.

중동이나 아프가니스탄 문제도 있고, 특히 경제 문제 때문에 오바마 신新 행정부가 대북정책을 우선순위에 놓지 않을 거라는 전망이 그전에 있었어요. 그렇지만 힐러리 클린턴 국무장관 후보자가 인사청문회에 나와서 북핵 문제도 "시급하게 다루겠다"(act with urgency)고 하면서 상대적으로 우선순위를 높게 책정했습니다. 오바마 참모진들은 2월 말까지 대북정책 리뷰를 끝내겠다고도 했어요. 2001년 부시 행정부가 들어섰을 때는 정책 리뷰를 반년 가까이 했었는데, 오바마 행정부가 2월 말까지 끝내겠다는 건 출범 즉시 북핵 해결의 수순을 밟겠다는 겁니다. 이쯤 됐으면 사실 북한은 조금 기다리는, 점잖은 모양새를 갖출 필요가 있다고 생각합니다.

아버지 부시 행정부 시절 핵 문제를 가지고 미국하고 옥신각신하다가 1993년 클린턴 행정부가 출범하니까 북한은 협상에서 유리한 고지를 점령하기 위해서 NPT 탈퇴라는 강수를 둔 적이 있었어요. 그런데 그건 그런대로 당시에는 효과를 냈던 측면이 있었죠. 그렇지만 오바마 행정부의 대북정책 방향이 상당히 유연하게 나갈 걸로 전망이 되고 있는 이 마당에, 출범을 앞두고 이렇게 세게 대미 압박 수순을 밟으면 오히려 역풍이 불 수 있다고 봐요.

게도 구럭도 다 놓쳤던 2000년

지금까지 북한의 외교 행태를 보면, 협상 목표가 한 번 정해지고 나면 협상 전략을 선택하는 데 있어서 소위 합목적성만을 생각하지 '수단의 합리성'에 대해서는 감각이 전혀 없었어요.

북핵 문제가 불거진 지 20년 가까이 됐지만 아직까지 안 풀리는 원인으로는 여러 가지를 들 수 있습니다. 클린턴에서 부시로 넘어갈 때 나타났듯이 미국의 정권교체에 따른 북핵정책의 변화 때문이기도 했고, 클린턴 정부 시절처럼 의회 권력이 야당으로 넘어가는 등 국내정치 상황이 바뀌면서 정부의 정책 추진력이 약화돼서 그랬던 측면도 있었습니다.

그런데 시각을 바꿔서 보자면, 북한이 핵 외교에서 수단의 합리성에 대한 생각을 별로 안 했거나 그런 게 필요하다는 생각을 전혀 안 했기 때문에 그와 반대로 합리성을 유난히 따지는 미국과의 협상이 어긋나고, 그래서 북한도 결국은 협상 목표를 달성하지 못한 사례나 경우가 많습니다. 이번에도 미국이 어떻게 보면 '자진해서' 북핵 문제의 우선순위를 상당히 높여놓고 있는데, 북한이 이렇게 세게 몰아치면 미국 내에서도 오바마 정부의 대북정책, 특히 핵 문제 해결 전략이 너무 나이브하지 않느냐는 비판이 나올 수 있습니다. 바꿔 말해 부시의 대북정책이 일리가 없는 게 아니었다는 식의 여론이 일어나면 난 절대로 북한에 도움이 안 된다고 생각합니다. 또 실기를 할 수 있다 이겁니다.

2000년 남북 정상회담 이후 남북의 화해·협력 무드가 미북 간에도 전이되면서 그해 10~11월 굉장히 빠른 속도로 양국 관계가 개선될 수 있는 가능성이 커졌었잖아요. 물론 미국 측에 여러 가지 가지 제약이 있었습니다. 대선 결과가 모호하게 되고 민주당의 고어 후보가 사실상 패하면서 클린턴의 방북이 현실적으로 어려워진 측면도 있었고, 팔레스타인 문제 때문에 클린턴 대통령이 움직일 수 없었던 점도 있었지요.

야세르 아라파트 당시 팔레스타인 자치정부 수반의 요청 때문에 북한에 갈 수 없었어요.

그런데 그런 외적인 문제 말고도, 그때도 내가 옆에서 보니까, 북한이 너무 욕심을 부리는구나 하는 생각을 하게 했어요. 어느 정도 선에서 만족하고 미북관계를 한 단계 업그레이드하는 쪽으로 협조적으로 나가면 그다음이 편할 텐데, '너무 욕심을 부리다가 게도 구럭도 다 놓치는 거 아닌가' 그런 생각을 했는데, 역시나 그렇게 되더라고요. 욕심만 안 부렸으면 부시 행정부가 들어서도 그렇게 상황이 완전히 역전되긴 어려웠을 텐데, 그래서 실기를 했다고 하는 겁니다. 그런데 이번에는 미국의 새 행정부가 들어서지도 않았는데 벌써 저렇게 욕심을 부린다면, 북한이 던진 강수가 부메랑이 되어 날아올 수 있습니다. 그러니까 북한은 다시 한 번 냉철하게 상황 분석을 할 필요가 있습니다.

'관계 정상화 후에도 핵 보유'는 욕심

외무성 대변인 성명부터 보자면, 지난 15일에 외무성 대변인은 북미관계 정상화가 이뤄진 후에야 핵을 폐기할 수 있다는 얘기를 먼저 했어요. 오바마 진영은 그동안 관계 정상화를 인센티브로 과감하게 내놓으면서 핵 폐기를 유도하겠다는 입장을 얘기해왔는데, 북한은 그걸 "핵 폐기를 먼저 끌어내려는 게 아니냐"는 식으로 해석했고, 따라서 15일 담화는 그걸 반박하는 차원에서 내놓은 걸로 볼 수 있었습니다. 그런데 이틀 뒤 17일, 외무성 대변인은 <조선중앙통신> 기자와의 문답 형식으로 입장을 또 발표하면서 말을 좀 바꿨어요. 관계 정상화와 핵 문제는 별개고, 북미관계가 외교적으로 정상화되더라도 미국의 핵 위협이 조금이라도 남아 있는 한 핵보유국으로서의 지위는 달라지지 않는다고.

15일과 17일 사이에 미국 의회에서 힐러리 국무장관 내정자에 대한 인사청문회가 있었고, 거기서 '시급성을 가지고 다루겠다'고 하면서 '선先 핵폐기 후後 관계 정상화'로 순서를 잡았습니다. 북한은 그걸 보고, 자기들이 생각하는 순서하고는 좀 다르지만 어쨌든 관계 정상화는 확실히 온다고 판단한 것 같아요. 그러면서 욕심이 났던 모양입니다. 그래서 17일에 관계 정상화에 '플러스 알파'를 붙인 겁니다. 관계 정상화 이후에도 핵보유국 지위에는 변함없다고.

북한은 또 '차제에 좀 더 높은 요구를 들이대고 조금씩 낮춰주는 식으로 협상을 하면 우리가 반대급부를 많이 안 주고도 목표 달성할 수 있겠구나' 하는 판단도 했을 겁니다. 그런데 말이죠. 북한이 끝까지 핵보유국으로 남으려고 한다면 미국의 진보 진영, 그리고 민주당 내에서도 "처음부터 수교를 인센티브로 내거는 것 자체가 의미가 없는 게 아니냐, 다른 방법을 찾아야 한다." 이런 얘기가 나올 수밖에 없습니다.

대북정책 수정 요구 입지 좁아져

대남관계에 있어서도 북한이 말 타면 견마 잡히고 싶어 하는 식의 태도를 보였던 경우가 가끔 있었어요. 예를 들면 2006년 6·15 공동선언 6주년 때 광주에서 남북 공동행사를 했는데, 그때 북쪽 사람들이 보여줬던 언행이 그랬습니다. 2005년 8·15 행사가 그런대로 잘되고 노무현 정부하에서도 대북지원이 이뤄지니까 광주에 와서 비행기에서 내리면서부터 안경호 6·15 공동선언실천 북측위원장(북한 조국평화통일위원회 서기국장) 같은 사람들이 쏟아놓은 말이 우리 국민 정서를 얼마나 자극했습니까? 그리고 광주가 마치 무슨 해방구인 것처럼 행동했단 말예요.

그러니까 그 뒤에 남북관계에 대한 국내 민심이 역류했습니다. 북한은 그 행사를 마치고 평양으로 돌아가서 7월에 미사일 시험 발사를 하고, 10월에 핵실험을 했습니다. 물론 대미협상 전략 차원에서 그랬다지만, 어쨌건 그때 광주에서 북쪽 사람들이 보여줬던 소위 좌경 맹동주의적 행태는 남북관계를 굉장히 어렵게 만들었을 뿐만 아니라, 이후 노무현 정부의 대북정책에 사실상 제동을 거는 결과를 낳았어요.

이번에도 미국이 잘해주려는 걸 눈치챘으면 적정한 선에서 메시지를 보내야지, 이런 식이면 미국이 협상을 시작할 수나 있겠어요? 북한이 이렇게 하면 오바마 정부가 북핵 문제를 굉장히 어렵게 생각하도록 만들고, 그렇게 되면 문제의 우선순위는 오히려 밀립니다. 오바마 정부가 출범 초부터 북한에 대해 좋지 않은 인상을 가질 수 있어요. 오바마 정부가 부시 시절 만들어진 북핵 해결 3단계 로드맵을 계승하겠다고 하고, 2000년 북미 공동 코뮈니케나 페리 프로세스라는 틀까지도 원용할 것 같은데, 그렇다면 북한도 유연하게 대응할 필요가 있습니다.

또 북한이 이렇게 군사적 긴장을 높이면 남쪽에서 이명박 정부의 대북정책을 수정해야 한다고 요구하는 사람들의 입장이 굉장히 어려워집니다. 이명박 정부도 미국이 북한과의 관계 개선 쪽으로 나가려는 것을 의식하기 때문에 뭔가 퇴로를 찾고 있는 느낌이 있어요. 여기저기서

들자 하니 한미 간에도 물밑접촉을 한다는 얘기가 있고, 남북 간에도 간접적으로 의사 타진을 한다고도 하는데, 북한이 이렇게 나오면 대북 강경론이 완전히 한국 사회를 지배해버리게 됩니다. 이명박 정부한테 정책을 전환하라는 얘기를 할 수 없어요.

거기서만 그치는 게 아닙니다. 일본의 아소 다로 내각도 대북 강경론에 바탕을 두고 국내정치를 관리하는 측면이 있잖아요. 그래서 부시 정부가 퇴임 전에 뭔가 성과를 내려고 2008년 10월에 6자회담을 열고 싶어 했는데 이명박 정부와 아소 내각이 반대해서 연기됐다는 얘기가 있습니다. 일본은 북한을 미국이 지정한 테러지원국 명단에서 삭제하는 것에도 저항했습니다. 그렇게 한국과 일본의 보수정권이 연합해서 부시 정부의 발목을 잡은 적이 있는데, 북한이 지금 또 이렇게 나오면 한국과 일본의 보수정권이 오바마 정부의 발목까지 잡을 수 있다는 걸 북한은 알아야 합니다. 그러니까 북한은 여기서 그쳐야 합니다. 서해상에서 긴장을 조성해도 안 되고요. 물론 실제 도발이랄까 고도의 긴장 조성 행위를 할 가능성을 지금 전혀 배제할 수는 없지만, 더 이상 나간다면 북한으로서는 득보다 실이 훨씬 크다고 나는 봅니다.

'수단의 합리성' 중시하는 미국

외교정책론 교과서에 나오는 얘기지만 국제정치에서는 퍼셉션 perception(인지)과 미스퍼셉션misperception(오인)이라는 개념이 있잖아요. 상대방의 의중을 어떻게 읽어내느냐에 따라 대책이 달라진다는 거죠. 그때 지도자의 심리 상태가 제일 중요하다고 합니다. 지도자는 자기가 보고 싶어 하는 것만 보려는 경향이 있고, 정보도 구미에 맞는 것만 골라 조합해서 상대방의 의도를 판단하고 거기에 대한 대응을 선택한다는 겁니다.

북한의 경우를 보면 상대방의 의도를 읽어내는 데 있어서 때로는 너무 자기중심적인 경향이 있어요. 2000년에 실기했던 것은 미국이란 나라가 어떻게 움직이는지에 대해 정확한 이해가 없기 때문이었다고 할 수 있습니다. 미국은 여론정치를 하는 나라예요. 또 수단의 합리성을 굉장히 중요하게 생각합니다. 북한처럼 목표가 설정되면 수단과 방법을 가리지 않고 달성해내는 것이 정당화되고 그걸 높이 평가하는 사회가 아니잖아요. 그런 점에서 북한이 가끔 오류와 실책을 범하는데, 이번에도 잘못하면 그렇게 될 수 있다는 점에서 북한이 이러면 안 됩니다.

우리 정부가 6·15 선언과 10·4 선언을 분명히 인정해야 한다는 여론이 높지만, 북한이 이렇게 계속 나가면 이 정부가 원인을 제공했다는 얘기를 더 이상 할 수 없습니다. 이쪽의 국민 정서를 이렇게 흔들어놓고 대북 강경론이 오히려 설득력을 가질 수 있는 상황을 만들면 민심은 일단 버텨보자는 식으로 돌아서버릴 가능성이 있습니다.

요컨대, 부시 시대에는 북한의 핵 폐기에 대한 보상을 핵 폐기 이후에 알려주겠다고 해서, 즉 수교에 대한 전망이 전혀 없었기 때문에 북한이 대미협상을 하면서도 답답해했어요. 반면에 오바마 정부는 수교를 인센티브로 내걸고 협상을 본격화해서 NPT 체제를 강화시키겠다고 나오는데, 거기다 대고 북한이 핵보유국 지위는 쉽게 포기하지 않겠다고 욕심을 부리면 협상 무용론이 나와요. 부시 행정부가 북한의 시계視界

를 제로로 만들었듯, 북한이 오바마 정부의 시계를 제로로 만들어버리는 꼴이 된다는 겁니다.

끝으로 하나 더 보태자면, 요즘 일부 언론을 보니까 북한의 대남 강경 노선의 원인에 대해서, 북한 내부를 관리하기 위해서라고 해석하는 사람들이 있던데, 저는 생각을 좀 달리합니다. 대남 압박용, 대외용이라는 생각입니다. 북한은 여론정치를 하는 나라가 아닙니다. 김정일 위원장이 이미 건강을 회복해서 옛날 패션 그대로 날씨가 추운데도 여기저기 현지지도를 다니고 있잖아요. 이런 상황에서 김정일 위원장의 건강 이상설 때문에 흉흉해진 민심을 달래고 체제를 단속하기 위해서 대남 강경책을 쓴다? 북한 체제는 '사회주의 대가정론'과 '수령 무오류론'이 버텨주고 있습니다. 북한 주민들은 속마음이야 어떨지 모르지만 하나같이 김정일 위원장의 무사안녕을 절실하게 기원하는 식으로 해서 유지되는 특유의 전체주의 국가이자 독재국가라는 사실을 경시하고 하는 소리입니다. 매우 민주주의적이고 개방사회적인 발상에서 나온 해석이죠. 우리가 북풍을 이용하듯 북한이 남풍을 이용한다는 건 견강부회가 아닌가 합니다.

인민들에게 '쌀밥에 고깃국'을
먹이려면

강성대국 건설하려면 과욕부터 버려라 _ 2010. 1. 26

북한은 2009년 상반기 장거리 로켓 발사와 2차 핵실험을 감행했다. 새로 출범한 미국 정부

는 그런 북한의 행동에 고개를 절레절레 흔들었다. 같은 해 8월, 빌 클린턴 전 미국 대통령의

방북으로 국면을 전환시킨 북한은 2010년 벽두 평화협정 카드를 제시하며 대화의 모멘텀을

살리려고 시도했다. 그러나 이명박 정부가 미국의 발목을 잡은 결과 북한의 구상은 실현되지

못했다. 그러나 미국이 북한의 손을 선뜻 잡지 못한 것은 2009년 상반기의 기억 때문이기도

했다. 오바마 행정부 내 대북 협상파들이 목소리를 낼 수 없는 환경을 북한이 조장한 측면이

있었기 때문이다.

북한, 현실을 제대로 인식하라

북한 외무성이 1월 11일 성명을 발표했었습니다. 평화협정 문제를 우선

논의하자고 하면서 6자회담 틀 내에서 할 수도 있고, 현재 진행 중인 북

미대화 방식으로도 가능하다고 했어요. 그걸 보고 6자회담에서 평화

협정 논의의 우선순위를 높여달라는 요구로 받아들이는 전문가들이

많았습니다. 남쪽을 평화협정 당사자로 인정하지 않을 듯한 대목이 걸리기는 했지만. 어쨌든 힐러리 클린턴 국무장관이 2009년에 세 차례에 걸쳐서 평화협정의 우선순위를 높이겠다고 해석되는 발언을 했기 때문에, 6자회담에 돌아가기 전에 그걸 확실히 보장하라는 장외 압박 정도로 생각했습니다.

한편 대남 차원에서는 1월 14일 금강산·개성 관광과 관련된 협의를 하자고 제안한 다음 날인 15일에는 전날 일부 언론에 보도된 이명박 정부의 '부흥계획'(북한 급변사태 대응 비상계획)을 이유로 남쪽에 '보복 성전'을 하겠다고 위협했습니다. 그래서 장차 남북관계 분위기가 험악해질 걸로 예상들 하지 않았습니까? 그런데 남북 해외공단 시찰 평가회의를 개최하자고 합의한 19일, 북한은 회담장에 나왔단 말예요. 그걸 보면서 북한이 그저 뭐 강·온 '투 트랙 어프로치'를 하려나 보다 정도로 생각했어요.

그런데 김영남 최고인민회의 상임위원장이 평양에 온 이탈리아 의원단에게 했던 말은 내용과 뉘앙스가 외무성 성명과도 완전히 달랐습니다. 1월 23일자 <니혼게이자이 신문>이 보도를 했는데, 김영남 위원장은 이탈리아 의원들을 만나서 6자회담 복귀의 전제조건으로 '미국·중국과의 평화협정 체결' '안전 보장(체제 보장)에 관한 미국과의 양자 협의' '경제제재 해제'를 요구했다고 합니다. 그걸 보면서, 이 사람들이 뭔가 착각을 하고 있구나, 판단 착오를 크게 하고 있구나, 하는 생각을 하게 됐습니다. 그건 평화협정을 강하게 요구하고는 있지만, 결과적으로는 평화협정 논의의 시작 자체를 더 어렵게 만드는 것입니다.

북한이 요구하는 평화협정은 현실적으로 상대가 여럿 있는 문제 아닙니까. 2000년 10월 미북 공동 코뮈니케, 2005년 9·19 공동성명, 2007년 10·4 남북정상선언에 이르기까지 한국을 종전선언과 평화협정의 당사자로 규정하던 태도를 바꾸고, 미국·중국하고만 평화협정을 논의하자는 것은 비현실적입니다. 전시작전통제권이 몇 년 후에 한국으로 환수되는데도 한국을 평화협정 논의에서 배제하겠다는 것이 이명박 정부를 압박해보려는 몽니라면 그런대로 이해가 갑니다. 그러나 진심으로 그러는 거라면 북한의 정세 판단에 심각한 문제가 생기기 시작했다는 얘기밖에 안됩니다. 6자회담에 나와서 북한이 즐겨 쓰는 표현인 '공약 대 공약' '행동 대 행동' 원칙에 따라 풀어나가야 할 과제들을 김영남 위원장이 6자회담 복귀의 조건으로 내걸면 6자회담에 돌아와서는 무엇을 논의하겠다는 건지 모르겠어요. 북한이 이러면 클린턴 국무장관이 비핵화의 대가로 제시한 북미관계 정상화도 평화협정도 경제지원도 결국 그림의 떡이 되고 맙니다. 그렇게 되면 2010년 신년 공동사설에서 강조했던 인민생활 향상도, '세기적 숙망'이라던 '쌀밥에 고깃국'도 기대하기 어려워질 겁니다.

김영남 위원장, 오바마 사정을 알기나 하나

북한이 한 열흘 전까지만 해도 계산을 차분하게 하는 것 같더니 갑자기 과욕을 부리기 시작하는 것 같습니다. 김영남 위원장이 보도된 대로 말한 게 사실이라면, 6자회담은 가까운 시일 내에 못 열릴지도 모릅니다. 6자회담에 나와서 풀어야 하는 문제를 6자회담 복귀의 조건으로 내건다면 결과적으로 6자회담에 당분간 안 나오면서 장외 협상부터 하자는 거니까요.

그런데 북한이 그런 식으로 미국을 압박하면 오바마 정부 내 협상파의 입지는 굉장히 어려워집니다. 부시 정부보다 진보적인 오바마 정부라 할지라도 협상파들이 북핵 문제를 푸는 데 있어서 그렇게 입지가 넓거나 운신의 폭이 크지 않아요. 지난 10년 동안 미국의 대북 여론이 보수화된 탓도 있고, 기본적으로 미국 정부 안에는 북한의 협상 행태를 잘 알거나 국제사회를 상대로 쏟아내는 언급들의 문맥을 읽는 능력을 가진 사람이 그렇게 많지 않아요. 대신 비확산 전문가 즉, 핵 검증 기술 차원에서 접근하면서 북한의 선先 행동을 주로 요구하는 사람들이 국무부 내에도 많고, 국방부 내에는 더 많다고 합니다. 그런 비확산 전문가들이 부시 시절 네오콘들하고 코드가 맞아서 대북 강경책을 계속 썼고, 그 결과 북한이 핵실험까지 하게 됐지만 그 사람들이 오바마 정부에서도 사실은 실무진을 형성하고 있습니다.

미국의 6자회담 수석대표인 성 김Sung Kim도 부시 정부에서 일했던 사람이다 보니 전문성이나 연속성은 있지만, 북한에 대한 시선이 곱지 않을 수 있어요. 그 위에 스티븐 보즈워스 대북정책 특별대표가 있지만, 보즈워스의 입지가 그렇게 확고하지는 않은 것 같아요. 기본적으로 파트타임으로 일하고 있고 국무장관은 바쁘고 스타인버그 국무부 부장관 같은 일종의 강경파가 있는 상황입니다. 김영남의 발언이라면 미국도 외무성 성명 못지않은 비중을 둘 겁니다. 북한의 넘버 투 맨이고, 내각의 외교부장과 당 국제부장을 역임했기 때문에 외교에도 상당한 식견이 있는 사람이 그런 식으로 말을 하면 미국은 6자회담 전망을 어둡

게 볼 수밖에 없을 겁니다.

대남 혼선, 지휘자의 문제인가?

북한은 '부흥계획' 때문에 흥분했을 겁니다. 그래서 국방위원회 성명을
낸 건데, 그렇게 대남 위협을 쏟아내면서 다른 한편으로는 관광 재개 문
제 협의하자, 개성공단 임금 올려달라 하면 그건 어린애들 수법밖에 안
됩니다. 이쯤 되면 일종의 투 트랙으로 봐줄 수도 없어요. 그건 남쪽의
상대, 즉 이명박 정부의 성향을 전혀 연구하지 않은 결과입니다.

어떻게 보면 이명박 정부는 기본 성향상 대북 압박정책을 계속하고
싶어 한다고 볼 수 있습니다. 고위 당국자들이 쏟아내는 대북 발언을
보면 미국의 발목을 잡는 것 같은 얘기들이 많잖아요. 보즈워스 특사
가 작년 12월 평양에 가기 전에 우리 외교 당국자들은 그가 북한에 가
서 평화협정을 논의해서는 안 된다고 했습니다. 보즈워스가 갔다 와서
평화협정에 대해 시퀀싱(순서 정하기)이란 단어를 쓰니까, 그건 6자회담
이 열리면 논의할 수 있다는 식으로 약간 물러나긴 했지만. 그러다가
다시 올 초에 유명환 외교통상부 장관이 <연합뉴스> 인터뷰에서 평화
협정은 굉장히 어려운 거니까 지금 다룰 문제가 아니라고 했고, 얼마 전
에는 김태영 국방장관의 대북 선제공격론이 나왔고, 통일연구원에서는
급변사태에 관한 연구보고서가 나왔습니다. 또 국가인권위원회는 북
한 정치범 수용소 현황을 발표하기도 했습니다.

그런 것들이 동시다발로 나왔는데, 북한이 거기에 대해 발끈해서 상
황을 경직시키고, 그것 때문에 6자회담도 늦어지면, 국내에서는 반북

여론이 일어나고 보수가 결집하는 효과가 날 수 있을 겁니다. 현 정부는 그런 걸 기대하고 있는 게 아닌가 싶어요. 특히 6월 초 지방선거에 앞서서 보수층이 강하게 결집하면 레임덕이 오는 시간을 다소 늦추는 결과로 이어질 수 있을 겁니다. 그런데 북한은 지금 남한 사회의 보수화를 촉진하는 것 같은 언행을 계속하고 있거든요.

북한이 개성공단 임금협상을 하자거나 금강산 관광 재개 문제를 협의하자고 하는데, 사실 그 문제들은 차원이 너무 낮기 때문에 강·온 양면전술로 보기 어려운 대목도 있지만, 그렇게 되면 어떤 평가가 나오느냐? 이명박 정부는 북한이 돈 때문에 다른 문제로 협박한다고 생각하고 느긋하게 대처할 겁니다. 아쉬운 것은 북쪽이라는 겁니다. 북한이 제시한 접촉 날짜를 계속 늦춰서 역제의하거나 답을 빨리 안 주는 건 바로 그런 의미가 있는 겁니다. 남북관계가 막히면 미북관계도 시원시원하게 못 나갑니다. 그런데도 북한이 저러는 걸 보면 북한 내부에서 정책 조율이 잘 안 되는 것이 아닌가 하는 생각도 듭니다.

처음엔 국방위원회(군부)와 통일전선부(대남부서) 사이에 일종의 노선 갈등이 있어서 그러는 건가 생각했는데, 다시 따지고 보니까 김양건 통전부장은 국방위원회 멤버거든. 그러니까 양면전략처럼 보이는 게 그야말로 고도의 전술인지, 아니면 이제는 조율이 안 되는 상황이라 그러는 건지 의구심이 듭니다.

일이 되려면 남이나 북 둘 중 하나가 계산을 다시 해서 입장을 바꿔야 하는데, 나는 이명박 정부가 지금의 태도를 바꿀 수 있는 유연성은 상대적으로 적다고 봐요. 또 이명박 정부는 지금 급할 게 없다고 생각할 겁니다. 북한 변수를 잘 활용하면 국내정치적으로 오히려 유리해질 수 있다고 판단할지도 모릅니다.

우리 국가적으로 봤을 때는 급할 게 없는 건 아닌데 이 사람들은 자기들이 떠나고 난 뒤의 국가 이익에 대해서는 별로 생각을 안 하는 것 같아요. 다음 정권이 진보냐 보수냐 하는 것과는 별개로 2013년부터 우리가 감당해야 할 국제정치적 불이익이 걱정되지만, 그런 건 생각하지 않는 것 같아요. 이 정권 초에 "북한의 버릇을 확실하게 고쳐놓고 나가면 5년간 아무런 남북관계가 없어도 국가적으로 도움이 될 것이다"라는 말을 했는데, 그건 남과 북이 외딴 섬에 살고 있을 때에나 가능한 말입니다. 실제로 그렇게 될 경우 동북아의 지정학적 특수성, 남북의 대외의존도 차이 때문에 그 피해는 북한보다 우리한테 훨씬 더 크게 돌아올 겁니다.

한때는 일관성이 '강점'이었다

이런 상황에서 북한이 금년 신년 공동사설에서 강조했던 인민생활의 향상, 김정일 위원장이 말했던 '쌀밥에 고깃국, 비단옷에 기와집'을 충족시키려면 어떻게든 미국과의 관계를 좋게 만들어야 합니다. 금년 들어서 '2012년 강성대국'이란 표현은 좀 적게 쓰는 것 같고, 오히려 '쌀밥에 고깃국'으로 목표치를 낮춘 것 같은데, 그걸 위해서라도 북미관계는 풀려야 하고, 그러기 위해서는 6자회담 복귀 조건을 너무 까다롭게 제시하면 안 됩니다.

북한이 남북관계를 실무적인 차원에서라도 진전시키려고 하는 건, 그걸 가지고 미국의 대북정책 완화랄까 조정을 요구하는 디딤돌로 삼으려고 한다고 해석할 수 있습니다. 그렇다면 다행입니다. 그러나 최근 북한에서 나오는 말들을 보면 고도의 전략이라기보다는 혼선 같은 게 더 많지 않나 하는 생각입니다.

과거 얘기를 잠시 할게요. 1994년 북미 제네바 기본 합의가 채택된 후에 경수로 사업이 시작됐잖아요. 그 과정에서 한·미 간에 불협화음이 참 심했어요. 김영삼 정부는 북한이 핵 문제를 일으켰는데도 불구하고 미국이 북한에 끌려간다고 불만을 표시했고, 우리가 제네바 합의에 따른 경비를 70%나 분담하는데도 미국이 매사를 좌지우지하는 것에 대해서도 불만이 많았어요.

당시 미국이 이런 말을 했습니다. "북한은 일관성이 있다. 그래서 예측 가능하니까 협상하기 편하다. 그런데 한국은 진짜 어렵다. 이때는 이 말 하고 저때는 저 말 하고 냉온탕을 왔다 갔다 하니까 정말 힘들다." 그래서 그때 우리 외교부가 고생을 참 많이 했습니다. 어떻게든 한미관계를 조율해보려고 하는데 청와대에서 나오는 말은 조금 다르니까 곤혹스러워했죠. 지금 우리 외교부는 그런 고민이 없는 것 같고, 오히려 냉온탕을 왔다 갔다 하는 데 앞장서는 것 같지만요.

어쨌든 그래서 미국은 당시 그 일관성 때문에 북한하고 협상하는 것을 두려워하지 않았어요. 그런데 지금 북한이 이렇게 왔다 갔다 하고 회담 결과로 얻어내야 할 성과를 회담 복귀의 조건으로 내건다든지 이렇게 하면 6자회담은 빨리 못 열립니다. 그렇지 않아도 오바마 정부가 대북 협상에 과감하게 나서지 못하는 경향이 있는 것 같은데, 북한이 자꾸 저러면 결과적으로 북한은 더욱 어려워질 수밖에 없어요. 중국이라는 협조자만 가지고는 인민 생활 향상을 기대할 수 없지 않습니까?

북한은 괜한 욕심 부리지 말고 입장을 현실적으로 정리하고, 그것을 분명히 할 필요가 있습니다. 미국이 4월 11일부터 열리는 핵 안보 정상회의에서 북한과 이란의 핵 문제를 의제로 삼겠다고 하는 걸 보면, 미국도 4월 이전에 6자회담이 안 열릴 수도 있다고 보고, 그걸 대비하기 시작하지 않았나 싶어요. 2월 말이나 3월 초쯤 6자회담을 열어서 북한으로부터 확실한 약속을 받고, 그 로드맵을 가지고 핵 정상회의를 하면서, 5월 핵확산금지조약(NPT) 검토회의를 열어야만 오바마 대통령이 작년 4월 5일 프라하에서 연설했던 '핵 없는 세계'가 좀 더 설득력을 얻고 국내·국제정치적 위상도 올라갈 수 있을 거예요. 그런데 북한이 저렇게 떼를 쓰면 4월 회의에서는 제재의 목소리만 높아지게 되어 있습니다.

북한은 작년 핵실험 후 나온 UN 안전보장이사회 1874호 제재를 해제해야 6자회담에 돌아가겠다고 하고 있지만, 이렇게 되면 4월 핵 정상회의에서 제재 강화론이 오히려 더 탄력을 받게 됩니다. 그렇게 되면 북한은 게도 구럭도 다 놓치는 거예요.

북한은 정책 결정 과정의 특성상 그동안 이렇게 혼란스러웠던 걸 정비하고 쉽게 바꿀 수 있습니다. 우리나 미국은 여론정치를 하는 민주국가이기 때문에 대외정책을 한 번 결정하거나 바꾸려면 여론의 눈치를 보고 관련 부처 간에 타협도 해야 하지만, "당이 결심하면 우리는 한다"는 말을 즐겨 쓰는 북한에서는 합목적적 결정, 즉 목적에 맞춰서 일사천리로 결정할 수 있는 여지가 있어요. 그렇지 않으면 '2012년 강성대국' 얘기는 다시 꺼내기 어려울 겁니다. '쌀밥에 고깃국'도 보장할 수 없을 거고.

02

우공이산 愚公移山

'냉전의 추억'은 '추억의 냉전'이
될 수 없는가?

────────────────── **냉전기 남북대결 에피소드** _ 2008. 8. 11

김대중·노무현 정부 10년의 남북관계를 부정하는 정부가 들어서면서 한반도의 시계는 과거

로 돌아갔다. 냉전 시절의 남북 대결 양상이 재연되자 한반도는 다시 불안해졌다. 과거 10년

간 다른 건 몰라도 전쟁 걱정 하나만은 하지 않았는데, 이젠 다시 충돌을 우려해야 하는 상황

이 된 것이다. 냉전 시기 남북 대결의 구체적인 실례를 돌이켜보는 것은 또 한 번의 어리석음

을 범하지 않았으면 하는 바람 때문이다.

'남북 이질화 실태조사'의 추억

지금 내가 입고 있는 정장은 평양에서 만든 것입니다. 108달러 주고 맞

췄어요. 그만큼 세월이 많이 바뀌었어요. 2007년 6·15 공동선언 기념

평양 행사 때 한나라당 의원들도 평양에서 하나씩 맞춰 왔다고 하던데,

옛날 같으면 상상할 수 없는 일입니다.

  1990년 여름에 일본에 갔을 때 북한에서 임가공해온 양복을 하나 입

어보려고 도쿄역에서 기차를 타고 1시간 정도 후쿠라는 데까지 가서

옷을 사온 적이 있었어요. 냉전이 국제적으로는 이미 끝났다고 선언되고 있는 시점이었지만, 남북 간에는 남아 있었기 때문에, 조총련계 기업이 평양에서 바느질한 옷을 사 입고 다닌다는 건 공개적으로 얘기할 수 없었어요. 그런데 지금은 한나라당 의원도 평양에서 산 양복을 입고 다니는 시대입니다. 사소한 것이지만 냉전 때는 꿈도 꿀 수 없는 일들이 지금은 보편화되고 있습니다. 그런데 의식은 아직도 냉전 시대의 사고를 뛰어넘지 못하는 이중성을 보면 참 씁쓸합니다.

나는 1977년에 통일원에 들어갔는데, 당시는 분명 냉전 시대였습니다. 그 후 국제적으로는 탈냉전이지만 남북 간에는 냉전이 남아 있던 시절을 거쳤고, 남북 간에도 탈냉전 무드로 넘어가는 시절까지 30년 정도 현장에 있었습니다. 그런데 이명박 정부 들어 남북관계와 관련한 이런저런 정부의 대응을 보면서, '아, 저건 내가 통일원에 처음 들어갔던 70년대 말 아니면 한 80년대 중반 방식 아닌가' 하는 그런 느낌을 지울 수 없는 대목이 자주 나타나요.

당시 에피소드를 하나 얘기하겠습니다. 통일원에 들어가기 1년 전인 76년을 기점으로 남쪽의 1인당 국민소득이 북쪽보다 1.5배 이상 앞서가기 시작했어요. 남북의 1인당 국민소득이 대등하게 된 건 71년이었어요. 4·19가 나던 1960년 남한의 1인당 국민소득은 87달러였고 북쪽은 148달러였어요. 북쪽이 우리보다 1.7배 정도 잘살았던 거죠. 그렇게 북쪽이 경제적으로 우위에 있는 상황에서 나온 게 연방제였습니다. 경제적인 합작을 통해 사실상 정치적인 흡수통일로 갈 의도가 있던 제안이었어요.

그런데 북한은 소련이 62년 쿠바 미사일 위기에서 미국한테 사실상 무릎을 꿇는 걸 보면서, '아 저거 못 믿겠다'고 생각해서 '국방에서의 자위, 경제에서의 자립'을 목표로 내걸면서 내부적으로는 경제와 국방의 병진정책을 취했습니다. 그렇게 중공업 중심, 군수공업 중심으로 발전하다 보니까 70년대 넘어오면서 수출주도형 경제로 바꾼 남한보다 뒤처지기 시작했던 겁니다.

당시 나는 교수가 되고 싶어서 박사학위 코스워크를 다 끝내고 논문을 써야 하는 상황이었는데, 마오쩌둥 연구를 하고 싶었어요. 그때는 자료를 마음대로 볼 수 있는 데가 중앙정보부하고 통일원밖에 없었는데, 마침 통일원에서 석사학위 소지 이상 연구관 23명을 특채한다고 해서 들어갔던 거예요. 그리고 78년이 되니까 통일원에서 '남북한 이질화 실태조사'란 걸 했어요. 귀순자를 심층 인터뷰해서 해방 이후 30여 년 만에 남북이 얼마나 많이 달라졌는가를 연구하는 것이었어요. 왜 이질화를 따지는가? 통일을 하려면 동질화를 지향해야 하는데, 그걸 위해서는 이질화의 현실을 정확히 파악해야 한다는 명분으로 이질화 실태조사를 한 것이죠. 신참이니까 열심히 했죠. 그런데 지나고 보니까, 그때 그게 어떤 점에서는 분단 이데올로기로 역이용될 수 있는 여지가 굉장히 많은 일이었다는 생각이 듭니다.

그게 무슨 얘기냐 하면, "북쪽이 너무 많이 바뀌었다, 체제 유사성이 자꾸 멀어지니까 이대로 놔두면 통일이 된다한들 서로 남남처럼 생각할 수밖에 없을 정도로 북한의 문화생활 스타일이 바뀌었다, 우리와 너무 차이가 난다." 그런 얘기를 하기 위해 진행한 조사였던 겁니다. 그렇게 된 이유가 뭐냐? 역시 공산주의고 일인 개인숭배다, 라는 얘기. 그건 물론 원인이 될 수 있었지만 결국 그러다 보니 반공 캠페인 비슷하게 돼 버린 거예요.

북한 가야금에 다리가 달려 있는 걸 가지고도 시비를 걸었어요. 전통 악기를 이렇게 망칠 수 있느냐면서. 남자들이 한복을 안 입는 것, 스님들이 가사장삼을 제대로 입지 않고 그냥 양복에 두루마기 걸치고 나타나서 머리만 스포츠로 깎고, 외국 사람들이 오면 스님인 양 행세하는 것도 비판했습니다. 그러면서 우리보다 문화적으로 저열하고 전통문화에서 많이 벗어나 있는데 그게 다 공산주의 때문이라고 설명하니까, 북한하고는 다시 합친다고 해도 문제가 복잡하겠구나 하는, 일종의 통일에 대한 거부감을 자극하는 부작용을 만든 거예요.

나는 박사과정이었던 76년부터 대학에서 강의를 했었는데, 수업 시간에 이질화 심층면접 조사에서 나오는 새로운 사실을 얘기해줬어요. 학생들이 듣기에 얼마나 신기해요. 그런데 그 얘기가 학생들의 머릿속에 어떤 독소가 되어서, 분단 이데올로기가 될 수도 있다는 걸 생각하지 못하고 그냥 가십거리로 재밌게 얘기했단 말예요. 그런 점에서 반성합니다.

지금도 북쪽 얘기만 하면 북한은 완전히 전통문화에서 이탈해 이상한 짓만 하고 있는 것으로 단정하고 말씀하시는 분들이 가끔 있습니다. 그런데 나중에 북한 사회의 문이 열리고 그 사람들을 접하고 하루하루 생활을 잠시나마 들여다볼 수 있는 기회가 주어지면서 '아, 그때 우리가 북한 사회에 대해 얼마나 엉뚱한 이미지를 심어줬나' 하는 생각을 하게 됐어요.

사실 전통문화의 어떤 부분은 우리보다 훨씬 더 온존돼 있는 부분들이 꽤 있습니다. 그리고 나이든 사람과 젊은 사람들 사이의 관계에서, 우리 사회는 자식 이외의 젊은 사람들한테 대접을 받는다는 건 기대할 수도 없지만, 아직도 북쪽에는 전통적인 요소가 남아 있어요.

한 사회의 문화를 이념 문화, 행위 문화, 용구用具 문화로 나눈다고 하면, 용구 면에서는 남북이 큰 차이가 없습니다. 행위 문화에서는 유사성이 아직도 굉장히 많고. 그러나 이념 문화에서는 차이가 있습니다. 그러나 그 이념 문화란 것도 그 위에 올라선 정치체제가 유지되는 동안만 북한 사회를 규정하는 겁니다. 자기들의 선택에 의해서건 또는 중국이나 베트남처럼 국제사회의 흐름에 적응하기 위해서건, 어쨌든 정치체제의 변화가 불가피한 상황이 오면 이념 문화도 굉장히 많이 바뀌고, 저쪽 사람들의 행위 문화에 심대한 영향을 줄 수밖에 없을 겁니다.

일제강점기 후반부로 오면서 일본이 조선 사람들을 황국신민화하려고 얼마나 강한 사상교육을 했습니까. 조선말 못 쓰게 하고 절도 일본식으로 하게 하면서 실제로 일본화된 사람들이 상당히 있었어요. 친일파는 말할 것도 없고, 그렇지 않은 사람들도 사고방식 자체가 세뇌됐죠. 그렇지만 해방이 되고 황국신민화를 강요하는 체제가 없어지니까 곧바로 다시 조선 사람으로 돌아왔다는 사실, 그걸 생각하면 북한의 정치·경제체제가 바뀌면 이념 문화 차원에서의 이질성은 문제가 안 될 겁니다. 그런데 70년대 말에는 이념 문화, 행위 문화, 용구 문화 모두에 대해 시비를 걸려고 했단 말예요. 그게 결국 반북·반통일·분단 이데올로기가 되는 겁니다.

이명박 정부는 북한을 비판적으로 보려고 하는 경향이 강한데, 30여 년 전에 우리 정부가 북한과 관련해 국민들에게 보내려고 했던 메시지가 나중에 어떤 식으로 작용했는지를 따져봐야 합니다. 지금도 북쪽에 대해 비판적으로만 얘기하는 사람들의 머릿속에는 그때 그런 분위기가 남아 있습니다. "나쁜 놈들, 전통문화 다 버려놓고, 완전히 김일성 중심으로…" 이런 식이죠. 물론 김일성 중심의 역사 서술을 한 건 분명해요. 그러나 그게 나중에 동질화를 이루는 데 그렇게 큰 장애 요소는 아니라는 점을 인식하고 북한을 어떻게 동질화시켜 나갈 것인가를 생각해야 합니다. 교류·협력을 통해 얼마든지 동질화시킬 수 있다고 생각합니다. 2000년 남북 정상회담 이후 남북교류·협력이 활성화되면서 상당 부분 동질적인 요소들이 나타나고 있고, 정서적인 면에서 공감대가 많이 생겼어요.

'작전의 시대'… 싹쓸이 작전이 하달되다

냉전 시절 남북 대결 에피소드 두 번째는 80년대 얘기입니다. 신군부 시절, 그때는 모든 게 작전으로 이루어지던 시기였어요. 박정희 대통령하고는 또 다릅니다. 박 대통령은 군인 출신이면서도 전투적인 마인드보다는 종합적이고 전략적으로, 미국에 각을 세울 때는 세우고, 안보적으로 독립을 하려고 했어요. 자주국방이란 걸 그때 내세웠죠. 지금은 없어졌는데 국방부 건물 앞에다가 자주국방이라고 한글로 써서 걸어

놓던 시절, 미국산 미사일을 분해하고 다시 조립해서 발사하는 실험을 하고, 그러다가 미국하고 불편해지고, 심지어 핵무기까지 개발하려다가 미운털 박혀서 말년에 가까워질수록 한미관계가 불편해졌어요. 박대통령 말기에는 한국이 만만하지 않았어요. 미국이 다루기 버거운 상대였습니다.

그런데 80년으로 넘어오면서 정권 출범의 정통성 문제 때문에 신군부는 다시 미국과 긴밀한 관계를 유지하려고 했어요. 안보가 위험하므로 군인이 계속 통치해야 한다는 논리를 펴야 했기 때문에, 북한을 압박하면서 미국에게 완전히 협조하는, 그야말로 한미동맹 지상주의로 나갈 수밖에 없었습니다.

올림픽을 서울에서 개최하려고 한 것도 정권의 정통성 문제와 무관치 않았다고 봅니다. 그런데 우리가 81년에 올림픽 개최권을 따오니까 북한은 86 아시안게임을 유치하기 위해서 굉장히 많은 노력을 했어요. 그때 통일원에서는 우리가 올림픽을 하니까, 아시안게임만큼은 북한이 할 수 있도록 암묵적으로 밀어줘서 그걸 계기로 북한의 개방을 유도하면 어떨까 생각하는 사람들이 일부 있었어요. 어떤 식으로 처신해야 국제사회와 무리 없이 어울릴 수 있는지 그 코드를 좀 익힐 수 있게 하자는 생각이었어요. 그게 남쪽에서 말하는 점진적·단계적 통일의 길이었어요.

그런데 88 올림픽을 따오니까 전두환 대통령이 86 아시안게임도 가져오라는 작전 지시를 내린 거죠. 왜 그랬느냐? 그것도 체제경쟁 개념으로 보고 있었던 거예요. 명분은 88을 잘 치르려면 86에서 예행연습을 해야 한다는 거였지만, 실제로는 싹쓸이하자는 거였고, '능력도 없는 사람들한테 주긴 뭘 줘. 우리가 경제도 잘되니까 본때를 보여서 기를 죽여야 해' 하는 생각이 있었습니다. 결국 86까지 가져왔죠. 국제올림픽위원회(IOC)나 아시아올림픽위원회(AOC)에 미국의 영향력이 크기 때문에 미국의 힘을 빌려서 다 가져올 수 있었어요.

그 싹쓸이가 많은 불행의 씨앗이 됐다고 생각해요. 남북 간 경제력 경쟁에서 뒤진 후에 국제 무대에서 벌어진 남북경쟁에서 북한이 번번이 졌단 말예요. 북한의 그 패배감이나 경쟁심이 83년 랑군 테러(아웅산 폭파사건)와 직접적으로 관련은 없지만, 그렇다고 아예 무관하다고 말할 수 있는 사람은 별로 없을 겁니다. 너무 코너로 몰리니까 승승장구하는 남조선의 기세를 꺾으려면 무리수라도 둬야 한다는 판단을 북한이 했다는 거죠. 코너에 몰리다 보면 그렇게 됩니다.

그리고 나중에 88 올림픽 남북 공동개최 제안이 있었어요. 남쪽이 먼저 제안했을 겁니다. 그랬더니 북쪽에서 "좋다. 대화는 해보자"고 나왔지만, 우리가 아주 받기 힘든 조건을 내놨습니다. "광고 수입의 절반을 내놔라" "축구 결승하고 개막식은 북에서 해야 한다"는 등 좋은 건 다 가져가는 조건을 제안했어요. 나중에는 주한미군 철수 같은 조건을 자꾸 내거니까 결국 못 하고 말았어요. 그런데 이쪽에서 공동개최를 제안한 것도 사실은 생색내기 차원이었습니다.

그런 일은 전에도 있었어요. 1979년 세계탁구선수권대회가 평양에서 열렸는데 단일팀을 만들자는 얘기를 북쪽이 먼저 했습니다. 당시 판문점 중립국감독위원회 회의실에서 회담을 했는데 현장에 가서 보니까,

'단일팀이 안 되면 남쪽은 평양에 오지 않는다는 것'을 전제로 대화를 하자는 거예요. 소위 원칙의 굴레를 씌워서 상대방을 못 오게 하려는 거였지. 그래서 결국 못 갔습니다. 안 갔지. 우리는 단일팀 만들어도 좋고, 안 되면 탁구대회 참가를 보장하라고 했고, 저쪽은 "아니, 이 민족의 경사에 단일팀을 만들어야지. 우리가 두 개로 쪼개져 있다는 걸 자랑하려는 거냐"라는 되지 않는 논리를 폈어요. 남쪽은 갈 의향이 있었어요. 그때쯤 되면 자신이 있을 때니까. 그러니까 북한이 우리를 결국 못오게 하려고 그랬던 겁니다. 88년에도 냉전이 끝나기 전이니까 체제경쟁 개념, 생색내기 제안이 많이 있던 시절이에요.

"그것 좀 적어줘. 각하를 설득해볼게"

세 번째 에피소드는 남북 이면사 비슷한 겁니다. 1983년 10월 북한은 아웅산폭파사건을 저질러놓고 남쪽의 자작극·자연극이라고 했는데, 누가 봐도 북한의 소행이었습니다. 그리고 시간이 흘러 북한이 국제사회에서 이미지를 쇄신하려고 내놓은 게 84년 초 소위 미·북―남·북 '양변 평화회담'(Two Way Talks)을 하자는 제안이었습니다. 미국은 한국이 받으면 자기들도 해볼까 하는 생각이 있었지만 모양새가 좋지 않았어요. 정치·군사적 근본문제는 미국하고 얘기하고, 남쪽하고는 통일 문제만 얘기하겠다는 식으로 분리해서 제안했으니까 받기는 어려웠죠.

북한은 또 그해 4월인가에 84년 LA 올림픽 단일팀 구성을 위한 남북 체육회담을 제의하고 나서요. 그래서 스포츠를 좋아하는 당시 전두환 대통령이 두말없이 받으라고 해서 체육회담을 세 번 했어요. 그런데 결국 회담이 깨지면서 정세가 좀 나빠졌어요. "단일팀 만들 생각도 없으면서 마치 관심이나 있는 것처럼 제의했다가 책임을 우리한테 넘겼다"라면서 북한에 대한 정서가 좋지 않게 됐어요.

1984년 8월 30일 밤 비가 아주 엄청나게 내렸어요. 그때만 해도 내가 젊어서 술을 많이 마실 때였는데, 새벽 1시엔가 강남 어디서 술을 마시고 있었어요. 그런데 집에 갈 수 없을 정도로 비가 내렸고, 택시도 안 보였어요. 그래서 그냥 옷을 다 적시며 걸어서 집에 간 적이 있는데, 그 비로 남측이 엄청난 수해를 입게 됩니다. 그러니까 9월 8일 북쪽 적십자가 남쪽에 수재물자를 주겠다고 제의를 해요. 정부는 북한이 체제 선전 차원에서 우리는 못살고 자기들은 잘사는 것처럼 선전하고, 남쪽에서는 친북적인 분위기를 만들려고 한다고 생각해서 'No'를 했어요. 그게 11일입니다. 거절하는 담화는 대한적십자사 대변인 명의로 나갔어요. 물론 실제 결정은 안기부가 했지만.

그런데 그날 오후였나, 당시 통일원 장관이 이세기 장관이었어요. 젊은 장관이었습니다. 나보다 7~8년 위니까, 84년이면 40대 중반 정도 됐죠. 장관께서 나를 좀 좋게 봤는지 여러 가지 정책적인 판단을 나한테 구하고 그랬어요. 그런데 나를 찾는다고 그래. 가봤더니 "정 박사, 적십자에서 안 받는다고 하는데 어떻게 생각해?"라고 묻더라고요. 그래서 나는 "글쎄요, 왜 안 받는지 모르겠네요. 이미 체육회담까지 했는데 랑군 사건에 대한 미안한 마음 때문에 자꾸 저러는 것 같은데, 수해물자 인도인수를 계기로 적십자회담으로 발전시키면 이산가족 상봉사업도 할 수 있는 아주 좋은 찬스 아닙니까? 왜 하나만 알고 둘은 계산을 안

1984년 북한 적십자사가 보낸 수해물자. 이 수해물자를 받은 것을 계기로 84년 남북 적십자회담과 85년 고향방문단 사업, 90년대 총리회담 등의 남북교류가 이어지게 됐다.

하는 조치를 취했는지 모르겠네요"라고 말했죠.

그랬더니 이세기 장관이 "좋아, 바로 그걸 좀 적어줘" 하시더라고요. 그래서 "어디다 쓰시려고요?" 했더니 "아니 좌우간 적어주란 말야. 수재물자를 받아서 남북관계를 좀 뚫고 나가야 한다는 보고를 간단하게 적어줘. 그럼 내가 안기부장 설득해서 같이 각하한테 가서 결심 받아낼게"라고 하시더라고요. 그래서 심야에 비밀 작업을 해야 하니까 12일 밤 늦게까지 남아서 육필로 보고서를 썼죠, 한자 잔뜩 써가지고. 그때는 높은 사람들한테는 좌우간 한자가 많이 있어야 보고서가 권위가 있었으니까. 그래서 그 이튿날 아침 장관한테 드렸어요.

그런 과정을 거쳐서 우리 적십자사 총재가 14일 수해물자 받겠으니 18일에 실무 접촉을 하자는 제안을 합니다. 그렇게 수해물자가 넘어왔고, 또 그걸 계기로 10월에 우리가 적십자회담을 제안하니까 북쪽에서 받았어요. 그 결과 85년에 고향방문단 사업도 되고, 그 연장선상에서 남북 경제회담이 성사됩니다. 또 그 여세를 몰아서 국회회담도 이루어졌지만, 그건 잘 안 됐어요. 어쨌든 그렇게 회담이 계속 새끼를 치거나 파급효과를 냈고, 자주 회담을 하다 보니까 자연히 80년대 후반 90년대 초반 총리회담으로 연결이 된 겁니다. 거기서 남북 기본합의서가 나왔어요.

처음에 수재물자 제안을 거절했던 것은 냉전적 사고였습니다. 북쪽이 제안했던 것도 사실은 냉전적이고 체제경쟁적인 개념이었을 겁니다. 북한은 물자 전달 사업을 직접 하려고 했어요. 현장에 직접 갖다 주겠다는 거예요, 공화국 깃발 나부끼면서. 남쪽에 체제 선전을 하려고 했는지, 아니면 남쪽에 전달하면서 고마워하는 사진을 하나 찍어서 북한 주민들한테 "이거 봐라 우리 체제가 이렇게 우월하다"고 선전하려고 했는지 모르지만, 마치 우리가 요즘 남쪽의 누가 보낸 쌀이라고 붙여서 보내고 싶어 하는 기분으로 그랬겠죠. 지금도 대북지원을 하면 항상 체제 우월적 개념에서, 북에서 우리가 제시하는 조건을 받아야 한다고 주장하는 사람이 있습니다. 그게 과연 지금 이 시대에 의미가 있는 건지 한 번 생각을 해봐야 되죠.

그렇지만 젊은 이세기 장관의 생각은 상당히 전향적이었습니다. 그야말로 새로운 발상으로 대통령을 설득해서, 냉전 시대였지만 체제경쟁 개념을 뛰어넘어 화해와 협력의 길로 갈 수 있는 단초를 연 것입니다. 우리가 월등히 잘살게 됐는데 아직도 1대1 개념으로 싸울 수 없지 않느냐는 게 내가 만들고 장관이 대통령에게 올린 보고서의 기본 개념이었습니다. 물론 이세기 장관도 거기에 동의를 하셨고. 그로부터 20년이 지났는데 북쪽이 당시 우리한테 했던 것과 같은 발상, 그리고 초기에 우리가 거절했던 판단 기준, 그런 식으로 북쪽을 보는 그런 경향이 아직도 많이 남아 있어서 안타깝습니다.

한반도 위기의 극적인 탈출구,
남북 정상회담

———— **정상회담 추진史** _ 2008. 11. 3

김대중 전 대통령은 2008년 11월 무렵, 이명박 정부가 남북 정상회담을 추진해야 한다고 주
장하고 나섰다. 과거 세 차례의 남북 정상회담 개최 합의에 직·간접적인 영향력을 미쳤던
DJ는 왜 갑자기 남북 정상회담을 이야기했을까?

객체가 될 것인가, 주체가 될 것인가

남북 정상회담 개최 합의는 1994년, 2000년, 2007년 세 번 있었고, 그중
두 번은 실제로 성사됐는데, 세 번 모두 DJ가 직·간접적으로 역할을 했
습니다. 94년 북핵 위기가 극도로 고조되던 시기에 DJ는 지미 카터 전
미국 대통령의 방북을 권유해서 정상회담 합의에 이르도록 했습니다.
2000년에는 DJ 본인이 직접 정상회담을 했고요. 노무현 대통령한테도
정상회담 방식으로 북핵 문제 해결의 돌파구를 찾아야 한다고 여러 번
권고했습니다. 노 대통령이 그 말을 듣지 않고 미적거리다가 임기 말년
에 겨우 하게 돼서 아쉬움이 많지만요.

이명박 대통령도 DJ의 권고를 흘려들으면 훗날 십중팔구 후회할 수 있습니다. 2009년에 미국에 새 정부가 출범하면 동북아 정세는 다시 한 번 격동할 겁니다, 좋은 방향으로건 나쁜 방향으로건. 그때 우리 한국이 외톨이가 되지 않으려면, 또는 동북아 국제질서 재편 과정에서 운명을 결정하는 데 객체로 전락하지 않으려면 남북 정상회담에 대한 대비가 있어야 할 것입니다.

YS, 떨떠름했지만 받을 수밖에 없었던 정상회담 합의

대체로 정상회담은 남북관계가 잘나갈 때보다는 위기에 빠져 있거나 위기에서 막 벗어났을 때 성사됐어요. 첫 정상회담 합의는 94년 6월 카터의 중재에 의한 것이었습니다. 그리고 그건 1차 북핵 위기와 밀접한 관련이 있습니다.

1991년부터 미국이 북한의 핵 개발에 대해 경고를 보내고 있었고, 당시 남북 총리급회담에서 북한의 핵 개발을 저지하기 위한 조치의 일환으로 91년 여름부터 '한반도 비핵화 공동선언'이 협의되기 시작했어요. 그해 말에 합의가 됐고, 그 이듬해 바로 발효됐죠.

한편 북한은 김용순 노동당 국제담당 비서를 미국에 보내서 92년 1월 22일 당시 아놀드 캔터 국무부 차관을 만나게 합니다. 김용순은 거기서 주한미군 철수를 요구하지 않는 조건으로 북미수교를 제안했습니다. 동북아에서 미국의 국익을 보장하는 조건으로 체제 인정을 요구한 건데 (아버지) 부시 정부가 그걸 들어주지 않았어요. 뿐만 아니라, 국제원자력기구(IAEA)가 92년 말 "북한의 핵 신고 내용을 분석한 결과, 우리가 파악한 것과 상당한 불일치(discrepancy)가 있다. 수상하다. 특별사찰을 해야 한다"고 북한을 압박했습니다.

북한은 클린턴 정부가 출범하자마자 곧바로 93년 3월 13일 핵확산금지조약(NPT) 탈퇴를 선언하는 강수를 두기 시작했습니다. 이래도 우리가 해달라는 수교를 안 해줄 것이냐는 압박이었습니다. 그게 북핵 문제의 시작입니다. 클린턴 정부는 핵 비확산이라는 미국의 외교 목표가 손상되는 걸 막으려고 부시 정부와 달리 곧바로 북미 양자접촉을 시작해요. 그에 대해 김영삼 정부가 불편한 심기를 드러내면서 "북한은 그렇게 다루면 안 된다. 거칠게 다뤄야 한다"고 하니까 한미 간에 대북정책에서 소위 '보조 불일치'가 생겨요. 그러면서 미북 간에는 대화가 되고 남북 간에는 대화가 끊어집니다. 통미봉남이 시작된 겁니다. 우리는 제네바에서 열리는 북핵 회담에 대해 귀동냥이나 하는 신세가 됐죠.

이 협상 과정에서 북한이 벼랑 끝 전술, 장외 압박 전술을 쓰다 보니까 미국도 강경 대응을 고려합니다. 94년에 북폭론이 나온 배경입니다. 자연히 한반도 위기가 고조됐죠. 실제로 6월에는 북폭을 전제로 미 대사관 직원 가족들의 대피 훈련까지 합니다. 그 와중에 94년 6월 중순 카터 전 대통령이 방북을 해요. 카터 방북 얘기가 나온 건 94년 5월 12일입니다. 이미 위기가 고조되던 시기였는데, DJ가 미국 내셔널 프레스 클럽에서 연설하면서 "북핵 문제는 어디까지나 협상으로 풀어야 한다. 미국이 이렇게 북한을 압박해선 안 된다. 이럴 때 미국 현 정부에 영향력을 행사할 수 있는 유력한 정치인이 나서야 한다"면서 "카터 같은 사람이 그 역할을 하면 좋겠다"는 의견을 제시했습니다.

그걸 계기로 실제 카터가 방북을 했습니다. 초기엔 클린턴 정부에서도 별로 탐탁찮게 여겼어요. 왜냐하면 미국 정부가 북폭까지 준비하고 있는데, 차질을 준다는 거였죠. 그러나 카터가 적극적으로 역할을 하기 위해 방북을 했고, 김일성 주석과의 회담에서 남북 정상회담 제안을 해요. 김일성 주석은 바로 그 자리에서 카터의 제안을 받아버립니다. 김 주석이 정상회담 카드로 북폭을 피해버린 것이었지만, 만약 그런 반전이 없었다면 어떻게 됐겠습니까? 북한 치려다가 한반도가 쑥대밭이 됐을 겁니다.

미국도 상황이 급진전되는 걸 현실로 받아들였고, 한국 정부도 정상회담을 수락해요. 처음에 YS는 별로 달갑지 않게 여겼어요. 아이디어 자체가 DJ한테서 나온 거니까 거부감이 있었을 거고, 북한을 거칠게 다뤄야 한다고 했던 종래 입장하고 맞지도 않아서 좀 떨떠름했지만, 미국이 돌아서버리니까 안 받을 수 없었습니다. 그래서 7월 25일부터 평양에서 정상회담을 하기로 했는데, 7월 8일 정오 뉴스로 김일성 주석의 유고가 공식 발표되면서 회담이 무산되고 말았습니다. 어쨌건 한반도 상황이 극도로 악화됐을 때 정상회담 카드가 북폭을 막아냈고 북핵 협상에 다시 추동력을 불어넣었다는 건 부인할 수 없는 사실입니다.

2000년 1차 정상회담… 진짜 한미공조는 이렇게

두 번째 정상회담은 98~99년 핵 문제와 미사일 위기를 간신히 극복하고 나서, 다시는 그런 위기가 오지 않게 하려면 남북관계를 안정시켜야 한다는 판단에서 준비를 했다고 할 수 있습니다. 물론 햇볕정책의 일환이기도 했습니다. 당시 빌 클린턴 미국 대통령은 98년 5월경 김대중 대통령과의 정상회담에서 햇볕정책에 대한 설명을 듣고 "좋다, 적극적으로 지지하겠다"고 공개 천명했습니다. 미국이 그렇게 나가니까 일본 오부치 내각도 지지 의사를 밝히면서 햇볕정책은 국내보다는 오히려 밖에서부터 탄력을 받았어요.

그런데 그 와중에 미국의 보수 세력이라고 추정되는 사람들이 난데없이 북한이 영변이 아닌 금창리 지하 동굴에서 핵을 개발하고 있다는 의혹을 제기했고, 98년 8월 18일자 <뉴욕타임스>에 그 동굴의 사진이 보도됩니다. 그러니까 미국에서도 전후좌우를 안 따지고 "뭐? 그래?" 하면서 비판적인 여론이 확 조성되더라고요. 설상가상으로 북한이 맞불인지 벼랑 끝 전술인지 난데없이 8월 31일 일본 열도 상공을 가로질러 알래스카 쪽으로 향하는 대포동 1호 미사일을 발사해버렸어요. 그러자 햇볕정책을 지지하는 일본과 미국의 대북정책이 비판의 도마에 오릅니다. 그러면서 상황은 급박하게 악화되고 우리 국내 여론도 나빠졌습니다.

김대중 정부는 굉장히 곤혹스러운데도 불구하고 대북 압박으로는 문제가 해결되지 않는다고 판단해서 미국과 적극적으로 협의를 시작했죠. 그러자 미국 정부는 보수층한테도 어느 정도 인정을 받고 클린턴 정부하고도 얘기가 되는 윌리엄 페리 전 국방장관을 대북정책 조정관으로 임명해서 합리적인 해결 방법을 모색했습니다. 그때 한미가 아주 긴밀히 공조했습니다. 진짜 공조가 뭔지를 보여줬습니다. 당시 임동원 외교안보수석이 수시로 미국을 다녀오고 전화도 하면서 페리 프로세스란 게 성사되도록 몰아갔어요. 결국 '한반도 냉전 구조 해체를 위한 5대 과제'에 합의했습니다. 나중에 페리 조정관이 김대중 대통령을 예방한 자리에서 "페리보고서는 사실 임동원 수석의 아이디어를 저작권 인용 안 하고 베낀 것이다"라고 덕담을 할 정도로 공조가 잘 이뤄졌어요. 북핵 의혹과 미사일 문제가 다시 불거져서 한반도 상황이 요동칠 수 있는 가능성을 페리보고서로 막아낸 거예요. 미사일 문제도 보상 방식으로 풀어나가기로 합의했어요. 페리보고서의 기본은 보상으로 풀어나간다는 것입니다. 99년 가을에 확정·발표됐습니다.

그렇게 한 고비를 넘고 나서, 이제는 남북관계를 발전시켜야겠다는 목적으로 북한과 물밑접촉을 시작하고 이듬해 4월 정상회담에 합의합니다. 물론 그전에 있었던 남북 간 교류·협력으로 인해 생긴 신뢰는 정상회담 합의의 큰 밑거름이었습니다. 김대중 정부는 핵과 미사일이 복잡하게 꼬이는 상황에서도 민간 차원의 교류와 지원, 경협을 정책적으로 적극 권장했습니다. 금창리 지하 동굴 사건, 대포동 미사일에도 불구하고 98년 11월 18일 금강산 관광을 출범시키는 조치도 취했습니다. 그렇지만 어쨌든 기본적으로는 98년 여름 터진 북핵 의혹과 미사일 위기를 넘기면서 정상회담의 필요성을 절감했기 때문에 더 적극적으로 준비했다고 할 수 있습니다.

타이밍 못 맞춘 2차 정상회담… 여든 노인이 애 낳은 격

노무현 정부가 정상회담을 하려면 적어도 2005년 9·19 공동성명(2005년 9월 4차 6자회담에서 나온 합의문으로 6자회담의 최종 목표를 담았다. 한반도의 검증 가능한 비핵화와 북미·북일관계 정상화, 대북 에너지 지원,

평화체제 등을 '공약 대 공약' '행동 대 행동'으로 이행하기로 했다) 직후에 했었어야 합니다. 그때 치고 나갔어야 해요. 그랬으면 북핵 문제도 그렇게 미궁을 헤매지 않았을 수도 있고, 남북관계도 정권교체와 상관없이 안정적으로 발전할 수 있는 토대를 마련했을 거라고 봐요.

김대중 정부는 남북관계 개선과 핵 문제 해결을 병행한다는 입장이 분명했지만, 그렇다고 한미관계를 그르친 일도 없었고 남북관계 개선에만 앞서나가지도 않았어요. 그런데 노무현 정부 후반으로 들어서면서 정부 내에 한미관계와 북핵 문제 우선론이 득세를 하더군요. 청와대가 '핵 연계론' 입장으로 돌아선 겁니다. 2006년 10월 1차 핵실험이 평계가 됐을 수 있지만, 남북관계와 핵을 연계하니까 잘 나가던 남북관계에서 혼선이 일어나기 시작했습니다,

미국의 네오콘들이 2005년 9·19 공동성명에 불만을 가지고 방코델타아시아 문제(BDA 문제. 마카오 방코델타아시아Banco Delta Asia 은행의 북한 자금을 동결한 것)를 터뜨렸잖아요. 9월 20일부터 미 재무부가 BDA를 사실상 제재하니까 북한이 반발하면서 6자회담은 표류하고, 2006년 7월 장거리 미사일을 발사하고 10월엔 핵폭파 장치 실험까지 하는 강수를 뒀습니다. 그러니까 미국 여론이 뒤집어지면서 그해 11월 미국 중간선거에서 의회 권력이 민주당 쪽으로 넘어갔고, 결국 부시 정부가 대북정책을 바꿔서 2007년 2·13 합의(9·19 공동성명 이행을 위한 첫 번째 행동 조치에 관한 합의로 북한이 영변 핵시설을 폐쇄·봉인하면 중유 5만 톤을 제공받는 것을 핵심으로 한다)를 만들었죠. 그게 뭡니까? 우리가 그렇게 부시 정부 내내 주장했던 '행동 대 행동' '조치 대 보상' 방식이

2007년 10월 열린 2차 남북 정상회담은 정권 말기에 진행되어 합의사항을 실행해나 갈 토대를 마련하지 못했다. 좀 더 일찍 열렸다면 남북관계는 보다 안정적으로 유지 되었을 것이다.

잖아요?

노무현 정부가 9·19 직후를 놓쳤으면, 2·13 합의 시점에서라도 정상회담을 치고 나갔어야 합니다. 핵 문제 해결에 대한 김정일 위원장의 전향적 조치를 권고·설득하고, 2000년 정상회담 이후 남북관계를 중간 결산하고 업그레이드하는 틀을 그때 짰어야 했어요. 당시 DJ는 물론 나 같은 사람까지 나서서 정상회담 조기 개최를 촉구했건만, 귓등으로 듣더군요. 오히려 공공연히 "남북 관계가 북핵 문제보다 앞서가면 안 된다. 반 발짝 뒤에서 가는 것 이 맞다"는 '연계론'이 나왔단 말입니다. 그거 네오콘의 주장입니다. 그게 후회를 남긴 겁니다. 북핵 문제가 해결의 가닥을 잡았을 때 남북관계가 오히려 반 발짝 앞서갔더라면 북핵 문제도 이렇게 터덕거리지 않았을 거고, 남북관계도 정권교체와 무관하게 좋은 결과를 이미 내고 있었을 텐데 말입니다.

그렇게 미적거리다가 북미 간 합의가 상당 정도 진전되는 걸 보고서야 뒤늦게 올라타려고 한 게 2007년 10월 정상회담이었다고 할 수 있습니다. 앞서갈 생각은 못하고 편승하려고 하다 보니 정상회담에서 나온 합의서가 그야말로 불쌍하게 되어버리지 않았습니까? 여든 노인이 낳아놓은 자식처럼 돼버렸어요. 아니? 부모가 애 돌은 챙겨줄 수 있게 일을 벌였어야지…. 너무 늦게 했어요.

10·4 선언 이행하면 공功은 이명박 정부에 있다

이명박 정부는 10·4 남북정상선언을 이행하는 데 돈이 많이 든다고 하는데 5~6년씩 걸릴 일들이 많기 때문에 따지고 보면 1년 단위로는 사실 얼마 안 들어요. 그리고 코스트, 비용이 들어가면 베네핏, 편익이 나오는 겁니다. 또 이명박 정부가 10·4 선언을 잘 이행해서 남북관계를 반석 위에 올려놓아서 한반도의 군사적 긴장이 현저히 완화되면 전 정부의 공이 아닙니다, 현 정부의 공이지.

또 잘만 하면 더 높은 차원의 전략적 이득을 10·4 선언 이행 과정에서 챙길 수 있어요. 무슨 말이냐? 북핵 문제가 어느 정도 고비를 넘기면 9·19 공동성명 4항에 따라 남·북·미·중 4자가 한반도 평화체제 문제를 논의하게 되어 있지 않습니까? 그때 누가 그 한반도 평화체제 논의와 합의의 주역이 되느냐. 남·북이냐, 미·북이냐, 미·중이냐는 우리한테 굉장히 중요합니다. 그런데 10·4 선언에서는 남·북이 기본이 되는 3자 또는 4자 방식의 '한반도 전쟁 종전선언'을 하기로 했단 말예요. 이걸 잘 발전시키면 평화체제 구축 과정에서 남·북이 주역이 될 수 있습니다.

북한이 고와서 정상회담을 하라는 게 아닙니다. 전략적 손실을 막고 이득을 챙기기 위해서는 큰 그림을 그려야 한다는 차원에서 하라는 겁니다. 북핵 해결과 북미관계 속도를 따라가기 위해서라도 남북관계는 한 단계 업그레이드돼야 합니다.

미국이 북한을 테러지원국 명단에서 삭제하니까 한나라당에서는 우리가 제3자로 전락했다는 불만이 나왔다더군요. 그건 우리가 그렇게 만든 거예요. 한미동맹 우선론으로 남북관계를 풀어나가겠다고 했으니, 북한은 우릴 상대할 필요도 없고, 북미 간에 어떤 얘길 주고받았는지 귀동냥도 할 수 없는 상황이 됐습니다. 중국도 6자회담 의장국이지만, "무슨 얘기 따로 들은 거 없냐?"고 우리한테 물을 필요도 없고, 우리가 해줄 얘기도 없어진 거예요.

미·북 또는 미·북·중 사이에 다 결정되고 나서 미국이 우리한테 먼저 얘기했는지 중국한테 먼저 했는지조차 알 수 없게 됐습니다. 북한이 그렇게 만든 겁니까? 미국이 그런 겁니까? 아니잖아요. 남북관계 복원 안 해놓으면, 앞으로 이런 일은 계속 일어날 겁니다.

빨리 손을 써야 합니다. 그러기 위해선 6·15와 10·4 선언의 이행 의지를 명확히 하고, 인도적 지원도 재개하고 남북관계를 빨리 복원해야 합니다. 그리고 정상회담을 해서 우리 국민들이 '이제 외교적으로도 꿀릴 게 없구나. 정부가 외교도 잘하고 있고 남북관계도 잘돼가고 있구나. 이제 경제만 살아나면 되겠네' 하는 안도감과 성취감을 느끼게 해야 합니다. 이명박 대통령과 참모들이 김대중 전 대통령 말을 제발 허투루 듣지 않기 바랍니다.

북한의 외교력이 탁월하다고?

북한의 대미 외교력은 결코 뛰어나지 않다. 북핵 20년 역사에서 북한이 핵 능력도 키워오고 보상도 챙겼던 것은 북한의 능력 때문이 아니다. 정권이 바뀔 때마다 대북정책 검토에 세월을 보내며 북한에 '몸값'을 올릴 시간을 줬던 미국 때문이다. 버락 오바마 미 대통령은 2009년 6월 5일 "북한의 도발에 보상하는 정책을 하지 않겠다"고 선언했다. 미국에 새 정부가 들어설 때마다 늘 보아오던 모습이다. 자기들만큼은 새로운 해법을 찾을 수 있다는 착각이다. 오바마 발언이 있고 며칠 후, 그게 왜 착각인지를 짚어봤다.

모든 북미 합의는 보상 구도였다

버락 오바마 미국 대통령이 6월 5일 파리에서 "북한의 도발에 보상하는 정책을 계속할 생각이 없다"는 발언을 했습니다. 대통령에 취임한 지 반년도 안 돼서 북한의 장거리 로켓 발사(4월 5일)와 2차 핵실험(5월 25일)을 접했기 때문에 화가 많이 난 모양입니다. 그의 어법과 대북정책에서 전임 부시 대통령을 연상케 하는 모습이 가끔 보입니다.

그런데 북한이 그런 강수를 두는 배경을 다시 한 번 복기할 필요가 있어요. 오바마 대통령은 선거 운동 때, 대통령이 되면 김정일 위원장을 직접 만나겠다고 했고, 당선 후에도 자기의 대북정책은 부시가 아니라 클린턴 전 대통령의 정책과 같은 것으로 생각하면 된다고 했어요. 또 오바마 인수위에서는 새 정부 출범 100일 내에 특사를 보내야 한다는 말도 나왔습니다. 그런데 대통령에 취임하고 나서도 아무 일도 안 일어나니까 시간이 지날수록 북한 입장에서는 기대가 실망으로 바뀌어갔을 겁니다.

오바마 정부는 그간 이슬람권에 대해서는 굉장히 너그러운 메시지를 계속 보내왔습니다. 힐러리 클린턴 국무장관은 첫 해외 순방지를 세계 최대 이슬람국인 인도네시아로 정했고, 오바마 대통령도 이슬람권 방송과 첫 TV 인터뷰를 하면서 "미국은 이슬람의 적이 아니다"라고 말했습니다. 북한의 입장에서는 어떻게 보면 그런 장면들이 굉장히 부러웠을 겁니다. 그걸 보면서 북한은 '우리는 대충 무시해도 되는 국가로 분류되나 보다' 하는 초조감을 가졌을 것이고, 그런 초초감과 실망에서 미국의 관심을 끌기 위해 여러 가지 벼랑 끝 전술을 쓰게 됐다고 봅니다. 그런 방식으로 성공했던 기억이 있거든요. 북한은 민주당의 클린턴, 공화당의 부시를 자기들이 다 이겼다고 생각합니다. 그러니 앞으로도 계속 이렇게 나갈 겁니다.

미국도 북한의 도발적인 행동에 대해 처음엔 대개 무시하거나 강경책을 썼어요. 그런데 나중에는 클린턴이나 부시나 입장과 정책을 바꿀 수밖에 없었죠. 다른 방법이 없으니까. 오바마도 "보상 방식으로 가지 않겠다"고 했는데, 과연 그럴 수 있겠는가? 그럼 어떤 방식으로 하겠다는 건가? 오바마는 외교적인 방식을 강조하기도 했는데, 보상을 안 하면서 외교적으로 풀겠다는 말은 모순입니다. 외교가 결국 물질적이건 정치적이건 보상을 전제로 하는 것 아닙니까. 나는 오바마의 미국이 보상을 안 하는 쪽으로 가기는 쉽지 않다고 봅니다. 20년에 가까운 북핵과 미사일 문제의 역사가 말해주고 있어요.

먼저 1차 북핵 위기. 북한은 1990년대 초반 공산권이 붕괴되고 동독이 서독에 흡수되면서 심한 체제불안을 느낍니다. 그런 상황에서 김용순 노동당 비서가 92년 1월 미국에 가서 미군 철수를 요구하지 않을 테니 수교를 하자고 요청했어요. 그런데 아버지 부시 정부가 무시하니까, 클린턴 정부 초에 결국 핵 카드를 들고 나옵니다. 미국이 무시할 수 없게. 그러자 한국 김영삼 정부가 발끈해서 제재 입장으로 갔습니다. 미국도 그랬고. 클린턴 정부 출범하면서 북한이 NPT 탈퇴같이 더 도발적인 행동을 하니까 미국도 겉으로는 무시하는 척하거나 제재를 검토하겠다고 경고했지만, 내막으로는 그냥 놔두면 안 되겠다고 생각해서 93년 3월 국무부 실무선에서 북미 양자접촉의 필요성을 얘기해요.

그런데 이때 한국이 반대했습니다. 미국도 한국의 체면을 생각해야 하고 자기들도 도전을 당한 셈이니까 당분간 강하게 나가려고 했습니다. 그랬더니 북한이 5월 말 노동 1호 미사일을 쏴버리죠. 미국이 세게 나오니까 더 세게 나온 겁니다. 그러자 미국은 바로 6월 초 북한을 베를린으로 불러냈습니다. 두 나라는 양자협상으로 핵과 미사일 문제를 풀자고 합의하고 제네바에서 회담을 해서 94년 10월 제네바 기본 합의를 만듭니다. 그 기본 구도가 뭐냐? 북한은 영변 핵시설을 동결하고, 미국은 그 대가로 북한과 수교한 뒤, 200만kw 경수로 건설을 지원한다는 것입니다. 1대2로 바꾼 거예요. 북한은 미국을 향해 무조건 한판 붙자는 게 아니라 뭘 좀 달라는 건데, 자기들을 잘 쳐다보지 않고 만만하게 보면 그렇지 않다는 걸 보여주기 위해 강하게 나갑니다. 미국은 처음엔 걷어차버렸는데 결국 요구를 들어줄 수밖에 없었습니다.

페리 프로세스도 '행동 대 보상' 구도

1999년 페리 프로세스가 만들어진 것도 똑같은 과정을 거쳤습니다. 94년 중간선거에서 클린턴의 민주당이 공화당에게 의회 권력을 빼앗기니까 예산 배정이 잘 안 돼서 제네바 합의에 따른 대북 중유 제공 같은 게 자꾸 늦어졌어요. 그러니까 북한은 "미국의 목적은 우리의 핵 동결이었을 뿐, 보상 약속은 본심이 아니었다. 의회의 반대는 핑계일 뿐이다"라는 의심을 하게 됩니다.

또 경수로 공사는 98년에 본격화됐지만 미북 수교는 일절 진전을 보지 못하면서 북한은 다시 초조해지기 시작합니다. 거기다가 경수로를 다 지어주기 전에 북한이 붕괴할 것이라는 판단이 미 정부 내에 있다는 말들이 언론에 흘러나가기 시작해요. 북한으로서는 더욱 의심할 수밖에 없었습니다. 결국 98년 8월 말 장거리 미사일을 발사합니다. 일본 열도를 넘어 미국 쪽으로 1640km 날아갔어요. 대륙간탄도미사일(ICBM)로 가겠다는 사인이었죠. 미국 내 여론은 나빠지고 일본은 흥분의 도가니에 빠졌죠. 한국에서도 반북 여론이 나왔고, 그때 만약 우리 정부가 흔들렸다면 미국은 바로 대북 제재로 갔을지도 모릅니다. 군사적 행동을 했을 수도 있어요.

그런데 당시 김대중 정부는 햇볕정책의 정당성을 보여주려고 서두른 것이 아니라, 미국이 대북 제재를 하게 되면 동북아의 긴장이 고조되고 IMF 구제금융 상황에 있는 우리가 빚을 갚기도 어렵다고 보고, 어떻게든 한반도 상황을 안정적으로 끌고 가기 위해서 미국을 설득하기 시작합니다. 그 결과 미국은 윌리엄 페리 전 국방장관을 대북정책 조정관으로 임명했고 한국·일본·중국·러시아를 돌아 의견을 종합한 뒤에 99년 5월 25일 평양에 들어갑니다. 거기서 북한의 고위 당국자들과도 협의를 하고 나와서 주변국들과 또 조율을 한 뒤, 9월에 발표한 게 페리 프로세스예요.

페리 프로세스의 보상 구도는 이렇습니다. '북한이 미사일 발사를 유예하면 미국은 대북 경제 제재를 해제한다. 북한이 핵과 미사일 개발을 중단하면 미국과 일본은 북한과 수교를 추진한다. 남북관계도 적극적으로 활성화한다. 궁극적으로는 북한이 갈망해왔던 한반도 평화협정을 체결해서 국제안보 차원에서 불안감 없이 살 수 있게 해주겠다.' 이건 동북아 냉전구조를 해체해준다는 겁니다. 제네바 합의보다 훨씬 더 많은 보상을 해주겠다고 하니까 북한도 핵과 미사일 문제에 대한 양보를 약속했죠.

미국도 사실 따져보니까 여기저기 벌여놓은 일이 있어서 우리 정부의 말을 들을 수밖에 없었습니다. 클린턴이 마음이 좋아서, 민주당이 유연해서 그런 게 아닙니다. 그것밖에 방법이 없었기 때문에 그랬던 거예요.

페리 프로세스는 클린턴 정부 당시 많은 진전이 있었습니다. 남북 정상회담도 그런 맥락에서 하게 된 거고, 조명록 북한 국방위원회 차수와 매들린 올브라이트 국무장관의 워싱턴·평양 교환방문, 클린턴 대통령의 방북 준비, 북일 정상회담도 페리 프로세스가 배경이 됐던 겁니다.

1대2 보상에서 1대3 보상으로, 그리고 더 많은 보상으로

2001년 부시 정부가 출범하면서 과거 북미 간 합의를 갈아엎어버렸습니다. 북한이 다시 초강수를 두기 시작했는데, 결국 부시의 대북정책이 6년간 계속되는 동안 북한은 핵실험을 하고 장거리 미사일의 성능을 향상시켰습니다.

이 와중에 미국은 한국과 중국의 강력한 권고를 받아들여 2005년 6자회담에서 9·19 공동성명에 합의했습니다. 9·19 공동성명도 1대3 보상 구도라고 할 수 있습니다. 숫자로는 1대3이지만 내용적으로는 제네바 합의나 페리 프로세스와 규모가 달랐습니다. 부시의 대북정책 때문에 앞의 1(북이 포기해야 할 핵과 미사일 능력)이 커졌기 때문에 뒤의 3(북한을 제외한 5국의 보상)도 엄청 커져버렸어요. "북이 핵을 포기하면 북일 수교와 북미수교를 하고, 5국이 경제와 에너지 지원을 한다. 핵 문제가 상당한 정도 해결되면 한반도 평화체제를 협의하고 구축한다"는 것이었죠.

이렇게 94년 제네바 합의, 99년 페리 프로세스, 2005년 9·19 공동성명이 만들어지는 과정을 돌이켜보면 북한은 시간이 가면 갈수록 미국을 포함한 관련국들로부터 더 큰 보상을 받았어요.

북한의 외교력이 탁월해서가 아닙니다. 처음에는 정치적 합의를 해놓고, 그 이행의 주도적 역할을 하는 미국의 실무자들이 자꾸 핵과 관련된 기술적인 문제를 가지고 북한의 진의를 의심하고, 선제행동을 요구하면서 북한과 책임 공방을 시작하게 됩니다. 그러다 보면 핵과 미사일 문제는 2~3년 후 다시 원점으로 돌아가고, 북한은 그 틈새 시간을 활용해서 핵과 미사일 능력을 꾸준히 키우는 사이클의 반복이었습니다. 20년 가까운 기간 동안 미국의 정권이 세 번 바뀌면서 책임 공방을 하고, 새 정권이 들어설 때마다 정책을 재검토하면서 시간을 허비하는 바람에 결국 틈새 시간이 생기고, 그게 북으로 하여금 다음 협상 카드를 키울 수 있는 시간을 벌게 한 것입니다. 북한의 몸값은 점점 오르죠.

그러니 오바마 정부도 지금은 "도발에 보상하는 정책을 안 한다"면서 시간을 보내지만, 결국 보상을 해줄 수밖에 없을 것입니다. 그러니까 보상은 절대 없다는 말만 액면 그대로 믿고 이제 군사작전이 있을지도 모른다고 불안해할 것도 없고, 차라리 미국이 북한을 군사작전으로 끝내줬으면 좋겠다고 단순한 생각을 하는 것도 비현실적입니다.

일흔여덟의 DJ, 젖 먹던 힘을 다했다

김대중 전 대통령에 대한 기억 네 장면 _ 2009. 9. 1

김대중 전 대통령은 야당 정치인일 때에도 끊임없이 한반도의 평화와 남북의 화해를 위해 노력해왔고, 대통령이 되어서는 사상 처음으로 남북 정상회담을 실현시켰다. 김 전 대통령이 남북관계 개선과 한반도 평화에 기여한 공로는 민주주의 발전에 끼친 공로와 더불어 역사에 깊이 남을 것이다. 국민의 정부 마지막 통일부 장관이었던 정세현 전 장관이 김대중 전 대통령 서거 13일 후인 2009년 9월 1일, '김대중'의 진면목을 알 수 있는 네 편의 에피소드를 이야기했다. 반향이 뜨거웠다.

#1 1971년 4월, 서울 장충단 공원

그걸 인연이라고 할 수 있는지 모르겠지만, 사실 내가 김대중이란 인물에 대해 본격적으로 관심을 갖게 된 건 1971년 대통령 선거 당시 장충단 연설 때부터였습니다. 4월이었으니까 대학원에 막 들어갔을 땐데, 국제정치학을 공부한답시고 대학원에 갔지만 막연히 교수가 되고 싶다는 생각은 했어도, 세부적으로 뭘 공부할지에 대해서는 확신이 없었어요.

그런데 나는 그때까지도 마음 한편으로 정치를 하고 싶다는 생각을 완전히 버리지 못하고 있었습니다. 아버지가 워낙 반대를 많이 하셔서 대학도 정치학과를 못 가고 외교학과에 가는 식으로 타협했지만, 기회만 있으면 정치권에 진출하고 싶다는 생각을 가지고 있었기 때문에 선거 연설에 관심이 많았습니다. 그래서 당시에 소위 학생운동권에 속해 있는 친구들하고 같이 장충단에 갔습니다. 그때는, "야, 김대중이 대단한 웅변가라는데 어떤 식으로 말하는지 들어나 보자" 하면서 갔어요. 잘 들리고 잘 보이는 자리를 잡아야 하니까 연설이 시작되기도 전에 일찌감치 도착해 나무 위에 걸터앉아서 기다렸습니다.

박정희 후보의 연설이 끝나고 김대중 후보가 두 번째로 등장했는데, 연설 방식도 방식이지만 그 내용이 굉장히 충격적이었어요. 그때는 야당이라고 하면 솔직히 별 대안 없이 여당을 비판하는 식으로 연설하고 그랬어요. 또 그때 우리나라의 화두는 단연 경제 건설이었어요. 그러니까 박정희 후보도 경제 얘기만 쭉 했습니다. 당선되면 더 잘살게 해주겠다고.

그런데 김대중 후보는 전혀 다른 차원에서 얘기를 하는 겁니다. "국제 정세가 빠르게 변하고 있다. 미국과 소련, 미국과 중국 사이에 화해 분위기가 있다. 이런 상황에서 우리가 남북 대결을 계속해야 하겠는가. 이젠 남북관계를 발전시켜야 한다. 우선 기자 교류, 스포츠 교류같이 비정치 분야에서 교류·협력이 있어야 한다. 그리고 미·일·중·소 주변 4국은 남북한을 교차 승인해야 한다. 그렇게 평화 공존의 여건을 만들기 위해 우리는 외교를 해야 하고, 남북은 평화 교류를 해서 평화 통일

김대중 후보는 1971년 장충단 공원 대선 유세를 통해 국제 정세에 대한 폭넓은 이해와 남다른 통일·외교 전략을 보여주었다.

로 가야 한다.”

솔직히 당시 정치인들은 그저 신문에 나오는 얘기나 반복하는 정도였는데, 김대중 후보는 국제 정세를 학자들보다 훨씬 세밀하면서도 폭넓게 보고 있다는 느낌을 받았습니다. 그래서 '아, 분단국인 한국에서 국제정치학이란 건 바로 통일 문제를 위해 필요한 거구나, 외교관도 그런 식견이 있어야겠구나.' 이런 생각을 하면서 한국의 국제정치학도가 중심 화두로 삼아야 할 것은 역시 통일 문제라는 생각을 하게 했습니다.

그전까지는 그런 생각이 별로 없었어요. 물론 내 은사님이자 70년대 말 통일원 장관을 하신 이용희 교수께서 우리 학부 시절에 “한국에서 국제정치학을 한다는 것은 바로 우리의 문제, 통일 문제를 연구하는 것을 주된 임무로 해야 한다"는 말씀을 하셨습니다. 그런데 그때는 어려서 그 말이 뭔지 몰랐는데, 현실 정치인이 대중연설에서 그런 얘기를 하는 걸 보고, 그 교수님의 말씀이 김대중 후보의 연설과 연결된다는 생각을 장충단에서 하게 됐습니다.

그래서 난 그 후에 대학원에서 공부를 하면서도 통일 문제를 독학했습니다. 왜냐하면, 그때까지만 해도 통일이라는 현실의 문제를 가지고 석·박사 논문을 쓴다는 게 가능하지 않았어요. 특히 내가 다닌 학교에는 당시만 해도 시사성이 너무 강한 문제를 학문적 연구의 대상으로 삼는 걸 금기시하는 학풍이 있었어요. 어쩔 수 없이 개인적으로만 공부했는데, 그게 인연이 됐는지, 아니면 운명이 그랬는지 모르지만 바로 그 대학 은사님이 박정희 정부의 마지막 통일원 장관이 됐고, 그러면서 그때 내가 통일원에 들어가게 됩니다. 아는 분이 장관됐다고 해서 속된 말로 '빽'으로 들어간 건 아니었어요. 마침 연구직 공무원 20~30명을 대거 공채하는 계획이 있어서 거기에 응시하게 됐습니다.

1977년 가을부터 공무원 생활을 시작했는데, 통일원에 들어가서도 교수가 되려고 박사과정을 계속 밟았고, 논문도 대학으로 갈 수 있는 걸 써야 하기 때문에 '중공'의 대외관계에 대한 논문을 썼습니다. 그때는 공산권 연구를 해야 시장성이 있었기 때문입니다. 그런데 결국은 대학으로 못 가고 계속 통일원에 있게 됐습니다.

#2 2000년 6월, 모의 남북 정상회담

2000년 남북 정상회담을 앞두고 6월 6일에 청와대로 오라는 연락을 받았어요. 정상회담에서 김정일 북한 국방위원장과 대화를 하는 상황을 상정해서 모의회담을 하는데 상대역을 하라는 거예요. 그때는 잠시 정부에서 물러나 명지대와 경희대에서 강의를 하고 있을 때였습니다.

남북회담을 앞두고는 언제든 그런 모의회담을 합니다. 체육회담이면 체육회 사람들이 가고, 적십자회담엔 적십자 사람들이 가고, 경제회담에는 경제 부처 관리들이 가는데, 그 사람들은 남북회담에 대한 현장 감각도 없고 북한의 협상 전술도 잘 모르잖아요. 그래서 회담을 많이 해본 통일부 사람들이 북한 대표 역을 하면서 실제 회담처럼 리허설을 합니다.

대통령이 6월 6일 오전에 현충일 행사를 마치고 돌아와 오후 2시부터 모의회담을 한다고 해서 나도 청와대 2층 회의실로 갔는데, 김정일 위원장 역할은 김달술 씨라고 70년대에 남북대화 사무국장을 하신 분이 맡고, 나는 당시 북한의 대남비서였던 김용순 역할을 했습니다.

원고 같은 건 없었습니다. 실제 상황으로 하는 거니까. 김달술 씨는 김정일 역할이니까 큰 테두리에서만 얘기하고, 상대를 공격하거나 어렵게 하는 역할은 대남비서인 내가 해야 하는 거였어요. 그래서 남북대화의 선례에 따라 초청 측인 김정일 위원장이 우선 자기네 입장을 얘기하면, 김대중 대통령이 거기에 대한 의견을 말하는 식으로 시작했습니다. 그러면 내가 중간중간에 끼어들어서 상대를 당황하게 하는 겁니다. 남북의 입장이 차이가 나는 부분에 대해 반박하고 미군 철수 문제, 연방제 통일, 국제사회에서 남북이 협력하자고 해놓고 잘 안 되는 부분 등을 대면서 공격하고 치고 들어가는 겁니다.

김대중 대통령이 "무력통일도 안 되고 흡수통일도 안 되고 교류·협력을 하자"는 논조로 쭉 얘기를 하더라고요. 그래서 나는 "아니 그렇게 하려면 미군은 내보내야 할 거 아닙니까?" 하면서 찌르고 들어갔죠. 실감나게 하려고 가끔씩 김달술 씨한테 "국방위원장 동지"라고 하거나 "위원장 동지, 제가 한마디 하갔습니다." 이렇게 허락을 받고 공격을 하는 겁니다.

그러다가 내가 대뜸 "장군님, 제가 한 말씀 드려도 되겠습니까?" 하면 김달술 씨가 "그럼 김 비서가 해보시오." 이런 식으로 주고받으니까 김 대통령이 깜짝 놀라는 눈치더라고요. 눈치가 그러니까 또 나는 "그럼 결국 연방제밖에 없지 않습니까?" 하면서 따지고 들어가고….

그러니까 김대중 대통령이 말을 받아서 답을 하는데, 자료 하나 없는데도 불구하고 그냥 머릿속에서 나오는 말을 줄줄줄 하는 겁니다. "그건 말이오…" 하면서. 원래 어투가 그래요. "주한미군 철수는 현실적으로 불가능하고, 미군이 있어도 남북교류는 얼마든지 할 수 있습니다. 그리고 그 부분에 대해서는 김용순 비서도 92년 1월 22일 미국에 가서 그런 식으로 말하지 않았습니까?" 날짜까지 구체적으로 대면서 대응하더라 이겁니다.

연방제에 대해서도 "80년대 고려민주연방공화국 창립방안이란 건 문제가 있었습니다. 그러나 91년에 당신들이 느슨한 연방제를 얘기하면서부터는 사실상 우리가 말하는 남북연합하고 비슷하게 됐어요. 그래서 얼마든지 논의할 수 있습니다." 이런 식으로 답변이 탁탁 나오는 겁니다. 그게 결국 6·15 공동선언에 들어간 대목이죠.

그렇게 모의회담에서 4시간 동안 원고 없이 주거니 받거니 하는데, 북한이 늘 제기하는 근본문제라는 게 있어요. 주한미군, 연방제, 국가보안법 철폐 같은 거. 그걸 김용순이, 내가 제기를 하면 김 전 대통령이 거기에 대해 아주 간단하면서도 상대방이 이론을 제기할 수 없게 답변을 하는 겁니다. 어떤 때는 한 문제에 대해서 20~30분씩 설명을 계속하는 겁니다. 그걸 보면서 '준비된 대통령이라고 하더니, 과연 명불허전名不虛傳이구나.' 그런 생각을 하게 됐습니다.

근본문제라는 건 북한하고 회담할 때면 언제나 나오는 겁니다. 북한은 잘 나가다가도 뜻대로 안 되면 근본문제라는 걸 내세워 속도조절을 하면서 주도권을 장악하거나 우리를 압박하려고 합니다. 그런 걸 예상해서 참모들이 사전에 충분히 대통령한테 오리엔테이션을 했을 수 있지만, 그래도 그렇지 원고 없이 그렇게 하는 건 쉽지 않은 겁니다.

그때 DJ가 76세였는데 그런 기억력은 그냥 타고나는 게 아닙니다. 정말로. 참모가 써준 자료를 짧은 시간에 숙지하고 자기 것으로 만드는 능력, 그리고 무엇보다 기본 실력이 있어야 합니다. 특히 통일 문제 같은 건 참모들이 써준 걸 외운다고 되는 게 아닙니다. 자다가 일어나서도 연방제건 미군철수건 뭐건 30~40분 일장 연설을 할 수 있는 기본 지식과 논리가 있어야 하는 거예요. 분단국의 대통령으로서 정상회담을 하려면 그 정도는 되어야겠죠. 평양의 상대방도 기본적으로 그 정도는 되니까.

돌아가신 지 벌써 보름 가까이 되어가는데, 돌아가시기 전까지 매주 정세 보고를 했어요. 사실 나는 그때 듣는 '김대중의 정세토크'에다가 내 얘기를 섞어서 <프레시안>에서 '정세현의 정세토크'를 했는데 이제 돌아가셨으니까 이 '정세토크'의 내용이 좀 빈약해지지 않을까 하는 걱정도 듭니다.

#3 2002년 2월, 대통령 전용열차 안

2002년 한미 정상회담 때의 인상적인 얘기도 소개하지 않을 수 없네요. 나는 2002년 1월 29일자로 통일부 장관에 임명됐는데, 바로 그다음 날 미국에서 쇼킹한 발언이 나옵니다. 당시 조지 W. 부시 대통령이 의회 연설에서 북한과 이란, 이라크를 '악의 축'이라고 지칭한 겁니다. 한마디로 가만 안 두겠다는 말이었죠.

그 소식을 들으면서 아무리 남북관계를 우리가 주도해야 한다고 하지만 그건 당위론적인 얘기지 현실적으로는 미북관계가 안 풀리면 남북관계는 쉽지 않은데 어떻게 하나, 하는 걱정이 들었습니다.

북한이 남북관계를 미북관계의 종속변수로 삼는 건 꼭 일부러 그러는 건 아녜요. 미국이란 힘이 원심력으로 작용하면 어쩔 수 없는 겁니다. 미국이 북한에 압박정책을 쓰면 남북관계가 잘 안 된다는 걸 북한도 압니다. 한미관계의 견고성 때문에도 그래요. 남북관계에 한계가 있을 수밖에 없어요. 그런데 '악의 축' 발언이 나오니까, 앞으로 통일부 장관으로서 남북관계를 어떻게 끌고 나갈지 솔직히 막막했습니다. 역풍도 정말 대단히 큰 역풍이 장관 임명 다음 날 분 겁니다.

그리고 2월 20일 오전에 청와대에서 한미 정상회담이 있었습니다. 회담 후에 부시 대통령은 경의선 도라산역보다 북쪽에 있는 도라산 전망대에 가서 북한 지역을 한 번 바라보고, 도라산역으로 다시 와서 연설을 하기로 돼 있었습니다. 우리는 서울역에서 대통령 전용열차를 타고거기로 갔어요. 부시 대통령은 미국 대사관 차로 따로 전망대를 들러서 도라산역으로 왔어요. 그리고 부시가 거기 전시된 침목에다가 한마디를 쓰고 사인을 쫙 하더라고요.

"May this railroad reunite the separated families of Korea" 내가 옆에서봤어요. "이 철길이 남북의 이산가족을 만나게 해주소서"라는 뜻이잖아요. 그걸 보고 '아, 부시가 남북관계를 완전히 깨버리려고 하는 건 아니구나' 하는 희망을 1차적으로 가졌습니다. 그리고 도라산역에서 연설을 들었습니다. 최성홍 당시 외교통상부 장관하고 쭉 앉아서 듣고 있는데 부시가 "We have no intention to invade North Korea"(우리는 북한을침공할 의사가 없다)라고 하더라고요.

부시는 attack이 아니라 invade라는 단어를 쓰더만. 부시의 어휘력이참 대단하다는 생각을 했어요. 왜냐하면, invade는 쳐들어간다는 뜻이기 때문에 굉장히 노골적인 표현입니다. attack은 약간 추상적인 표현이잖아요. invade를 쓰는 걸 보고, '참, 부시 잉글리시가 따로 있다더니' 하는 생각을 하면서도, 어쨌든 그 소리를 듣고 무릎을 탁 쳤습니다. '아, 이제 됐다. 악의 축이라면 invade나 attack을 해야 하는데 그런 의도는 없다고 하니까 다행이다' 라는 생각이 들었습니다.

부시는 이런 말도 했습니다. "김대중 대통령이 '레이건 전 대통령도 악의 제국이라고 하는 소련과 대화했다'고 하던데 나도 북한과 대화를 하겠다" 또 "인도적 대북지원은 계속하겠다"라는 말도 했습니다. 어떻게 그런 말을 나오게 됐는지 모르겠지만 좌우간 나는 쾌재를 불렀어요. 최성홍 장관 손을 꽉 잡으면서 "됐어. 이제 됐어." 그랬다니까요.

불과 20일 전까지만 해도 북한을 악의 축이라고 했던 사람이 왜 저렇게 마음을 바꿨는지 약간 의아했지만 어쨌든 다행이라고 생각하면서 다시 열차에 탔습니다. 그렇게 돌아오는데 비서실 사람이 와서 대통령이 임동원 외교안보 특보, 통일부 장관, 외교안보 수석비서관 같은 사람들을 오라고 한다더라고요. 그래서 대통령칸으로 건너갔습니다.

우리가 가니까 대통령이 그러더라고요.

"여기 앉으시오. 통일부 장관도 거기 앉으시오. 정 장관, 내가 청와대에서 오늘 오전에 부시하고 확대정상회담도 안 하고 100분간 단독으로만 얘기하면서 젖 먹던 힘까지 다해서 설득을 했습니다. 그렇게 해서 부시가 도라산에서 저런 말을 하게 만들었소. 그러니까 이제 남북관계는 정 장관이 책임지고 푸시오."

본인은 숙제를 다 했으니까 이제부터는 당신들이 할 일을 하라는 말씀이었죠. 젖 먹던 힘까지 다해서 부시를 설득했다는 말, 그거 사실일 겁니다. 그러지 않고서는 부시가 며칠 사이에 그렇게 생각을 바꿀 수가 없어요. 대단한 설득력을 발휘한 것이었고, 그 설득은 진정성이 없으면 안 되는 거예요.

자신의 입장이 진짜로 절박하다는 게 느껴질 정도로 정성을 다하고, 그러면서도 논리적으로 체계가 갖춰진 말을 해야 상대가 설득되는 겁니다. 김대중 대통령은 그렇게 끝까지 책임감과 열의, 정성을 가지고 대통령을 했어요.

#4 2009년 8월, 신촌 세브란스 병원

김대중이라는 인물을 또다시 생각하게 된 건 바로 장남 김홍일 전 의원 때문입니다. 대통령 서거 후의 얘깁니다. 과거에 나는 김홍일 전 의원하고 개인적으로 만난 적이 없었어요. 2003년 목포에서 KTX 관련 행사가 있어서 당시 고건 총리를 모시고 내려갔다가 목포가 지역구인 김 의원을 만나 악수했던 것, 그런 공식 석상 외에는 따로 본 적이 없습니다.

그 후에 몸이 불편하고 파킨슨씨병으로 고생한다는 얘기를 들었지만 직접 보지는 못했으니까 어느 정도인지 알 수가 없죠. 그래서 이번에 빈소에서 처음 본 건데, 난 처음에 누군지 몰랐어요. '대통령 형제분 중에 막내 동생이 몸이 안 좋은가?' 그냥 그렇게만 생각했죠. 그 정도로 나이가 들어 보였어요. 실제로는 나보다 세 살 아랜가 그럴 겁니다.

그런데도 나보다 나이도 훨씬 많이 들어 보이고 거동이 불편한 김 전 의원을 빈소, 영결식장, 안장식장, 삼우제에서 쭉 가까이 보면서, '아, 자기 자식을 저렇게 만든 사람을 용서할 수 있는 사람, 그 사람은 도대체 어떤 사람인가.' 그런 생각을 안 할 수가 없었습니다. 신군부 시절에 고문 때문에 그렇게 된 거잖아요.

자기 다리는 박정희 정부 시절에 그렇게 됐는데, 자기를 그렇게 만든 사람도 용서하고, 자기 자식을 그렇게 만든 사람까지 용서한다는 거, 그거 쉽지 않아요. 보통 사람이라면 그렇게 못 합니다. 부모 입장에서는 자기가 당한 건 잊을 수 있을지 몰라도, 자식이 당한 건 못 참는다는 거 아닙니까? 그래서 애들 싸움이 어른 싸움 되고 동네 싸움 된다는 속담도 생겼을 것 같아요.

김홍일 전 의원을 보면서 정말 이 김대중이란 사람은 그냥 단순한 정치가가 아니라는 생각을 했습니다. 내 얘기만 들으면 실감이 잘 안 날지 몰라요. 김 전 의원을 직접 보면 알 수 있을 겁니다. 김대중 전 대통령은 자식을 그렇게 만든 정권의 대표자를 자기가 대통령 할 때 사면했어요. 나는 기독교 신자가 아니지만, 기독교에서 원수를 사랑하라고 하는데 어디 그게 쉬운 일인가요? 우리 정치권에서, 우리의 지도자들 중에서 그런 정도로 화해와 용서를 실천할 수 있는 분이 몇이나 될까요.

용서라는 건 의식 수준이 굉장히 높아야 할 수 있는 거라고 봅니다. 보통 사람들은 그저 상호주의 차원에서, 상대가 이렇게 했으니까 나도 이렇게 한다거나 대부분 원수를 갚는 것, 복수, 이런 차원에만 머물러 있는데 그걸 뛰어넘어서 내가 먼저 용서한다는 건 아무나 하는 게 아닙니다.

이산가족을 두 번 울리지 말라

━━ 남북 이산가족 상봉史 _2009. 9. 28

이명박 정부 출범 이후 대남 강경 태도를 고수하던 북한은 2009년 8월 김대중 전 대통령 서거를 계기로 '특사 조의방문단'을 파견한 뒤 유화 제스처를 하기 시작했다. 그 결과 9월 26일부터 엿새 동안 금강산에서 이명박 정부 들어 처음으로 이산가족 상봉 행사가 열렸다. 이산가족 상봉의 역사 뒤에 숨은 이야기를 통해 정부가 이산가족의 비원을 풀어주려면 무엇을 해야 하는지를 짚어봤다.

시작도 못 하고 끝나버린 70년대

남북의 이산가족을 만나게 하자는 건 1971년 우리가 남북 적십자회담을 제안하면서 말했던 건데, 일종의 대북 정치 공세의 일환으로 시작됐다고 할 수 있습니다. 70년대 전까지는 우리가 북쪽보다 못살았는데, 70년대로 넘어와 남북한 체제경쟁에서 뒤질 게 없다는 자신감이 생겼습니다. 그러면서 박정희 대통령은 71년 8·15 경축사에서 이산가족 만남을 제안하려고 했습니다. 그런데 우리 정치 지도자들은 국내 언론에는 보안을 강조하면서도 외국 언론한테는 좀 후한 편이었어요. 당시 총리였던 JP가 일본 언론에 대통령의 8·15 경축사 내용을 미리 말해버리는 바람에 6~7월경에 이미 공개가 됐습니다. 그래서 대통령이 8·15에 제안하는 것에 김이 빠져버렸고, 그냥 8월 12일 대한적십자사 총재 명의로 제안하게 됐던 겁니다.

주변 정세에 대한 고려도 있었어요. 70년대 초 미소 간에 긴장 완화 분위기가 있었는데 71년 4월 대선에서 DJ가 그 흐름을 타고 남북교류·협력을 활성화해야 한다는 주장을 했습니다. 그걸 보고 박 대통령은 남북문제의 국내정치 이슈화를 야당에게 선점당하지 않기 위해서 이산가족 상봉을 구상했다고 봐야 할 겁니다. 그 역시 정치적 계산이었죠. 북쪽도 남쪽의 제안을 거부할 경우 국제사회로부터 정치적 비난을 받을 수 있고, 미소·미중 화해 분위기 속에서 외교·안보 차원으로 상대방 의중도 확인해볼 필요가 있었기 때문에 그 제안을 받았습니다. 상대방의 실정도 파악하고 자기 체제의 우월성을 확인·선전하고 싶은 정치적 계산이 맞아떨어져서 적십자회담이 몇 번 이어졌는데, 이 과정에서 서로가 상대방에 대해 안심을 하게 됩니다.

그런 의도가 있었기 때문에 적십자회담은 정치선전장이 돼버렸어요. 처음에 북한은 난데없이 각 면面마다 소위 '료해요원'(해설요원)을 한 명씩 보내서 적십자 사업의 정당성과 필요성을 설명하자는 제안을 했어요. 실제로 와보니까 남측 체제를 흔들 수 있다는 판단을 했는지, 그 제안의 속셈이 뻔했기 때문에 당연히 우리 쪽은 거부했지만, 실랑이 끝에 우리가 상호주의로 하자고 그 제안을 받아버렸어요. 그러자 북한은 이산가족이 만나기 위해서는 미군 철수, 국가보안법 폐지가 선행돼야 한다고 떼를 쓰더군요. 그러니 일이 되겠어요? 그렇게 국제정치적 배경, 국내정치적 의도, 안보 차원에서의 상황 점검을 목적으로 했던 적십자 회담은 실질적인 상봉으로 이어지지 못하고 끝나버렸어요.

KBS 이산가족 찾기 생방송에 숨겨진 정치적 의도

이산가족이 다시 화두가 된 건 80년대 중반입니다. 1983년 초여름부터 있었던 KBS 이산가족 찾기 생방송은 신군부가 이산가족 문제를 국내정치적으로 활용한 측면이 있었다고 할 수 있습니다. 설운도가 그때 <잃어버린 30년>이란 노래를 불러서 유명해졌습니다. 그걸로 아마 가수상도 받았을 겁니다. <잃어버린 30년>은 북쪽 때문에 우리가 이렇게 헤어져 살게 됐고, 민족의 비극이 심화됐다는 메시지가 담겨 있었습니다. 작사·작곡을 한 사람들이나 가수의 의도와 전혀 상관없이 그렇게 활용됐던 측면이 있었다는 말입니다.

또 KBS 이산가족 생방송은 안보가 무엇보다 중요하다는 메시지를 보내는 동시에 '눈물 정치'를 해보겠다는 의도도 있었습니다. 북쪽 때문에 전쟁이 났고, 전쟁 때문에 이산가족이 생겨서 이렇게 고통받고 있다는 메시지였죠. 신군부는 눈물 정치를 통해 자신들의 정치적 정당성을 보강하려고 한 것입니다.

그런데 KBS가 뉴스만 잠깐 하고 아침부터 심야까지 이산가족 생방송을 틀어주면서 눈물 정치가 계속되던 10월 9일, 버마 랑군에서 아웅산 폭파 사건이 터집니다. 전두환 대통령을 겨냥한 북한의 테러였는데

1983년 KBS 이산가족 찾기 생방송 중 한 장면. 당시 신군부는 이산가족 찾기를 통해 문제의 원인을 북한으로 단정지어 자신들의 정치적 정당성을 확보하려고 했다.

외무장관을 비롯해서 수많은 수행원들이 사망했어요. 그러자 우리 사회의 분위기는 북한과는 도저히 대화도 안 되고 이산가족 상봉도 어려울 것이라는 식으로 완전히 보수화됐어요.

아웅산 사건을 일으킨 북한은 어느 시점부턴가 유화 공세를 취하기 시작합니다. 84년 초, LA올림픽 남북 단일팀을 구성하자면서 체육회담을 제안했는데, 일종의 이미지 쇄신 차원에서 그런 제안을 한 것 같아요. 당시 대부분의 국토통일원(현 통일부) 사람들은 반대했지만, 어찌된 일인지 청와대가 제안을 받으라고 하더라고요. 그래서 투덜대면서 체육회담을 준비하고 치렀어요. 그렇게 체육회담을 위해 남북이 몇 번 만나다 보니까 아웅산 사건에 대한 책임 문제가 상당히 묽어지더라고요.

최근 북한이 유화 제스처를 쓰고 나오는 것에 대해 우리 정부 사람들은 국제사회의 제재가 아프니까 그걸 벗어나려는 전술이라고 평가하던데, 너무 단순한 아전인수 격 해석입니다. 그동안 지켜본 바로는, 북한은 긴장지수·위기지수를 최고조로 높인 다음 상대가 '또 무슨 일을 벌일까' 하고 긴장하고 불안해하는 타이밍에 딱 유화적으로 나오면서 상황을 대화 국면으로 끌고 나가는 짓을 잘하더군요.

LA올림픽 단일팀 구성을 위한 체육회담은 체제 논쟁으로 번지면서 아무런 성과도 못 내고 끝났지만 체육회담이 계속되면서 북한은 랑군 사건에 대한 면죄부를 받은 셈이 됐습니다. 북한은 또 84년 여름 남쪽에 수해가 크게 나니까 구호물자를 주겠다고 했는데 수재물자 인도·인수를 위한 남북 실무접촉이 적십자 본회담으로 이어지면서 85년 이산가족 교환방문 사업에 합의했습니다. 그리고 실제 상봉 행사가 열렸습니다. 남쪽에서 이산가족 50명이 올라가 북쪽의 가족을 만나고, 북쪽에서도 50명이 내려왔습니다.

그때는 이산가족 상봉을 축하하는 의미에서 예술 공연단도 교환 방문했는데, 그것도 굉장히 정치적인 행사였어요. 북한은 자기네 체제를 노골적으로 선전하는 공연을 서울 국립극장에서 했습니다. 남쪽도 공연단을 평양에 보냈는데, 희극배우 김희갑이 <불효자는 웁니다>를 부르고 김정구가 <눈물 젖은 두만강>을 부르고 그랬어요. 북쪽 사람들을 감동시키겠다는 의도보다, 평양에서 그런 노래를 부르는 장면이 남쪽에 방영되면서 남쪽 사람들에게 눈물 정치를 하겠다는 계산이 깔린 것이었습니다.

그 후 이영덕 대한적십자사 부총재가 또 이산가족 방문단을 데리고 올라갔었는데, 북한이 김일성경기장에 군중을 잔뜩 모아놓고 그 사이에 이영덕 씨의 누님을 데려다 놓아서 남매가 극적으로 만나는 장면을 연출하려고 했답니다. 그런 계획이 사전에 감지돼, 우리 측이 공연 관람을 중단하고 돌아오면서 결국 판이 깨져버립니다. 당시 이산가족 상봉이라는 것은 남북이 피차 국내정치적인 맥락에서 제안했고, 운영 자체도 국내정치적 효과를 겨냥해서 이뤄졌습니다. 프로그램 구성도 그랬고요.

2000년 이후 16차례 상봉이 가능했던 이유는?

이산가족 상봉이 본격적으로 빈번하게 이뤄지고, 연속성이 생기면서 이산의 아픔을 조금이라도 덜어줬던 것은 역시 2000년 남북 정상회담 이후였습니다. 2000년 8·15에 시작된 이산가족 대면 상봉은 2007년 10월까지 7년 3개월 동안 16차례 진행됐습니다. 이 과정에서 3443가족 1만 6000여 명이 대면 상봉을 했어요. 1년에 두 번 이상은 만났다는 얘기입니다. 2005년 6월 정동영·김정일 면담 이후에는 화상 상봉도 시작했어요. 557가족 3748명이 화상 상봉을 했고, 편지 교환도 했습니다.

물론 2000년 이후 이산가족 상봉에 있어서도 남북 모두 정치적 계산이 없을 수 없었어요. 남쪽의 경우는 이산가족 행사를 통해 화해·협력을 심화시켜서 남북 간 긴장을 완화시키는 촉매로 활용하려 했다고 봐야 합니다. 북쪽도 긴장이 완화되면 주민들의 대남 적개심이 줄어드는 측면이 있지만, 상봉이 계속되는 동안 남쪽에서 적지 않은 양의 쌀과 비료가 들어오는 효과를 거둘 수 있었습니다. 또 상봉 자체를 통해 북쪽 주민들이 남쪽의 가족들로부터 선물과 돈을 받아오는 효과도 있었습니다.

이산가족 상봉을 인도주의로 규정하고 부각시키지만, 현실적으로는 대북 쌀·비료 지원과 상호주의적 연계가 있습니다. 김대중 정부 첫해인 1998년 4월 베이징에서 남북 비료회담이 열려서 내가 수석대표로 갔었는데, 그때도 비료 20만 톤을 우리가 주는 대신 가을에 이산가족 상봉을 하겠다는 약속을 받아내는 게 목표였습니다. 나는 봄에 비료를 주고 상봉은 가을에 하는 '비동시', 비료를 주는 대신 사람을 만나게 하자는 '비대칭', 비료를 사는 데 돈이 많이 들지만 이산가족 상봉은 약간의 경비가 들기 때문에 '비등가' 상호주의를 기조로 협상했는데, 그때는 북이 그것도 수용을 못 했어요. 북한 대표단은 내 제안에 대해 이런 말을 하더라고요. "어떻게 이산가족 상봉이 순수하게 인도적인 사업이냐? 그건 매우 정치성이 강한 인도주의 사업이다." 어떻게 보면 가장 정확하게 성격을 규정했다고도 볼 수 있습니다.

그랬던 북한이 2000년 이후에 이산가족 상봉을 수용했던 건 남북 정상회담을 통해 남쪽이 자기네를 흡수하려는 생각이 없다는 확신을 가졌기 때문입니다. 또, 쌀과 비료가 올 수 있다는 전망이 서니까 인도주의와 인도주의를 바꾼다는 생각도 하게 된 겁니다. 98년 비료회담 때만 해도 북측은 "햇볕정책으로 우리를 녹여 먹으려는 게 아니냐"는 말을 하면서 굉장히 경계했어요.

그런데 1차 정상회담 후 우리가 자기네 체제를 흔들려고 하는
게 아니고 화해·협력하면서 공존하자는 것이라는 점을 확인하
면서 이산가족 상봉은 16번이나 가능했던 겁니다.

김대중·노무현 정부와 정말 다르고 싶은가?

이번 이산가족 상봉은 16차 상봉 후 1년 11개월, 이명박 정부 출범 후 1
년 7개월 만에 처음으로 하는 겁니다. 이명박 정부는 김대중·노무현
정부 때 했던 걸 무시해서 그러는지 '17차 상봉'이라고 하지 않고 차수
도 안 붙였어요. 괜찮습니다. 김대중 정부 때도 85년 상봉은 안 치고
2000년부터 1차라고 했으니까, 그건 좋습니다.

그러나 이번에 이산가족 상봉을 하는 장면이 보도되고 국군 포로와
납북 어부의 가족들까지도 만나면서 이산가족 상봉이 앞으로도 계속
되길 바라는 마음이 국민들 사이에서 간절해졌다는 걸 알아야 합니다.
그러니까 앞으로 이명박 정부는 남은 임기 동안에, 김대중·노무현 정
부 시절 연평균 2회를 했으니까, 이 정부 임기 동안 최소한 7번을 해야
합니다. 그래야 이전 정부와 다르다, 혹은 못하지 않다는 말을 할 수 있
지 않겠어요? 또 지난 정부에서는 한 번에 100명씩 만나게 했는데, 이명
박 정부가 더 잘했다는 소리를 들으려면 한 번에 200명씩 만나도록 해
야 합니다. 최소한 150명으로라도 늘려야 "우리는 지난 정부하고 다르
다"는 얘기를 할 수 있을 거 아닙니까?

이명박 정부는 이산가족 상봉 같은 건 필요 없다고 할 줄 알았는데,
지난 8월 26일 적십자회담에서 이산가족 상봉의 정례화도 주장했습니

다. 다행입니다. 그럼 이전 정부보다 좀 더 잘하길 바랍니다. 이산가족 면회소도 완공됐으니까 더 많이, 더 자주 해야죠. 정례화를 위해서는 뭘 해야 하는가? 답은 뻔합니다. 상봉이 지속될 수 있는 자양분·추동 력이라고 할 수 있는 대북 인도적 지원을 해야 합니다. 이명박 대통령이 대북지원이 핵무장에 전용됐다고 했고, 그래서 금강산 관광이나 개성 관광이 재개되지 못하고 있지만, 쌀과 비료로는 사실 핵무기 못 만드는 거 아닙니까?

김대중 정부 때 이산가족 상봉을 한다고 하니까 보수 진영에서는 이런 공격을 했어요. "이산가족이 1000만 명인데 한 번에 100명씩 만나서 어느 세월에 다 할 생각이냐. 김대중 정부가 이산가족 상봉을 제대로 하긴 하려는 거냐?" 그렇게 공격했던 사람들이 이 정부를 지지하는 사람들이고, 이 정부에도 들어가 있습니다. 그럼 다르게 하라 이겁니다.

이 대목에서 이제는 '1000만 이산가족'이란 숫자의 진실에 대해 알 필요가 있습니다. 그 숫자는 80년대 초 정치권에서 나왔습니다. 해방 이후부터 한국전쟁이 끝날 때까지 이런저런 이유로 북에서 남으로 내려온 숫자, 즉 1세대 월남자 수를 계산해 보니까 130만여 명이 됐어요. 그리고 세월이 흘렀으니까 남쪽에서 자식·손자가 태어났고 그렇게 3대를 다 치면 390만에서 400만, 사사오입하면 500만. 북쪽에도 똑같은 수가 있다고 쳐서 '곱하기 2'를 하니까 1000만이 된 겁니다.

그렇게 숫자를 크게 부풀린 것에도 대북 압박의 의미가 있었어요. "누가 이렇게 많은 이산가족을 만들었느냐? 북한이다." 이걸 주장하기 위해서였습니다. 그런데 남북관계가 담론 차원이나 정치선전 차원에서 맴돌 때는 큰 문제가 없었는데, 이산가족 상봉이 막상 현실화되니까 그 숫자가 정부에게 부메랑이 되어 돌아왔어요. 2000년 정상회담 후 이산가족 상봉 신청자를 집계해 보니까 13~14만 명이었어요. 밖에서는 "이산가족이 1000만인데 한 번에 100명씩 만나면 어느 세월에 다 만나느냐"는 공격이 들어올 땐데, 정부가 "신청자가 14만밖에 안 됩니다"라고 말해도 그건 기사가 안 되더라고요. 그 후로 많은 분들이 돌아가셔서 지금은 8~9만밖에 안 됩니다. 어쨌든 이명박 정부 남은 임기 동안 7번 이상 만나게 하고, 한 번에 200명씩 만나게 하면 김대중·노무현 정부보다 낫다는 소리를 들을 수 있습니다.

그러려면 쌀과 비료가 가야 합니다. 유종하 총재가 금강산에서 북측 조선적십자사 중앙위원회 장재언 위원장을 만났는데, 장 위원장이 "이번 상봉은 북에서 특별히 호의를 베푼 것이다. 이에 대해 남쪽에서 상응하는 호의를 표하는 것이 어떻겠느냐"라는 말을 했다고 합니다. 그 '상응하는 호의'라는 건 쌀·비료를 의미하는 겁니다. 노무현 정부 말기 북한에 옥수수 5만 톤을 주기로 했는데 이명박 정부가 들어선 뒤 그걸 안 주면서 이산가족 상봉이 중단됐는데, 쌀·비료를 주고 이산가족 상봉을 7회 정도라도 한다면 이 정부가 남북관계에서 한 것이 아무것도 없다는 비난은 받지 않을 겁니다.

평화협정 체결은
주한미군 철수와 동의어인가?

———————————— **평화협정 제안史** _ 2010. 2. 9

북한 외무성이 2010년 벽두 평화협정이란 화두를 던졌다. 그로부터 2개월 보름 뒤 터진 천

안함 침몰 사건 때문에 찻잔 속의 태풍으로 끝났지만 평화협정은 우리가 언젠가 도달해야 할

산이다. 2010년 2월 9일, 북한의 평화협정 체결 제안사를 살펴봤다. 특히 '평화협정 체결 제

안은 곧 주한미군 철수 요구'라는 고정관념에 물음표를 던졌다.

밀고 당기며 흘러온 평화협정사

북한이 1월 11일 외무성 성명을 통해 한반도 평화협정을 위한 회담을
제안했습니다. 그러나 이명박 정부는 부정적이고 비판적인 입장을 취
하고 있습니다. 기본적으로 정권의 성향 때문이겠지만, 북한의 책임도
어느 정도는 있다고 봅니다. 왜 그런지를 따지려면, 우선 평화협정과 관
련된 북한의 대외적 조치를 되짚어볼 필요가 있습니다. 평화협정은 60
년 가까운 역사가 있는 문제입니다.

　1953년 7월 정전협정이 체결되고 54년 4월 제네바에서 남북 대표도

참가하는 국제회의가 열렸는데, 북한은 남북 간 평화협정을 체결하자고 했어요. 그 후 62년 10월 북한 최고인민회의는 주한미군 철수를 조건으로 남북 평화협정을 체결하자고 나왔습니다. 그때부터 주한미군 철수와 평화협정은 동의어처럼 사용됐습니다. 62년은 남쪽에 군사정부가 들어선 후입니다. 그리고 남쪽이 대북 군사행동을 할지도 모른다는 우려가 북쪽에 있던 상황이었어요. 5·16 쿠데타가 나자 북한이 7월에 바로 소련으로 쫓아가서 조소동맹을 체결하고, 이어서 조중동맹을 체결하고 돌아온 건 그 때문입니다. 60년대에는 계속 주한미군 철수를 전제로 한 평화협정을 주장했어요.

그러다가 1974년 3월 최고인민회의가 새로운 카드를 내놓습니다. 미국 의회에 공개서한을 보내면서 북미 간 평화협정을 제안한 거예요. 73년 미국과 월맹이 베트남 전쟁을 끝내는 파리 평화협정을 실질적으로 체결하고 주월미군이 빠져나가는 걸 본 북한이, 소위 공산 측 성공사례에 고무돼서 그런 제안을 했다고 봅니다. 그 후 80년대에도 북은 계속 평화 얘기를 하면서도 동시에 주한미군 철수를 주장했습니다. 그걸 보고 남쪽에서는 북한의 모든 대남 제의를 '위장 평화공세'라고 규정했던 적이 있었습니다.

1960~80년대 북한의 제의는 기본적으로 미군 철수를 조건으로 했기 때문에 냉전 시대에, 더구나 군사정부하에서 반북의식과 대북 공포가 주입된 대다수 우리 국민들의 머릿속에 '평화협정은 매우 위험하다'는 생각이 각인되게 됩니다. 지금 이 정부의 고위 당국자들도 냉전 시대에 반공 안보 교육을 받았고, 아마 지금 40대 후반들도 대학 시절까지 그

런 교육을 받았을 겁니다. 북한의 움직임이나 국제 정세를 직업적으로 세밀하게 따져보지 않으면, 학교에서 배운 내용이나 신문에서 읽은 얘기들이 그대로 굳어져서 대북관·대외관을 형성하는 법이에요.

북한의 입장이 조금씩 바뀌게 된 건 80년대 말, 90년대 초가 되면서부터였어요. 그동안 내가 수차례 반복해서 소개했는데 아직도 그 과정을 무시하고 '평화협정=주한미군 철수' 공식을 대는 사람들이 많아요. 그래서 그걸 표로 정리해봤습니다. 눈에 잘 띄게.

▶ **김용순 노동당 국제비서** : 1992년 1월 22일 미국 방문. 아놀드 캔터 미 국무차관에게 "주한미군 철수 요구하지 않을 테니 수교하자. 통일 뒤에도 주한미군 위상·역할 바뀌면 남아 있어도 좋다" 제안

▶ **김정일 국방위원장** : 2000년 남북 정상회담에서 김대중 대통령에게 "냉전 종식 후 주한미군에 대한 생각 바뀌었다. 미군이 나가라고 해서 나가겠나. 미군이 있는 조건에서 남북이 왕래하고 교류·협력하면서 서로 도움이 되는 것도 나쁘지 않다. 미군에 대한 입장은 이미 (92년 김용순 비서가) 미국에 전달했다"고 발언

▶ **김정일 국방위원장** : 2000년 10월 25일 평양에 온 매들린 올브라이트 미 국무장관에게 "냉전 시대 때부터 주한미군에 대한 생각은 바뀌어왔다. 지금은 주한미군이 동북아의 '안정자 역할'(stabilizing role)을 하고 있다"고 발언

2000년 10월 발표된 북미 공동 코뮈니케에는 주한미군 얘기가 명시적

으로는 없지만 "한국전쟁을 공식 종식시키는 데 4자회담 등 여러 가지 방도들이 있다는 데 견해를 같이했다"라는 구절이 있습니다. 그건 김정일 위원장이 김대중 대통령한테 했던 '미군 주둔 조건하에서 남북 간 교류·협력 활성화' 발언하고 짝이 되는 말입니다. 그리고 김정일 위원장이 올브라이트 장관을 만나서 언급한 '안정자 역할'이라는 말은 자기네 체제 안정을 위해서라도 미군이 필요하다는 뜻입니다. 92년 김용순 비서의 발언이 계속 유효하다는 겁니다.

또 중요한 얘기가 있습니다. 2000년 남북 정상회담에 배석했던 황원탁 당시 외교안보수석한테 직접 들은 건데요, 우리 쪽에서 "주한미군에 대해 생각이 바뀌었다는데 공개적으로는 아직도 미군 철수를 주장하지 않느냐?"고 하니까 김 위원장이 그랬대요. "우리 인민들이 그렇게 알고 있으니까." 공개적으로 천명되는 정책과 실제 협상 전략은 차이가 나는 경우가 많은데 미군 철수 문제가 대표적인 예라고 할 수 있을 겁니다. 내막이 그렇습니다. 그리고 2000년 정상회담에서 그런 말이 나온 것은 어떻게 보면 1999년 윌리엄 페리 미 대북정책 조정관이 만든 페리 프로세스가 있었기 때문이었다고 생각해요. 페리 프로세스는 남북·북미·북일 관계를 개선해서 한반도의 냉전구조를 해체하자는 것이었으니까요.

그렇게 해서 주한미군 철수를 요구하지 않는 조건에서 미북관계를 개선하고, 나아가 평화체제를 논의하는 4자회담을 할 수 있다는 쪽으로 북한의 입장은 굳어졌습니다. 2006년 11월 하노이 한미 정상회담에서 당시 부시 대통령이 먼저 종전선언 체결 의향을 밝힌 것도 그 사실이 확실했기 때문이에요. 부시는 심지어 2007년 9월 시드니 한미 정상회담에서 노무현 대통령한테 "김정일 위원장을 만나면 평화협정을 체결하자는 뜻을 전해달라"고까지 했어요. 부시도 평화협정을 하면 주한미군이 나가야 한다는 생각에서 이미 벗어나 있던 겁니다. 그래서 바로 다음 달(2007년 10월)에 열렸던 2차 남북 정상회담에서 "3국 또는 4국 정상들이 한반도 지역에서 만나 종전선언을 추진하자"는 내용이 10·4 선언에 들어갔어요. 부시한테 그런 뜻이 있다는 걸 그동안 다 들어왔던 김정일 위원장이 먼저 제안한 겁니다.

한때 "김정일을 믿을 수 없다"느니 '악의 축'이니 '폭정의 전초기지'니 하면서 북한을 몰아붙였던 부시마저 그 정도로 바뀌었다면 미국의 네오콘(신보수주의자)들까지도 더 이상 북한을 위험국가로 보지 않게 됐다는 뜻입니다. 주한미군의 전략적 유연성 강화와 신속기동군화, 한국군에 대한 전시작전통제권 반환, 한반도 종전선언, 평화협정 체결, 이런 것들은 모두 내용적으로 연결된 개념들입니다. 한미동맹 지상주의의 입장에서는 매우 불안할 수도 있지만, 미국은 이미 여기까지 나갔어요. 미국이 주한미군 철수같이 자기네 손해 볼 짓을 하겠어요? 우리도 그걸 기정사실로 인정하고 우리 살길을 찾아야 합니다.

북한의 평화협정 제안사史를 요약하면, 50년대 '남·북 평화협정', 60~80년대 '주한미군 철수를 조건으로 한 북·미 평화협정', 90년대 이후 '주한미군 주둔을 인정한 미북 수교와 남·북·미·중 4자 평화협정'으로 정리됩니다. 이런 히스토리가 있으니까 오바마 정부도 비핵화를 확실히 유도하기 위한 하나의 인센티브로 평화협정 체결 논의의 우선순위를 높여주겠다는 말을 하고 있는 겁니다.

남한 보수의 '의심', 비난만 할 게 아니다

북한이 비핵화와 평화협정을 명확히 연계시킨 건 2005년 7월 23일자 외무성 성명이었어요. 당시는 4차 6자회담이 열리기 직전이었는데, 그로부터 두 달쯤 뒤에 나온 9·19 공동성명에 평화체제 문제가 4항에라도 들어가게 된 건 북한의 그런 요구 때문이었다고 할 수도 있습니다. 부시 정부는 그 전후로 한국과 평화협정 문제를 협의했는데, 청와대는 "북한이 요구한 것이지만 차제에 평화협정에 적극 대처하는 건 어떠냐"고 했다고 합니다. 그런데 당시 외교부가 신중론을 제기했대요. 나도 당시엔 정부 밖에 있었기 때문에 들은 얘깁니다.

노무현 정부 시절임에도 불구하고 외교부가 왜 그랬는지 내막은 잘 모르겠지만, 기본적으로는 북한에 대한 불신 때문이었다고 봅니다. '평화협정은 미군 철수다. 북한은 미국에 하는 말 다르고, 한국에 하는 말이 다르다'는 인식이 외교부에 있었다고 봅니다. 그런 걸 보면, 한국 정부가 평화협정 논의에 선뜻 나서지 못하는 걸 두고 무조건 반북의식 때문이다, 반민족적이다, 그렇게 규정할 건 아니라고 봅니다. 북한에도 책임이 있다는 겁니다. 미국에 하는 말과 남쪽에 하는 얘기가 다르니까. 평화협정에 대한 북한의 진정성을 보수 세력은 말할 것도 없고 중도적 입장에 있는 사람들까지도 의심하는 게 현실이에요.

그러니까 북한은 미국에게만 귓속말로 본심을 말하지 말고 우리 당국자들한테도 자신들의 생각을 명확히 말해야 합니다. 그걸 하려면 남북 정상회담을 해야 하고, 하다못해 장관급 회담이라도 해야 합니다. 형식이 어떻든 평화협정과 주한미군의 관계에 대해서 남북 간에도 분명히 정리가 되어야 합니다. 그래야 이명박 정부가 미국의 발목을 잡을 수 있는 핑계가 없어져요. 한국 정부가 미온적이고 발목을 잡기도 하니까 오바마 정부로서는 북한과의 협상에 조심스러울 수밖에 없습니다. 용기를 못 내요. 오바마 정부도 북한에 너무 적극적으로 나갔다가 잘 안 되면 역풍이 세게 불 것 같으니까 멈칫거리는 겁니다.

북한은 미국한테 계속 당하며 살았다고 생각하지만, 반대로 미국도 미국대로 북한한테 여러 번 속았다고 생각하니까 조심하는 겁니다. 그게 바로 불신인데, 그런 마당에 이명박 정부가 의구심과 강경론으로 붙드니까 잘못 나가는 것입니다. 북한이 이 기회를 놓치면 다시는 기회가 안 옵니다. 미국을 움직이려면 한국이 움직이게 해야 되고, 그러려면 북한이 남한에 분명한 얘기를 해야 합니다. 그것도 안 하고 강경 논조로 한국 정부를 비판만 한다거나 남쪽 스스로 움직여주길 바라면 아무것도 안 됩니다. 어떤 점에서 지금 이명박 정부는 북한이 사고를 쳐주기 바라는 그런 감이 있어요. 보수 결집을 위해서. 그러니까 북한이 진정성을 보여줘야 한국 정부 내 협상파들이 보수층을 달래가면서 "6자회담 빨리 열고 평화협정을 해서라도 북핵을 풀겠다"고 할 수 있습니다.

평화협정 당사자 문제, 평화협정-비핵화 병행 입장도 분명히 해야

북한이 1월 11일 외무성 성명을 발표하면서 "정전협정 당사국들한테 평화협정 회담을 제의한다"고 했어요. 그전까지만 해도, 적어도 2000년 북미 공동 코뮈니케 이후부터는 한국이 평화협정 회담의 당사국으로 참여하는 걸 당연히 전제해왔는데, 이번에는 뺀 겁니다. 그건 사실 이 정부가 자초한 것이지만, 북한으로서도 자기네들에게 별로 도움 안 되는 자충수가 될 겁니다.

정전협정 당시의 군사 지휘 상황과 이승만 대통령의 고집 때문에 한국이 정전협정 서명 당사국이 안 된 건 사실입니다. 그러나 한국은 그동안 실질적으로 정전체제를 관리해온 당사국의 하나입니다. 북한은 어떤 때는 법적으로 하자고 하다가 어떤 때는 현실적으로 하자고 하고, 그렇게 자기 유리한 쪽으로 편의주의적 논리를 펴는 경우가 가끔 있어요.

법적으로 하면 한국이 당사자는 아닙니다. 그러나 그동안 정전체제를 이행하고 관리하는 데 한국이 당사자였다는 건 북한도 부인 못 해요. 군사정전위원회 회의를 할 때 미군 장교가 수석대표가 되지만 한국군 장교도 차석으로 반드시 참석했으니까. 그게 싫다면 그때 대화를 하지 말았어야죠. 지금 와서 소위 법 논리를 들이대면서 정전협정 당사국끼리 평화협정 회담을 하자고 하면 남쪽의 보수층들한테 꼬투리만 잡혀요. 그리고 현실적으로 그런 주장은 미국이나 중국도 들어줄 수가 없어요. 중국이 자기네를 끼워주는 것 하나만 가지고 응할 것 같나요? 중국이나 미국이 한국을 빼자는 제의를 받을 정도로 협량은 아닙니다.

끝으로 또 한 가지 분명히 해야 할 게 있습니다. 북한이 앞으로 6자회담이 열리면 평화협정 논의 우선순위를 높여서 비핵화와 연계시키려고 하는 건 사실입니다. 연일 성명·담화·논평을 내면서 요구하는 게 다 그 내용입니다. 그런데 우리 내부적으로는 그게 조금 왜곡되어 설명되거나 보도되는 경향이 있어요. "북한은 평화협정만 챙기고 비핵화는 미루려고 한다"는 투로 말입니다.

그런 해석을 할 수 있는 여지가 전혀 없는 건 아닙니다. 예컨대 2월 7일 자 <노동신문> 개인 필명 논평은 "조선반도의 공고한 평화체제를 마련하고 비핵화를 실현하려는 조선의 입장은 일관하다"고 했어요. 그걸 가지고 우리 정부 일부 사람들이 선先 평화협정 후後 비핵화를 주장한다는 식으로 갖다 붙이고, 일부 언론은 그걸 보도하고 있습니다.

원래 뜻은 병행하자는 건데, 이명박 정부 사람들은 '평화체제를 마련하고'를 '마련한 뒤에'로 해석하고 있고, 일부 언론이 그걸 그냥 받아쓰고 있어요. 말이 애매하니까 북한이 평화협정만 먼저 챙기고 비핵화는 뒤로 미루거나 안 하려고 하는 거라는 보수적 시각의 홍보가 가능한 겁니다.

오바마 정부는 6자회담을 통해 북한이 비핵화를 확실히 하면 미북관계 정상화·평화협정·경제지원을 보장하겠다고 했습니다. 또 그렇게 되어야 북한 당국이 인민들에게 '쌀밥에 고깃국'도 줄 수 있고 2012년에 '강성대국의 대문'을 열 수도 있을 겁니다. 그러니까 북한한테 많은 것을 안겨줄 6자회담이 빨리 열릴 수 있도록 만들기 위해 북한은 평화협정과 비핵화를 같이 하자는 뜻이라는 것을, 이명박 정부 내 강경파가 말을 만들 수 없을 만큼, 분명히 할 필요가 있어요. 직접 움직여서 교정해야 할 책임은 북한에 있습니다. 북한의 평화협정 제안사를 보면 오해나 왜곡을 하기 쉽게 되어 있기 때문입니다.

먼저 받을 것인가, 먼저 줄 것인가

쌀·비료 지원의 효과와 전략 _ 2010. 2. 23

김대중·노무현 정부에서 이뤄졌던 대북 쌀·비료 지원은 많은 변화를 이끌어냈다. 우선 북한 주민들의 대남 민심이 우호적으로 바뀌었다. 또한 군사적인 측면에서 남측이 원하는 사항들을 조금씩 이뤄나갈 수 있는 발판을 마련함으로써 군사적 긴장 완화에도 상당한 기여를 했다. 그 과정에는 보수적인 국내 여론을 돌파하고 북한의 상응 조치를 이끌어내기 위한 수많은 뒷얘기들도 있었다.

북한이 '대한민국' 표시 쌀 포대를 받은 사연

대북지원이 먼저냐 북한의 태도 변화가 먼저냐, 북한의 태도 변화를 끌어내기 위해서는 어떻게 해야 하느냐, 즉 북한의 태도나 전략을 바꾸도록 만드는 우리의 전략은 무엇이어야 하느냐. 오늘 이 얘기를 해보려고 합니다.

이명박 정부는 지금 대북지원을 사실상 안 하고 있습니다. 뭔가 해줄 것처럼 사인을 보내면서도 실제로 주지는 않고, 그러면서 북한을 우리

페이스로 끌고 오겠다거나 자유자재로 북한을 관리하겠다는 생각을 하고 있는 것 같아요. 그게 가능할까요? 북한의 대남 태도를 바꾸려면 실질적으로 지원을 하면서 그걸 레버리지로 삼아야 하는 거지, 줄 것처럼 하면서도 실제로는 아무것도 안 주고, 잔뜩 기대를 갖도록 해놓고 나서는 너희들이 태도를 바꿔야 주겠다고 하면 태도 변화는 기대할 수 없습니다.

"또 퍼주자는 얘기냐?"는 반문도 나올 수 있겠지만, 왜 우리가 먼저 상황을 리드해야 하는지 설명을 좀 할게요. 그러기 위해서는 대북지원 과정에서 북쪽의 태도가 현실적으로 바뀌어나갔고, 그게 군사 부분에서의 긴장 완화까지 이끌어냈던 사례를 가지고 설명하는 게 제일 좋을 것 같습니다.

2002년 8월 말 남북경제협력추진위원회(경추위)가 서울에서 열렸어요. 경추위 수석대표는 장관급 회담의 차석대표인 재경부 차관이었어요. 청와대 정책실장을 하고 있는 윤진식 씨(2010년 7월 28일 재보선에서 국회의원 당선)가 당시 재경부 차관이라서 경추위 수석대표로 나갔습니다.

경추위는 주로 경협 문제를 협의하지만, 계절에 따라서는 대북 쌀 지원 관련 합의서를 만들기도 했습니다. 보름이나 한 달 전에 장관급 회담에서 대략적인 합의를 보고 구체적인 내용은 경추위에서 합의하는 겁니다. 그런데 그때 북한이 보름 전에 열린 장관급 회담에서 꺼내지 않은 얘기를 경추위에서 꺼냈어요. 쌀을 2001년보다 좀 더 달라는 거였지요.

당시 나는 회담장인 스위스 그랜드 호텔에 CP(Command Post)를 차려 놓고 상주하면서 북한의 일거수일투족까지 체크하고 회담을 지휘하고 있었습니다. 접촉을 마치고 나온 재경부 차관이 말하기를 북한이 작년보다 20만 톤을 더 지원해달란다는 거예요. 2001년에는 태국산 쌀 30만 톤을 보냈는데, 그해에는 50만 톤을 달라는 거였습니다. 그래서 나는 회담 대표들을 모아놓고 "50만 톤은 곤란하다. 10만 톤 올려서 40만 톤은 줄 수 있다고 해라. 다만 이번에는 쌀 포대에 한글로 대한민국이라고 제공자 표시를 박아야 한다는 조건을 걸어라"라고 지시했습니다.

2001년에는 쌀 제공자 표시를 한글로 하는 것에 대해 북쪽이 완강히 거부했어요. 받는 사람의 자존심도 있다는 거죠. '어머니 당, 어버이 수령' 덕분에 살고 있는 줄 아는 인민들이 갑자기 남쪽에서 쌀이 오는 걸 알게 되면 곤란하다는 거였겠지요. 어쨌건 첫해에는 그래서 영어로 'Republic of Korea'라고 쓰고 '쌀 40kg'이라고만 한글로 써서 보냈습니다. 왜 '대한민국' 표시를 조건으로 걸었느냐? 우선 식량난 때문에 아사자·탈북자가 계속 나오는 상황이어서 인도적 입장으로도 쌀을 조금은 더 지원할 수밖에 없었는데, 대북지원에 비판적인 사람들을 설득하기 위해서는 그 방법밖에 없었기 때문입니다. 두 번째는, 그때는 월드컵 열기가 아직 가시지 않고 있을 때였고 우리 국민들이 '대한민국'이라는 말에 자부심을 굉장히 크게 느끼고 있었습니다. 그래서 우리 국민들의 동의를 받아가면서 대북지원을 해야 한다는 취지에서 한글 표시를 요구했던 겁니다. 물론 투명성 문제도 생각했어요. 그걸 제시하니까 북한은 처음에 완강히 거부했죠. 그렇다면 그해에도 태국산 30만 톤을 사서 보낼 수밖에 없다고 했습니다.

물론 당시 농림부는 우리 쌀 재고 중 최대 100만 톤, 최소 50만 톤 정도를 대북지원으로 들어냈으면 좋겠다는 입장이었습니다. 농림부는 언제나 추곡수매가에 영향을 미치는 쌀 재고분을 '격리 처리'해주길 바랍니다. 그래야 창고비도 줄이고, 추곡수매가도 올라가는 효과가 있으니까요. 그렇지만 도시 근로자들 때문에 농림부 하자는 대로 줄 수는 없어요. 그런 어려움이 있어요. 북한이 지원량을 늘려달라고 해서 대뜸 올려주는 건 좀 그렇고, 10만 톤 정도 올려주는 구상은 가지고 있었습니다. 나중에 내 후임 통일부 장관이 된 정동영 장관 때인 2005년에는 50만 톤까지 올라갔어요. 어쨌든 우리가 그런 조건을 거니까 북한이 버티고 버티다가 회담 마지막 날 새벽 평양에서 답이 왔나 봐요. 한글 제공자 표시만 받아주면 40만 톤 주는 걸 통일부 장관이 확실히 보장하겠냐고 물어왔어요. 그래서 내가 "우리 조건만 받으면 한나라당 의원들을 책임지고 설득해서 10만 톤을 올려주겠다고 해라"라고 했더니, 결국 받겠다는 답이 왔어요. 아마 김정일 위원장에게까지 보고되었고, 거기서 결심한 사안일 겁니다.

회담 끝나자마자 바로 한나라당 국회의원들을 개별적으로 찾아다녔어요. 그런데 의외로 제공자 표시를 한글로 하기로 했다고 하니까 저항이 없었어요. "아, 그러면 줘도 좋다. 줄 만한 가치가 있다." 이런 반응이었지요. 그래서 그때부터 40만 톤이 가기 시작한 겁니다. 비료도 비슷했어요. 2001년에는 20만 톤을 줬는데, 2002년에 봄 비료 20만 톤을 받아가 놓고 가을 비료 10만 톤을 더 달라고 했어요. 그래서 그때도 "한글 포대로 받을 수 있으면 내일이라도 보내겠다"고 했더니 받더라고요. 그전에는 어느 나라 누가 주는지 모르게 적십자 표시만 해서 보냈거든요.

쌀 배분 모니터 수용, 북한이 태도를 바꾼 까닭

쌀 40만 톤이 가려면 쌀 포대가 1000만 장 필요합니다. 2005년에 정동영 장관 때 50만 톤을 보냈으니까 2002년부터 2005년까지 쌀이 총 170만 톤 가면서 '대한민국'이라고 써 있는 쌀 포대 4250만 장이 북으로 갔습니다. 북한 인구의 거의 두 배입니다. 어떻게 됐겠습니까? 우선 김정일 위원장이 2005년 6월 정동영 장관을 만나서 고맙다는 인사를 확실히 했어요. 남쪽에서 쌀과 비료를 제때 보내줘서 인민들이 매우 고맙게 생각하고 있고, 그래서 자신이 인민들을 대표해서 감사 인사를 할 테니 남쪽에 가서 분명히 전하라고 말했습니다. 정동영 장관이 돌아와서 그 얘기를 공개했는데, 북한의 6자회담 복귀가 빅뉴스가 돼버리는 바람에 그냥 묻혀버렸죠.

그리고 북쪽 사람들의 태도도 점점 달라졌습니다. 남쪽에서 간 회담 대표나 민간단체 대표들을 만나면 그 분위기나 반응이 굉장히 달라지고 있다는 보고를 많이 받았어요. '쌀 40kg 대한민국'이라고 박힌 포대 4250만 장이 돌아다니는 동안 남쪽에서 쌀이 오고 있다는 걸 북한 주민들도 다 알게 된 겁니다. 우리 쌀 포대는 굉장히 질겨서 폐기하기도 어려워요. 가볍고 불에도 잘 안 타니까 북쪽에서 여러 용도로 재활용되는 겁니다. 끈 달면 배낭 되는 거고, 바짓가랑이 걷어붙이듯 해서 쌀이나 콩 같은 곡물을 담아서 시장에서 파는 데 쓰고, 그렇게 '대한민국' 포대가 북한 전역에 퍼지면서 북한 주민들 일상생활의 일부가 됐어요. 경의선 철도·도로 연결 공사 때 보니까 심지어 북한 군인들이 자기 작업도구나 옷을 넣어다니는 배낭으로까지 쓰더라고요. 그게 포착돼서 군인들이 쌀을 빼앗아 먹었다는 말까지 나왔으니까.

어쨌든 그렇게 쌀이 가고 비료가 가면서 개성공단에 대해서도 북쪽이 굉장히 협조적으로 나오기 시작했습니다. 개성공단은 사실 우리 중소기업의 활로이기 때문에 북쪽이 그렇게 나오면 우리한테 좋은 거예요. 북한이 쌀 분배에 대한 현장 모니터링도 처음엔 잘 안 받으려고 하다가 나중에 조금씩 늘려 받게 된 것도 지원량이 늘어나면서부터입니다. 모니터링을 안 받으면 더 안 줄 것 같으니까 북한의 태도가 바뀐 거예요. 뭘 줘가면서 태도 변화를 유도해야 목적을 달성할 수 있다는 증거이기도 합니다.

2003년 경추위 남측 대표는 지금 한나라당 국회의원인 김광림 당시 재경부 차관이었어요. 그때 쌀 지원에 대한 투명성을 높인다는 차원에서 쌀 10만 톤당 분배 현장 세 군데 이상을 공개하기로 합의했습니다. 그런데 그 약속을 실행하려고 하니까 북쪽에서 10만 톤당 딱 세 군데만 하라는 거예요. 그래서 김광림 당시 차관이 "아니 세 군데 이상이라면 3+α란 뜻인데 그럼 적어도 네 군데는 가야 된다"고 주장해서 10만 톤당 네 군데를 보게 됐어요. 김광림 차관이 협상을 잘합디다.

그렇게 해서 모니터링을 하러 북쪽으로 갔는데, 그때가 태풍 매미가 왔을 때였던 것 같아요. 어쨌든 분배 현장에서 북쪽 주민들이 이런 얘기를 했다고 해요. "태풍이 오는데 동포가 아니면 누가 이렇게 쌀을 보내주겠는가. 우리 참 고맙게 알고 받아먹는다. 그런데 남쪽에서는 참 가슴 아프고 속상한 얘기들이 돌아다닌다더라. 우리한테 쌀을 주면 군인이나 높은 사람들이 다 뺏어 간다느니, 주민들한테 주는 척하고 도

2002년부터 북한에 지원하는 쌀 포대에 '대한민국'이라는 글자를 새겨 보내기 시작했고, 그 포대는 현재 북한 주민들 일상 곳곳에서 다양한 용도로 사용되고 있다.

로 가져간다느니 하는 얘기들이 있다는데, 우리 듣기에 마음이 매우 좋지 않다." 그러면서 이런 말도 했다고 하더라고요. "그런데 솔직히 말해서 남쪽에서 오는 쌀이 풀기는 좀 떨어지더구만요잉." 2년 이상 된 걸 보내게 되어 있으니까 풀기가 떨어질 수밖에 없었어요. 그런 말을 하고 나면 남쪽에서 기분 나빠할 거라고 생각했는지 "그래도 오마니들은 죽 쒀서 드리면 부드럽고 더 좋다고들 하십네다"라고 슬그머니 말을 바꿨대요. 비료에 대해서도 일화가 있어요. 2005년 초여름쯤으로 기억하는데,

그때 KBS가 보름 정도 북쪽에 체류하면서 취재를 했어요. 그런데 만경대 협동농장 부농장장이 KBS 표시가 있는 마이크에다 대고 이런 말을 했습니다. "남쪽에서 제때 비료를 보내줘서 인민들이 농사짓는 데 수월합니다. 우리 참 고맙게 생각합니다." 그런 내용이 KBS 뉴스로 보도됐습니다.

선득후공先得後供은 전략이 아니다

금강산, 개성같이 남북 간의 접촉이 잦을 수밖에 없는 지역에서 만나는 군인들의 태도도 점점 바뀌었어요. 그게 뭘 말합니까? 소위 '접적 지역'에서 군인들의 자세가 유연해진다는 건, 기초적인 수준이지만 그게 바로 군사적 긴장 완화고, 신뢰 구축의 출발입니다. 분위기만 좋아진 게 아니었어요. 서해상에서 남북 함정 간 무력 충돌을 방지하기 위한 상호 협력, 무선 교신, 경고 방송을 들으면 바로바로 움직여주는 것 같은 게 협조가 잘됐어요. 그건 2004년 6월 3~4일 설악산 켄싱턴 호텔에서 열린 2차 남북 장성급회담에서 합의된 내용인데, 협조하지 않으면 쌀·비료 지원이 제대로 안 될 거라는 걸 알았기 때문에 북한 군부가 동의한 겁니다.

물론 지금은 다 무효가 됐고 지나간 얘기가 되어버렸어요. 최근 통일연구원 여론조사를 보니까 북한에 대한 부정적인 인식이 햇볕정책 이전 수준으로 돌아갔다고 하는데, 북쪽도 마찬가지일 겁니다. 완전히 리셋됐어요.

이명박 정부는 북한이 우리말을 들어야 쌀과 비료를 줄 수 있다고 합니다. 그런데 사람이란 게 그렇게 움직이지는 쉽지 않지요. 작은 것부터 지원을 시작하고 조금씩 늘려줘가면서 우리가 필요로 하거나 서로 도움이 되는 문제에 대해 상대 측의 협조를 끌어내는 식으로 접근하는 선공후득先供後得 방식이 훨씬 현실적이고 확실한 방법 아닌가요?

지금 정부처럼 우리가 시키는 대로 하면 금강산 관광 재개나 개성공단 임금 문제도 받아주겠다, 즉 선득후공하려고 하면 협상도 잘 안 되지만 북한의 태도 변화는 더더욱 기대하기 어려울 겁니다. 그게 다른 말로 하면 전략이라는 겁니다. 전략 없이 그냥 정책 목표만 가지고 북한을 움직이겠다고 하면 목적 달성하기 어렵습니다. 아니, 안 될 겁니다. 선공후득이 그나마 전략적이지 선득후공은 전략도 아니고, 통하지도 않습니다.

동·서독 관계에서도 그랬어요. 서독은 동독이 필요로 하지 않다고 해도 자꾸 지원을 해서 지원에 인이 박히게 먼저 만들어놓고, 그 의존성을 토대로 방송 개방이나 왕래 조건 완화를 유도했거든요. 지원을 일절 하지 않으면서 태도 변화를 먼저 하라고 해가지고는 쉽게 성과를 내기 어려울 겁니다. "쌀독에서 인심 난다"는 속담이 있지 않습니까? 대북 인도적 지원이 북쪽의 민심과 당국의 태도를 바꾸었고, 경협은 남북 간 군사적 긴장을 완화시키고, 작은 신뢰지만 남북 간 군사적 신뢰 구축에 대한 기대를 가질 수 있게 했던 적이 있었습니다.

정책 목표를 달성하려면 전략이 현실적이어야 합니다. 정책은 논리적으로 체계가 서야 되지만, 전략은 논리적일 필요가 없어요. 아니 전략이 논리적이면 실은 아무것도 못 이루어냅니다. 지금 이명박 정부는 전략이 매우 논리적이라는 데 문제가 있습니다. 남북관계를 '원칙 있는 남북관계'로 변화시키고 글로벌 수준으로 패러다임을 변화시키고 싶으면 북쪽이 따라올 수밖에 없는 상황을 먼저 만들어야 하지 않겠어요?

03

요동치는
21세기 동북아

대통령이 애드립이라도 했어야

이명박 정부 들어 악화되던 남북관계는 7월 11일 금강산 관광객 피격 사망 사건으로 새로운 국면으로 접어들었다. 금강산 사건이 일어난 날은 공교롭게도 이명박 대통령이 18대 국회 개원 연설을 하는 날이었다. 이 대통령은 연설 40분 전 사건을 보고받고도 개원 연설에서 이 문제를 언급하지 않은 채 "7·4 공동성명, 남북 기본합의서, 비핵화 공동선언, 6·15 공동선언, 10·4 정상선언의 이행에 관해 북측과 진지하게 협의할 용의가 있다"고 말했다. 이에 보수 세력들은 불만을 터뜨렸다. 진보 세력들은, 정부가 사실상 무시해왔던 6·15 선언과 10·4 선언을 협의할 용의가 있다고 한 것을 어느 정도 평가하면서도 금강산 사건을 언급하지 않은 것을 불편해했다. 얼마 뒤 이명박 정부는 금강산 관광을 즉각 중단하고 사건 현장을 조사하겠다는 강경한 입장을 취했다. 북측은 사건 다음 날 "사고는 유감이지만 책임은 남쪽에 있다"고 말했고, 그 다음 날에는 이명박 대통령의 대북 제의를 거절했다. 이처럼 양측이 퇴로 없는 강수를 두면서 남북관계는 본격적인 갈등기로 빨려 들어갔다.

금강산 총격 사건의 향방

북한군이 고故 박왕자 씨한테 우발적으로 총격을 하진 않은 것 같아요. 일종의 '의도성'이 있다고 보는데, 평양의 지시를 받았다는 뜻의 의도성은 아니고, 현장 부대 차원에서 작심하고 쏘지 않았나 생각해요. 2002년 서해교전 때는 사건 직후 직통전화가 와서 "평양과 전혀 관계없다. 현장에서 좀 과잉 대응했다. 잘못된 거니까 절대 오해 없길 바란다"고 설명했어요. 그리고 20여 일 후에 공식적으로 남북 장관급회담 북측 단장 이름의 사과 편지를 남측 수석대표인 저한테 보내와서 "잘못됐고, 앞으로 이런 일 없도록 서로 노력하고, 장관급회담을 하자"고 했습니다. 그래서 우리도 "서해 현장에서의 기획성은 엿보인다. 그러나 평양 차원에서 기획한 사건은 아닌 것 같다"는 결론을 내렸어요.

그러나 이번 금강산 총격 사건을 풀어가는 평양의 움직임을 보면 정치적으로 상당히 활용하려고 하는 것 같습니다. 말하자면 이명박 정부의 대북정책에 대한 일종의 군사적 반응이라는 의미를 부여하면서 문제를 풀어가는 것 같아요. 오히려 남측더러 사과하라고 하는 걸 보면 그렇습니다. 사고 다음 날 명승지종합개발지도국이 "사고는 유감이지만 책임은 남쪽에 있다"고 논평했는데, 그건 평양에서 관련 기관들이 협의해서 나온 반응입니다. 비록 대남 기구인 조국평화통일위원회(조평통) 또는 조선민주주의인민공화국 정부 차원의 성명이나 담화는 아니었지만, 어쨌건 중앙 차원의 논평인데, 그걸 보면 이걸 정치적인 의미가 있는 사건으로 만들어서 남쪽을 압박하려는 듯한 느낌이 듭니다. 앞으로 북한은 상당 정도, 책임 모면을 위해서라도 계속 남쪽에 사과를 요구하며 버틸 것 같습니다.

우리 정부가 7월 12일부로 금강산 관광을 중단시켰는데, 큰 사고가 났으니 그럴 수밖에 없었지만, 관광이 재개될 수 있는 모멘텀을 찾기는 쉽지 않을 겁니다. 저쪽에서는 남쪽더러 오히려 사과하라고 하고, 이쪽에선 관광을 중단시켰기 때문입니다. 중단 안 시켰으면 관광이 계속되는 과정에서 북쪽의 변화된 자세나 전향적인 태도를 유도하거나 설득할 수 있었을 텐데, 그게 없어져버렸단 말예요. 지금은 서로 퇴로를 막았습니다.

북한이 금강산 사업으로 매월 300만 달러 정도 이득을 본다 치면 관광을 중단했으니 수입이 줄어들겠지만, 그것을 상쇄하고도 남을 만큼의 정치적 효과를 거둘 수 있다고 본 거란 말입니다. 그렇다면 북한도 사태를 장기화시킬 가능성이 있습니다. 그럼 어떤 현상이 나올까요? 지금은 우리 국민들도 상당히 발끈해 있습니다. 나도 북한의 행동이 지나쳤고 이해 못 할 대목이 많다고 생각하는데, 금강산 관광이 오래 중단되고 재개될 가능성이 없어지면 자연스럽게 개성공단도 탄력을 잃어요. 지금 돌아가고 있는 공장은 이러지도 못하고 저러지도 못하겠지만, 분양을 받고 공장을 지어야 할 사람들, 또 공장을 지어놓고 기계 설비를 넣어야 될 사람들이 머뭇거릴 수밖에 없어요. 그렇게 남북관계가 전반적으로 가라앉으면 북쪽에 미치는 부작용과 남쪽에 미치는 부작용 중에 어느 것이 클까요? 불을 보듯 뻔한 겁니다.

북쪽은 별로 영향을 안 받아요. 솔직히 말해서. 그저 달러 몇 푼 안 들어올 뿐이에요. 북한 경제는 중앙계획경제라서 나라가 시키고 가자는 데로 끌려가지만, 남쪽의 경제는 자본주의 경제일 뿐만 아니라 지극히 심리적인 측면이 많아요. 그렇다고 증권시장에 바로 영향을 주진 않겠지만, 하여튼 그러지 않아도 경제가 어렵고 중소기업의 활로는 개성에 있다는 걸로 알고 있는데, 이런 것이 전반적으로 전망이 흐려지게 되고, 또 북미관계·북중관계·북러관계·북일관계에 뒤따라가지도 못할 정도로 남북관계가 처지게 되면, 거꾸로 국민 불만이 나오게 돼 있습니다. 지금 이 격앙된 분위기는 그때 가서 잊혀집니다. 그렇게 되면 이명박 정부의 대북정책 전반에 대한 강한 비판이 나올 가능성이 있어요. 북한은 그걸 노리는 겁니다.

북한은 이명박 정부의 대북 제의를 왜 거절했나?

대통령이 금강산 사건 발생 당일 오후 1시 30분 보고를 받고 2시에는 원안(전면적인 대화를 하자는 대북 제안)대로 국회 개원 연설을 했습니다. 18대 국회와 이명박 정부는 최소한 4년을 같이 움직여야 되기 때문에 개원 연설에서 남북관계 전반에 관한 큰 방향을 제시하는 걸 안 할 수는 없었을 겁니다. 크게 봐서는 별개 사안이고 시정연설을 중단할 정도의 비중은 아니었어요.

그런 점에서 원안대로 말할 수밖에 없었겠지만, 사건을 보고받고 연설을 시작할 때까지 시차가 있었으니까 대통령이 애드립으로 이런 말을 보탰으면 좋았을 겁니다. "조금 전에 이런 보고를 받았습니다. 돌아가신 분한텐 정말 애석한 일이고 북한의 소행은 정말 이해 못 할 대목이 많습니다. 그러나 그 문제는 별개로 풀어나가기로 하고, 앞으로 남북관계를 국회와 고민하면서 풀어나가야 한다는 입장에서 준비한 대북 제의는 그대로 하겠습니다." 이렇게 딱 들어갔어야 됩니다. 참모들이 쪽지라도 넣어서 애드립을 할 수 있도록 도와줬어야 해요. 아니 왜 다른 데서는 애드립을 잘하시더니….

<노동신문>이 13일 대통령의 국회 연설에 나온 대북 제의를 거부하는 논평을 내놨습니다. 북한은 그동안 '아랫것들'(북한이 남측 외교·안보 당국자를 악의적으로 지칭하는 용어)이 7·4 남북공동성명, 기본합의서, 비핵화 공동선언에다가 6·15 공동선언과 10·4 정상선언을 넣어서 그냥 줄줄이 늘어놓는 것에 대해서 반대하는 입장을 분명히 표시했었거든요. 북쪽은 6·15 선언과 10·4 선언을 존중하고 이행하겠다고 약속만 하면 남북관계는 내일이라도 원상회복될 수 있다는 거예요.

그런데 대통령마저도 국회 연설에서 7·4 성명과 기본합의서, 비핵화 공동선언을 죽 늘어놓으면서 6·15와 10·4 선언을 '원 오브 뎀one of them'으로 포함시켜버리니까 북쪽의 대남 부분에 있는 사람들이 힘 빠질 거 아닙니까. 그동안 죽어라 얘기했는데 비빔밥을 만들어버리니까 말이야. 7·4 공동성명이 됐건 기본합의서가 됐건 그중에서 북쪽도 괜찮다고 하고 남쪽도 괜찮다고 하는 대목은 6·15 선언과 10·4 선언에 전부 살아 있습니다. 과거에는 그냥 선언적으로 얘기했던 것들을 10·4 선언에서는 실행 방법까지 구체적으로 내놨어요. 그런데 대통령이 말은 "선언의 시대를 넘어 실천의 시대로 가자"고 하면서 과거 합의를 다시 협의하자고 하니까 메시지가 분명치 않을 뿐만 아니라, 북쪽의 입장에서는 "6·15 공동선언도 10·4 선언도 7·4 공동성명처럼 다시 협의해서 버릴

2008년 7월 금강산 관광객 피격 사망 사건 직후 금강산 관광은
즉각 중단되었다.

거 버리고 채택할 거 채택한다면 남는 게 뭐냐? 그렇다면 6·15와 10·4
선언에 대한 진정성이 없다는 얘기다. 입에 발린 소리다" 그렇게 평가할
수밖에 없어요. 문제는 북쪽이 해달라는 것은 절대로 들어줄 수 없다
는 자세예요. "네가 해달라는 거 들어가 있어. 해달라는 거 다 해주는
데 왜 못 나와?" 이러면 되겠습니까?

그리고 7·4 공동성명이나 기본합의서나 비핵화 공동선언을 들고 나
가면 우리가 북쪽과의 협상에서 반드시 유리한 것만은 아니에요. 당시
의 국내정치와 국제정치 상황에서 나온 문건이기 때문에 지금 시점에
서는 시의성이 좀 떨어지는 조항들도 있습니다. 합의라는 건 언제나 그

런 거예요. 벌써 30년이 지난 선언이나, 20년이 다 돼가는 합의서를 꺼내서 6~7년 내지는 1년밖에 안 된 문서(6·15 및 10·4 선언)하고 똑같은 자격으로 논의하자는 건데, 그걸 일리 있다고 나올 사람이 있겠습니까? 남북관계도 정치인데, 정치는 살아 움직이는 생물과 같다는 사람들이 남북관계에서는 화석 같은 문서를 들춰내도 되느냐고요. 이렇게 자기 입장만 고집하면 앞으로 남북 간에 접점이 생겨서 대화를 해도 백전백패입니다. 변화하는 상황에 맞게 상대방을 끌고 가려면 판세를 바로바로 읽어낼 줄 알아야 하는데 그게 없는 것 같아요. 그 이유는, 이명박 정부의 정책 결정권을 가지고 있는 축선상에 있는 사람들 중에서 대북 접촉 경험을 가지고 있는 사람이 아무도 없기 때문이에요. 심지어 통일부 장관도 대북 접촉 경험이 없어요.

물론 여전히 노하우는 있습니다. 통일부 차관 이하 실무자들이 가지고 있고, 국정원에서 대북 관계 하는 사람들도 잘 압니다. 그런데 실무자들을 무시하고 얘기를 안 들으려고 하고, 청와대 참모나 주변에 있는 사람들이 자기 방식대로만 하면 접점은 없을 겁니다. 지난 10년 동안 혹은 그보다 오랫동안 대북 접촉하는 과정에서 그냥 감각적으로 길을 찾는 실무자들이 있습니다. 동물들이 이론이 아니라 감각으로 길을 찾듯이 말입니다. 그런데 지금 청와대엔 이론가들만 들어가 있거든요. 남북관계는 동물들이 숲속에서 길을 찾을 때 감각으로 찾고 후각으로 찾아가듯 해야 하는 측면들이 많아요. 그러다 보면 사고를 최소화하고 관계도 발전시킬 수 있는데, 이걸 무시하고 밖에서 관전이나 하던 사람들이 들어가서 권력 있다고 자기 방식대로 끌고 나가려고 하면, 도처에서 그야말로 생살이 잘려 나가고 신경이 끊어지는 사고가 납니다. 지금 사고가 나오고 있어요.

금강산 사고 진상 규명은 현실적으로 가능한가?

금강산 사고에 대한 진실 규명은 현장 보존이 안 되어 있기 때문에 솔직히 어렵습니다. 썰물 때 사고가 났다는데 거긴 바닷가니까 밀물 한 번 들어왔다가 나가면 현장 보존이 안 됩니다. 발자국 같은 게 남아 있지 않아요. 박왕자 씨가 경계 철조망을 넘어서 1.2km를 걸어 들어가서 북한 군인들의 경고를 받고 1km를 황급히 나오다가 철조망으로부터 200m 지점에서 발길이 끊겼는지, 마지막 순간에 얼마나 짧은 보폭으로 뛰었는지, 가해자가 어디까지 월권을 했는지, 피해자가 어디까지 규정을 어겼는지를 읽어낼 수 있는 단서들이 있어야 해요. 그런데 그게 없어졌잖아요.

더구나 지금 남북 고위 당국 간 핫라인도 끊어져버렸어요. 과거엔 개성공단과 금강산 관광지구 사이에 왕래 편의를 도모하기 위해 군 당국자 간 핫라인이 있었어요. 통행·통신·통관 3통을 원활하게 하기 위해서 전화선을 광케이블로 교체해주기로 했는데 이명박 정부가 미루고 안 해줬어요. 그러니까 지금 북쪽이 남쪽에서 거는 전화를 안 받아버리고 몽니를 부리고 있잖아요. 또 개성공단과 금강산에 나가 있던 당국자들은 직무 내용에 관계없이 모조리 쫓겨 나왔고, 북한이 4월부터 남쪽 당국자들의 군사분계선 월선을 허용하지 않고 있으니까 당국자들은 조사하러 금강산에도 못 들어가게 돼 있어요. 그러니 진실 규명은 지금 현실적으로는 어렵습니다.

그런데도 강력히 대처하겠다느니, 진상 조사를 반드시 하겠다느니 큰소리만 치고 있는데, 북쪽에서 안 받으면 끝입니다. 오히려 이럴 때는 냉각기를 두고, 현대를 통해서 간접적으로 풀어나가면서 당국 차원에서는 3각 대화라도 될 수 있도록 분위기를 만들어야 합니다. 임전무퇴의 정신으로 밀어붙이면 북쪽이 굴복할 것처럼 기세등등하게 나가고 있고 국민들은 거기에 기대를 하고 있습니다. 나중에 어떻게 할 겁니까? 스스로 퇴로를 차단하는 겁니다.

청와대 고위 관계자가 최근 "지금까지 대북 강경책을 쓴 적이 없다"고 말했다는데 이 정부는 대북 강경책보다 북쪽을 더 자극하는 행동을 했어요. 이명박 정부의 대북 구상인 '비핵·개방·3000'은 북쪽한테 굉장히 자극적인 거예요. 모욕을 준 겁니다. 강하게 밀어붙인 것보다 모욕을 준 게 더 기분 나빠요. 북쪽에서 6·15 선언과 10·4 선언을 존중하면 우리는 얼마든지 움직이겠다고 하는 얘기를 비당국자지만 나한테도 얘기했고, 몇 군데 채널을 통해 얘기했어요. 공개적으로도 얘기하고. 그런데 거기에 대한 이 정부의 답이 (두 선언을) '원 오브 뎀'으로, 5분의 2로 만들어버리니 그걸 누가 좋아합니까. 이런 정도 센스라면 아마 남북관계가 1년 정도 쉬는 게 아니라 더 오래갈지도 몰라요.

질문 : 명승지종합개발지도국보다 윗선에서 변화된 입장이 나올 가능성은 없을까요?

상급 기관에서 좀 더 완화된 표현이나, 남쪽의 입지를 도와줄 수 있고 퇴로를 열 수 있는 언급이 나올 수는 있습니다. 그런데 가만히 앉아 있으면 자동으로 되는 게 아니에요. 물밑으로 부단히 노력해서 그전에 작동되던 핫라인을 살리거나 최소한 그 정도의 관계가 되도록 하고, 남쪽의 진정성을 알게 만들면 북쪽도 변화된 입장을 보이면서 우리 정부가 자연스럽게 전향적으로 나갈 수 있도록 퇴로를 열어줄 수 있습니다. 그런데 6·15와 10·4 선언의 비중을 낮게 다룬 것에 대해서 북쪽이 '가소롭다'고 했기 때문에, 그 문제에 대한 설명이 따로 들어가야 될 겁니다.

질문 : 6·15 공동선언 실천 남측위원회에서 금강산 사건에 대한 사과를 북한에 요구했는데 북한의 태도에 영향을 주지 않을까요?

남쪽의 여론 동향을 볼 겁니다. 남쪽 화해·협력 세력의 입지를 어렵게 만들면 자기들도 득 될 게 없으니까요. 그러나 비중을 많이 둬서, '아 그 사람들 입장 때문에 빨리 우리가 부드럽게 나가야겠다'고 생각해서 돌아서진 않아요. 물밑접촉을 통해 북에 노크를 하고 진정성이 읽혀지면, 저 사람들이 말하는 소위 '성의를 보이면' 이명박 정부가 운신하기 좋은 여건을 만들어줄 수는 있을 겁니다. 당국 차원의 노력이 더해지면 시너지 효과를 내는 것이지, 화해·협력 세력 자체가 동력을 발휘할 수는 없습니다.

"People said that…" 할 수 있게

──────── ARF 파동과 금강산 피격 사건 해법 _ 2008. 7. 29

이명박 정부는 금강산 사건에 대한 대응을 통해 북한과 남북관계에 대한 본심을 드러내고 말았다. 남북의 교류·협력이 정치·경제·군사적으로 긍정적인 결과를 가져올 수 있다는 생각이 정부의 머릿속에는 없었다. 북한은 다만 '버르장머리'를 고쳐야 할 대상이며 북한이 머리를 숙이고 나올 때까지는 남북관계를 중단해도 된다는 게 그들의 인식이었다. 사건 대응은 그저 강경하기만 했다. 그 결과 사과를 받아내지도 못했고, 재발 방지책을 마련한 뒤 관광을 재개하지도 못했다. 명분과 실리를 모두 잃었다. 금강산 사건 보름 후 아세안지역안보포럼(ARF)에서 일어난 해프닝은 정부의 이념적인 태도를 극명하게 보여줬다. 외교부는 ARF 의장 성명에 북측이 제안한 "10·4 정상선언에 기반한 남북대화의 지속 발전을 강력히 지지한다"라는 문구가 들어가는 것을 막기 위해 남측이 넣고자 했던 "금강산 사건의 조속 해결을 기대한다"는 문구를 포기했다. 'ARF 파동'으로 불린 이 사건으로 정부는 10·4 선언에 대한 극도의 거부감을 보여줬다. 동시에 금강산 사건에 대한 해결 의지마저 의심을 샀다.

도대체 정부의 진심이 무엇인가?

ARF 파동에서 나타난 정부의 태도는 이명박 대통령의 7월 11일 국회 개원 연설과 충돌합니다. 10·4선언의 이행에 관해 북측과 협의할 용의가 있다는 대통령의 국회 연설은 대체 무엇이었냐는 얘기가 북쪽에서 나올 수밖에 없어요. 이명박 정부의 대북 메시지가 혼란스럽다는 게 북쪽 사람들 불만이었습니다. "어느 것이 진심이냐. 이때는 이렇게 말하고, 저때는 저렇게 말하는데, 뭐가 진심이냐"는 거죠. 지난 5월 초 내가 평양에 갔을 때도 그런 말을 하더라고요.

국회 연설은 이명박 대통령의 이전 대북정책과 비교해볼 때 상당히 전향적으로 바뀐 것입니다. 과거엔 6·15 선언과 10·4 선언에 대해서 "존중한다고 한 적도 없지만 부정한 적도 없다"면서 중요한 건 남북 기본합의서라고 말했던 것에 비해, 국회 연설에서는 북쪽의 요구가 100% 반영되진 않았지만 어쨌건 6·15와 10·4 선언의 이행을 협의할 용의가 있다고 했으니까 상당히 전향적으로 바뀌었습니다. '비핵·개방·3000' 얘기도 빠졌거든요.

그런데 ARF 파동이 일어났단 말이에요. 이걸 ARF로 들고 간 것부터가 현명치 못했습니다. 기껏해야 너희들끼리 잘 풀어보라는 말밖에 더 나오겠어요? 총 쏘고 사람 죽은 건 있을 수 없는 일이고 안타까운 일이지만 제3자가 할 수 있는 얘기는 "그래, 대화를 통해 잘 풀어야지. 그냥 있을 수는 없지." 이런 얘기밖에 더 나오겠습니까. 그러다가 대통령 국회 연설과는 다르게 10·4 선언을 부정하는 행동까지 했으니 북한으로서는 헷갈릴 수밖에 없습니다. 비판이 나오니까 청와대는 "우리가 직접 개입하지 않았고 외교부가 했다"는 식으로 발을 빼고 있는데, 그게 실체적 진실이라면 괜찮아요. 책임 소재 규명과 문책으로 끝나는 문제입니다. 난 차라리 그랬으면 좋겠어요. 청와대가 일절 관여하지 않았다고 해야 대통령의 입장이 살 수 있습니다. 북쪽도 별로 할 말이 없고요. 그런 식으로 빨리 정리돼야 합니다.

북한의 '사과' '유감 표명' 사례들

금강산 문제는 긴 호흡으로 해법을 찾아야 합니다. 과거에 북쪽이 남쪽에 어떤 잘못을 해서 사과를 하거나 유감을 표명했을 때, 어느 정도 시간이 지나고 나서야 해결 수순을 밟을 수 있었다는 사실을 참고할 필요가 있습니다.

1976년 8월 18일 판문점 도끼만행 사건 때는 이틀 만엔가 조선인민군 최고사령관 김일성 이름으로 미국에 직접 사과를 했었어요. 워낙 미국이 세게 나가니까 그랬죠. 항공모함을 띄우고 전투기 2개 대대가 오키나와 같은 데서 들어오고 그랬거든요. 실제로 칠 것 같은 움직임이 감지되니까 김일성 이름으로 직접, 굉장히 빨리 사과문을 발표했습니다.

남북 간에는 인공기 게양 사건 사례가 있습니다. 95년 6월 25일 쌀 2000톤을 싣고 동해항을 출발한 씨아펙스 호가 북한에 들어가는데, 북측 군인이 남북 간의 합의사항을 모르고 인공기 게양을 강요한 사건이었어요. 26일 새벽에 일어났는데, 짐을 다 풀고 돌아온 후인 30일에 북한이 결국 사과했습니다. 그 후 일어난 일들에 비하면 예외적으로 아주 빠른 사과였어요. 96년 6월 18일 정동진 해안에 나타난 잠수함 사건 때는 사과까지 딱 100일 걸렸어요. 12월 29일엔가 사과 성명이 나왔을 겁니다. 그것도 북한 외무성 대변인 이름으로 미국한테 사과를 했어요. 당시는 통미봉남 시대였으니까요.

2002년 6월 29일 서해교전 때는 바로 그다음 날 핫라인으로 사과의 뜻을 표명했습니다. 그 후 7월 25일 장관급회담 북측 단장 이름의 사과 편지가 남측 수석대표인 내 앞으로 왔습니다. 사이가 좋을 때도 사건에서 사과까지 26일이 걸린 셈입니다. 통미봉남 시절 사이가 나쁠 때는 100일이 걸렸고요. 그렇다면 이번에도 어느 정도 시간이 필요합니다. 그러나 손 놓고 한없이 기다린다고 그냥 삭아서 저절로 무슨 해결책이 나오는 건 아니고, 역시 누군가 움직여야 합니다.

금강산 사건은 기본적으로 북한이 잘못한 일입니다. 금강산 관광객에 대해서는 2004년 1월 29일 체결된 '금강산관광지구 출입 및 체류에 관한 합의서'에 의해 신변 안전이 보장되어야 합니다. 박왕자 씨가 전투복이나 운동복 차림도 아니고 검은 치마에 흰 블라우스를 입고 있어서 위험 분자가 아니라는 게 육안으로 쉽게 식별 가능했는데도 불구하고 북한 군인들이 두 발 이상을 쐈다는 것은 입이 열 개, 백 개라도 할 말이 없습니다.

그런데 2004년 체결된 출입·체류 합의서를 보면 11조에는 관광지구 이외의 지역으로 출입하는 문제에 관해선 북측의 규정을 적용한다고 아주 포괄적으로만 되어 있어요. 북한은 아마 나중에 법리 시비가 나오면 11조에 의해 총격을 가했다고 핑계를 댈 겁니다. 관광객의 신변을 보호해야 한다는 합의서 10조는 관광지구 펜스 안에서만 해당되는 얘기입니다. 거기서는 철저히 보호를 받고 문제가 있어도 현대아산에 인계해 남쪽으로 내려 보내고 처벌 결과를 북쪽에 통보해주면 됩니다. 북쪽은 11조에 저촉된다고 떼를 쓰겠지만, 아무리 그래도 그렇지, 체구가 작은 일반인 여자인 게 식별되면 일단 위협사격 정도로 정지시킨 다음, 도망가더라도 쫓아가서 세워놓고 이유를 확인했어야 하는데 정조준해서 총격을 가한 것은 잘못한 거예요. 명승지종합개발지도국 대변인이 사건 다음 날 성명에서 유감이란 단어를 먼저 썼어요. 자기네들도 뭔가 좀 과했다는 뜻 아녜요? 북한도 켕기는 데가 있다는 방증입니다. 그리고 거꾸로 우리한테 사과하라고, 그렇게 외마디 소리 한 번 질러놓고는 숨어서 일절 움직이지 않고 있습니다.

그러나 금강산 사건이 어느 한쪽의 일방적인 책임만 있다고 하는 건 무리가 있습니다. 우선 북측 군 당국이 잘못했고요, 철조망을 넘어가는 문제에 대해 사전 주의를 철저히 하지 않은 현대도 잘못이 있습니다. 돌아가신 분이지만 본인한테도 잘못이 조금 있고요, 그날부터 해수욕장을 개장하는데, 새 정부 들어 남북관계가 예전 같지 않으니 혹시 북쪽에 빌미를 줄 수 있는 일이 생기지 않도록 하라고 남쪽 당국도 점검을 했어야 합니다. 그러니까 북쪽 당국과 남쪽 당국, 그리고 현대와 당사자 이렇게 4자 간의 책임 소재를 밝히는 프로세스는 있어야 합니다. 남북관계를 원상회복하고 관광을 다시 부활시키기 위해서라도 어떤 식으로건 공동조사 내지는 경위조사를 해야 합니다. 4월부터 남쪽 당국자들의 군사분계선 월선을 허용하지 않기 때문에 지금 당장 당국 간 협의가 안 된다면 준準 당국 성격을 띠는 단체들을 앞세워서 하는 방법을 생각해볼 필요가 있습니다. 북쪽의 민화협과 남쪽의 민화협이 만난다거나 하는 식으로. 어차피 북쪽 민화협은 당국 아닙니까. 남쪽의 민화협은 당국은 아니지만 200개 보수·진보 단체가 총망라되어 있기 때문에 대표단을 잘 꾸리면 괜찮을 겁니다. 한반도 안보 상황의 안정적 관리라는 대승적 차원에서 정부가 한 발짝 뒤로 물러나서 해법을 찾아보려는 고민도 해야 하는 거 아닌가 싶습니다.

그간 선례를 보면 사과 문제는 결국 다 양비론으로 끝났어요. 재발 방지도 앞으로 이런 일이 없도록 서로 노력하자는 식으로 다 양시론으로 끝났습니다. 일방적인 항복문서 같은 걸 받아내는 건 현실적으로 기대할 수 없습니다. 그간 북쪽의 일방적인 공격성 행위에도 불구하고 표현은 언제든지 양비론 혹은 양시론으로 끝났다는 것을 이해할 필요가 있습니다. 개인 간에도 처음에는 서로 상대방의 잘못이라고 버티다가 막판에는 양비론·양시론으로 마무리되는 경우가 많지 않습니까? 중요한 건 재발 방지를 위한 제도적 장치를 튼튼히 하는 겁니다. 예를 들면 금강산 출입·체류 합의서의 11조를 보완할 필요가 있습니다.

"그것 좀 강력하게 말해 주시라요"라는 요구가 나오도록

통일부는 개성 관광도 중단할 수 있다는 카드를 자꾸 만지작거리면서 북한을 압박하려고 하는 것 같은데, 그게 과연 실효성이 있는 전략·전술이냐? 별로 도움이 안 될 겁니다. 그러다가는 나중에 사소한 사건 하나만 일어나도, 과거 같으면 그냥 넘어갈 수 있는 일인데 통일부가 한 말 때문에 관광을 진짜로 끊어야 하는 경우가 생길 수 있습니다. 현실적인 타당성보다도 말의 영令이 서도록, 자기 말에 책임을 지기 위해서라도 관광을 중단해야 하는 상황이 올 수 있습니다. 그러면 북한이 개성공단에 대해 몽니를 부릴 가능성이 없지 않아요. 북한을 압박하려다가 개성공단에서 근근이 버티는 우리 기업들에 피해를 주고 결과적으로 우리 경제에도 안 좋은 영향이 돌아 들어온다는 계산도 해야 합니다. 장기나 바둑을 둬도 내가 이렇게 두면 상대방이 어떻게 나올 것인지 두 수 세 수 내다보면서 두는 거 아닙니까. 오목을 둬도 그렇잖아요. 자기 계산만 자꾸 밀어붙이려고 하면 되느냐 이겁니다.

또 정부는 금강산 사건 이후 민간단체들의 방북을 사실상 불허하고 있습니다. "여론이 이렇게 나쁜데 가서 되겠냐"는 게 명분인데요, 다시 한 번 생각해볼 일입니다. 물론 총을 쏜 데 대해서는 실제로 여론이 나쁩니다. 그러나 9월 이후 금강산 관광 예약이 줄지 않고 있다는 얘기는, 벌써 사람들의 기억 속에서 점점 가물가물해지고 있다는 겁니다. 잊어버리는 게 좋다는 건 아닙니다만, 원래 그렇습니다. 미국산 쇠고기 문제도 지금은 촛불시위를 하고 이렇게 요란하지만 1~2년 지나면 또 다 잊어버려요. 마찬가지예요. 2002년 서해교전도 유가족들한테는 영원히 잊을 수 없고, 그런 경험이 있는 사람들은 북쪽만 생각하면 이가 갈리지만, 많은 사람들은 또 잊고 살아요.

그러니까 통일부는 거꾸로, 금강산 총격 사건과 관련해서 "우리 국민들의 여론이 진짜 나쁘다. 정말 배신감 느끼고 있다. 당신네 이러면 진짜 안 된다"는 말을 북한에 가서 할 수 있도록 민간단체들의 방북을 허용해야 합니다. 관광 중단으로 북한을 압박하는 조치를 이미 취했으면, 이제는 유연하게 압박하는 방법도 좀 생각해봐야 합니다. 민간단체가 북한에 가서 "너희들이 명승지지도국 대변인 담화 형식으로 한마디 해놓고 꿀 먹은 벙어리처럼 묵묵부답하고 있는 건 해결책 아니다. 너희들 스스로 유감이란 말을 했고 우리 쪽에 사과를 요구했는데, 그러면 우리가 사과를 할 것인지 말 것인지 결정하기 위해서라도 현장을 봐야 할 거 아니냐. 뭐를 얼마나 잘못했는지 알아야 할 거 아니냐. 당국이 잘못했는지, 현대가 잘못했는지, 당사자가 잘못했는지 책임 소재를 파악해야 서로 어느 수준으로 사과할지를 결정할 수 있는 것 아니냐"고 따지기 위해서라도 사람들을 보내야 합니다. "유감이란 말을 했으면 너희도 일부 책임이 있단 얘긴데, 그렇다면, 자신이 있으면 왜 공동조사를 못 받아들이냐. 당국 간 공동조사를 못 받아들이면 민간 차원에서라도 좌우간 이 절차는 건너뛸 수 없다"는 얘기를 누가 합니까? 누구라도 가서 해야 할 거 아녜요. 마침 예정에 있어서 가게 돼 있는 민간단체를 왜 막아서느냐 말이야.

적국 간에도 최악의 상황을 피하기 위해 심지어 전쟁 중에도 대화를 합니다. 당국끼리도 하지만 남북 간에는 민간단체들이 하는 역할이 제법 있어요. 교량 역할을 합니다. 특히 당국 차원에서 대화가 끊길 때에는 상황 악화를 막아주고, 대화가 복원될 수 있도록 연결해주는 역할을 지금까지 적잖게 해왔어요. 그걸 왜 막습니까?

정부는 모른 척하고 "그래 가서 얘기 좀 잘하시오. 이게 뭐요, 이게. 가서 혼 좀 내주고 오시오. 북한 사람들도 정신 차리게 얘기를 좀 하시오"라고 권하는 게 바람직합니다. 안 좋은 여론을 전달하러 가게 하라

이겁니다. 여론이 안 좋은데 왜 가려고 하느냐고 하면, 그건 참 방법이 좋지 않다고 생각해요.

남북 간의 문제는 삭아야 합니다. 숙성이 되고 식어서 이쪽의 분노도 가라앉고, 저쪽이 초기에 책임이 일절 없는 것처럼 기고만장했던 것도 시간이 가면서 여기저기 몇 군데서 빈 구멍이 나오고, 우리가 계속 떳떳한 것만 아니라는 생각을 가질 때까지 기다려야 합니다. 지금 당장 북측의 대남 라인이 김정일 위원장의 생각을 바꿔서 "적절한 수준으로 절차 밟아서 재발 방지 약속하고 관광을 다시 시작하는 식으로 통 크게 나가라"는 비답을 과연 받아낼 수 있을까요? 남북관계가 상당히 긴장되어 있기 때문에 북측의 소위 협상론자들이 나오긴 조금 어렵습니다.

북쪽 협상론자들의 운신 폭을 넓혀주기 위해서라도 남쪽 사람들이 가서 "이러면 안 된다"고 말하게 하고, 그런 목소리가 위로 보고되도록 해야 해요. 남쪽 신문에 안 나면 통일전선부나 아태(조선아시아태평양평화위원회) 사람들이 억지로 만들어서 쓸 수가 없어요. 남쪽 사람들이 자꾸 가서 얘기를 해야 "듣자 하니 오는 사람들마다 이런 얘길 하니까 이건 안 됩니다. 국방위원회 초기 결정대로 하면 득 될 게 없습니다"라는 얘기를 할 수 있습니다. 새로운 정보가 들어가게 하려면 계속 남쪽 사람들이 올라가도록 해야 합니다. 실제로 남쪽 사람들이 북에 가서 무슨 얘기를 하면 "그걸 좀 강력하게 얘기해주시라요"라고 요구하기도 한답니다. 그 사람들도 'People said that…'이나 'He said that…'이라고 보고하는 게 훨씬 중립적으로 보이고, 상부의 뜻을 바꾸는 데 상당히 도움이 된다고 해요. 나는 당국자여서 그런 경험은 없었지만, "그런 얘기 좀 강력하게 해서 우리가 쓸 수 있게 좀 해라. 그거 좋은 얘기다"라고 실제로 한대요. 상황을 원만하게 풀어나가는 데 있어서 주도권은 누가 행사해야 하느냐? 북한한테 주도권 넘길 겁니까? 결국 우리가 해야 돼요. 우리가 우위에 있으니까 우리가 해야죠. 북한이 일을 벌여놨지만 국제적인 위상으로 봐서도 별로 내세울 게 없는 북한의 항복을 요구한다는 건 비현실적입니다.

북한의 '버르장머리'를 고치겠다?

지난 주 KBS <일요진단>이란 프로그램을 보니까, KBS 기자가 최근 청와대 핵심 당국자를 만났는데 이런 말을 했다고 합니다. "북한의 버르장머리를 고칠 수 있다면 5년간 남북관계 쉬면 어떠냐. 이 정부 아니면 버르장머리 못 고친다. 이 사건 계기로 확실히 버르장머리 고치겠다." 그런데 금강산 관광 중단하고 개성공단 중단해서 북한의 버르장머리가 고쳐지느냐? 글쎄요, 버르장머리를 고치기로 했다면야 1960년대 중소분쟁 시기에 중국과 소련 둘 중 하나가 이미 고쳤겠죠. 그런데 오히려 북한은 중소분쟁 틈바구니에서 등거리 외교를 하면서 이득을 챙겼잖아요. 지금은 북한이 미중 간에 등거리 외교를 하면서 미국에서 쌀 50만 톤, 중국에서 얼만지 모르지만 분명 식량 지원을 약속받았을 거예요. 중국도 북미관계가 빠르게 가까워지는 걸 견제해야 하니까요. 지난 6월 중순 시진핑 중국 국가부주석이 북한에 갔다 왔으니까, 틀림없이 경제적으로 무슨 약속을 했을 거라고요. 중국은 소리 없이 합니다.

미국은 WFP로 보내느니 선적식이니 요란을 떨지만 중국에서는 육로로 들어가기 때문에 조용하게 합니다. 국가 간 무역이나 성省급 변경무역, 보따리장수를 허용하는 방법 등 여러 방식이 있습니다. 그렇게 실질적으로 30~50만 톤 정도를 식량으로 주고 나중에 기름을 좀 더 준다든지 하면서 북한 경제를 지탱해줄 겁니다. 중소분쟁이 아니라 '미중경쟁' 시대에 들어와서 북한은 미국과 중국 사이에서 지금 버르장머리 없는, 소위 약자의 공갈 외교를 하면서 살고 있습니다. 그런데 남쪽이 무슨 힘으로 고칩니까? 금강산·개성 관광으로 북쪽에 1년에 3000만 달러 정도 들어갈 텐데, 물론 적지 않은 돈이지만 그게 막혔다고 남쪽에 굴복을 할 것이다? 그건 북한이라는 정치집단의 특성에 대해서 전혀 이해가 없는 사람들의 생각입니다.

남북관계에서는 돈이 다가 아니에요. 북한이 경제적으로 굉장히 어렵고 여기저기에 끌어오는 지원이 아니면 지탱할 수 없는 나라지만, 남쪽과의 관계에서는 비굴한 돈을 받지 않으려고 합니다. 딴 나라에다가는 비굴하게 할지도 모르죠. 동남아 어느 나라에서 들은 얘기니까 확인은 안 되지만, 쌀 지원을 요청했다가 거절당하니까 사절로 갔던 사람이 눈물을 흘리면서 그래도 어떻게 좀 해달라고, 그야말로 인민들을 위해 굴욕적인 외교를 했다는 얘기도 있습니다. 하지만 남쪽하고는 경쟁관계에 있기 때문에 절대로 그렇게 안 합니다. 먹는 것 가지고, 돈 가지고 북한의 버르장머리를 고칠 수 있다는 것은 북한을 둘러싼 국제정치가 어떻게 돌아가는지에 대한 이해가 없는 얘기입니다.

사슴을 보고 말이라고 한다

이명박 정부 첫해의 남북관계 _2008. 12. 22

김대중 · 노무현 정부 10년 동안 어렵게 쌓아 올린 남북관계가 무너지는 데에는 그리 오랜 시간이 걸리지 않았다. 이명박 정부 첫해 남북관계에서 있었던 가장 큰일은 금강산 관광객 사망 사건이었지만, 고위 당국자들의 대북 강경 발언과 반북단체들의 삐라 살포 논란 등으로 남북의 신뢰는 뿌리째 흔들리고 말았다. 북한은 이명박 대통령을 '역도'라 불렀고, 12월 1일부터는 남측 인력의 군사분계선 통과를 제한 · 차단하며 거세게 반발했다. 김정일 북한 국방위원장의 건강에 문제가 있다는 소식이 8월부터 들리기 시작하면서 이명박 대통령은 "기다리는 것도 전략"이라는 말로 북한붕괴론의 시각을 드러냈다. 한편 미국에서는 11월 민주당의 버락 오바마 후보가 대통령에 당선되면서 부시 시대와는 다른 대북정책을 예고했다.

정부 홍보자료의 지록위마指鹿爲馬

중국 진시황의 아들인 2세 황제 때 조고라는 환관이 권세를 이용해서 진실을 왜곡한 일에서 지록위마指鹿爲馬라는 고사성어가 나왔습니다. 그런데 이명박 정부 출범 첫해 1년 동안의 남북관계를 뒤돌아보면 자꾸 그 말이 생각납니다. 남북관계의 '위기'가 분명한데 정부에서는 '조정기'라고 하고, 이대로 가다간 점점 더 나빠질 게 뻔하고, 외국에서도 그렇게 보는데 우리 정부만 "지금의 현상들은 금단현상이다. 곧 좋아질 것이다"라며 우기고 있으니 사슴을 보고 말이라고 우기는 것과 뭐가 다르겠습니까?

올 1년의 남북관계를 정리한 정부 홍보자료가 며칠 전 이메일을 통해 들어왔더라고요. 그걸 보면서 사슴을 말이라고 하는 그런 보고서를 쓸 수밖에 없는 통일부 후배들이 참 안됐다는 생각을 했습니다. 진실은 따로 있는데 집권세력의 권세에 눌려서 사실과 다른 얘기를 하면서, 한반도 평화나 우리의 국제적 위상에 도움이 되지 않는 정책에 대해 "괜찮은 정책이고 앞으로 좋은 성과를 낼 것이다"라는 자료를 만들어내야 하니까 얼마나 마음고생이 컸겠어요? 문제는 통일부의 마음고생이 아닙니다. 집권세력의 시각과 고정관념 때문에 진단이 달라지면 처방도 달라지고 치료법이 달라진다는 사실입니다. 지금처럼 조정기, 금단현상 운운하면 남북관계는 정말 돌아올 수 없는 강을 건너버릴 수 있다는데 심각성이 있는 겁니다.

첫째, 남북 당국 차원의 관계는 다소 경색됐는지 몰라도 민간 차원의 교류와 왕래, 경제협력은 예년 수준만큼 됐다는 내용이 홍보자료에 있었어요. 이번 홍보자료 말고도 여당 쪽에서도 많은 사람들이 그런 식으로 말했었는데, 그걸 믿을 국민이 어디 있습니까?

인적 왕래가 작년에 15만 9000명이었다가 올해는 17만 4000명으로 늘었다고 했는데, 7월 금강산 관광객 피격 사건 나기 전까지 2008년 상반기에 평양, 남포, 원산, 사리원 등지에 다녀온 사람들 숫자에다가 개성공단을 매일 출입해야만 하는 기업인들의 총 출입 횟수를 더한 것에 불과해요. 입주 기업 수가 작년에 비해 1.5배 정도 늘었으니까 그렇게 보면 왕래가 22~23만 정도는 됐어야 합니다. 2006년에 10만 명, 2007년에 15만 9000명 선이었다는 점을 고려하고, 증가율을 감안할 때 최소 그 정도는 됐어야죠. 금강산 사건 이후에 정부가 민간 방북을 꽉 막아버리면서 17만여 명밖에 못 가게 됐는데, 북한의 개방·개혁에 영향을 줄 수 있는 평양 등 북한 지역 방문을 정부가 막았다는 사실을 감추려고 단순히 늘어난 숫자만 제시한 겁니다. 어쨌건 당국 관계는 좀 나빴지만, 민간 차원에서는 변함없이 왕래가 잘됐다는 건 사실과 다른 얘기입니다.

남북 교역량도 2006년 13억 5000만 달러, 2007년엔 18억 달러인데, 그런 추세라면 금년엔 적어도 22~23억 달러 정도는 됐어야 해요. 작년보다 적은 액수인 16억 달러 교역이 됐다고 써 있는데, 이건 개성공단에 원자재가 들어갔다가 다시 상품이 돼서 나오는 것을 보탠 게 대부분일 겁니다.

남북 간에 평화를 구축하려면 군사적 긴장 완화의 틀을 짜기 전에 경제적으로 상호의존성부터 키워나가야 합니다. 이렇게 하려면 개성공단 외 지역과의 교역도 활성화되어야 합니다. 평양이나 원산, 남포, 청진 등 북한 전역이 경제적으로 여러 갈래로 남쪽과 얽히고설켜야 경제적 이유 때문에도 관계가 안정되고 평화가 뿌리를 내리게 되기 때문입니다. 그런데 금년 들어 그런 관계가 일절 끊어져버렸다는 말입니다. 그게 문제입니다. 그럼에도 불구하고 평년 수준은 된다는 것은 그냥 하는 얘기라면 몰라도, 정책적으로 의미 있는 설명은 아닙니다. 오히려 자가당착이에요. 차라리 "남북관계 조정기에 나타나는 금단현상 때문에 금년에는 모든 수치가 내려갈 수밖에 없었다"고 하면 앞뒤 논리가 연결이라도 되지 않겠습니까.

둘째, 대북정책에 대해 몇 가지 자문자답하는 부분이 있더군요. 억울하다는 투예요. 우리 정부가 대북 강경정책을 쓴 적이 없는데, 강경정책을 써서 북한이 반발하고 남북관계가 경색되어가는 걸로 아는 국민들이 있다는 대목. 물론 전에도 말했지만 이명박 정부의 대북정책은 절대 강경정책이 아니에요. 강경정책이라는 것도 기본적으로는 인게이지먼트engagement(개입·포용·관여)정책입니다. 그런데 이 정부의 대북정책은 지난 10년간의 인게이지먼트를 푸는 디스인게이지먼트disengagement란 말이에요. 북한이 자세를 바꿔서 나올 때까지 기다리고, 그때까지 우리가 할 일은 별로 없다, 북한의 행동에 일희일비하지 않겠다는 것은 결국 '악의의 무시'(malign neglect) 전략이라고 할 수밖에 없습니다. 강경정책이 아니라는 말은 맞지만, 상황 악화의 책임을 벗어보려는 설명치고는 옹색한 논리죠.

그런 데다가 대통령 인수위 때부터 강조했던 '비핵·개방·3000' 구상이 북한을 자극한 건 부인할 수 없어요. 특히 통일부 장관이 지난 3월 "핵 문제가 해결되지 않으면 개성공단 2단계 사업을 시작할 수 없다"고 한 것은 비핵·개방·3000의 연장선에서 나온 얘긴데, 그동안 남북이 합의했던 걸 이행하지 않겠다는 말이기 때문에 북으로서는 자연히 반발하게 됐던 겁니다. 이쪽에서 강경하게 몰아붙여서 저쪽이 세게 나오는 게 아니라, 조용히 약속을 깨버리니까 상대방이 가만히 있을 수 없는 거 아니에요? 강경정책만이 상대방을 화나게 만드는 건 아닙니다.

"남북 간에 6·15 공동선언도 있고 10·4 선언도 있지만 남북 기본합의서가 제일 잘됐다"는 이명박 대통령의 발언도 북한한테는 자극적이었을 거라고 봐요. 자기네 최고 지도자가 서명한 합의서가 두 개나 있는데 16~17년 전 총리급이 서명한 합의서를 들고 나오니 북으로서는 새 정부가 김정일 위원장을 상대하지 않겠다는 뜻으로 해석했을 겁니다. 합참의장이 역시 3월 하순에 "북한을 선제타격 할 수 있다"고 한 것도 북으로서는 불안감을 가질 수밖에 없었을 겁니다. 그래서 북한은 4월 초부터 대남 강경 총공세를 시작했다고 봅니다. 그런데 홍보자료를 보면 인수위 시절과 2~3월 중에 남북 간에 어떤 말이 오갔는지는 싹 빼고, 북한이 4월 초부터 강경 노선을 걷기 시작했다는 말만 했더라고요. 이 자료만 보면 많은 국민들이 '우리 정부는 아무 실수 없이 잘하고 있는데 북쪽이 지레짐작으로 까닭 없이 저 혼자 강수를 두는구나!' 하고 생각을 하게 돼 있더란 겁니다. 홍보라는 게 워낙 아전인수하는 속성이 있기는 하지만, 도가 좀 지나치면 오히려 신뢰를 잃는 거 아닌가요?

북한이 이명박 정부의 대북정책을 오해하고 있다는 대목도 있어요. 사실은 잘해주려고 하는데 오해하고 강수를 두고 있다고 돼 있는데, 이거 얼마나 궁색한 얘깁니까? 1970년대부터 남북이 서로 성명도 많이 주고받았고, 회담에서 얼굴 붉힌 적도 많았지만, 우리가 진정성을 가지고 말하는데도 오해 때문에 북쪽이 세게 나오거나 위협적인 행동을 한 적은 없어요. 우리 쪽도 마찬가집니다. 북쪽이 남쪽과 관계를 잘 풀어가

3장 요동치는 21세기 동북아

고 싶을 때 진정성을 가지고 내놓은 말에 대해 우리가 오해해서 강수를 두거나 무시한 적은 없었어요. 남북 간에 몇 가지 용어의 차이가 있기는 하지만, 아직은 상대방 의사의 문맥도 못 짚어내고 숨은 뜻도 못 찾아낼 정도로 언어의 이질화가 일어나지는 않았어요. 그런데 무슨 '오해'니 "이해하려는 노력이 없다"느니 합니까? "기다리는 것도 전략"이란 말은 결국 "너희들이 변할 때까지 기다리겠다"는 소리입니다. 시간이 가면 결국 우리가 시키는 대로 할 수밖에 없을 거라는 함의가 있으니까 북쪽이 반발하는 거예요. "북한에 잘해주려고 한다"는 것도 남북관계를 일종의 시혜 관계로 본다는 겁니다. 그게 사실이라 하더라도 공개적으로 그렇게 말하면 자존심이 상하고 기분 나쁜 겁니다. "시작이 늦더라도 제대로 된 남북관계를 해야 한다"고도 했는데 '제대로 된 남북관계'라는 말, 사전적인 의미로는 나쁘지 않아요. 최소한 상호주의는 해야겠다는 뜻이라고 볼 수도 있지만, 북은 달리 받아들일 겁니다. 아마도 시혜자로서 남쪽이 절대적인 우위에 서고 수혜자로서 북쪽은 굴종적으로 끌려가는 관계라고 생각할 것 같아요.

남북관계를 풀어나가려면 이런 말들이 북쪽에 자극적으로 꽂히게 된다는 사실을 의식하면서 적절한 용어와 표현 방식을 찾아야 합니다. 북쪽을 아예 상대 안 하고 살 수 있다면 몰라도, 좋든 싫든 북쪽과 관계를 개선해나가야 통일도 할 수 있고 그것이 분단국가에 사는 우리의 운명이라면, 북쪽이 남쪽에 대한 피해의식과 열등의식에서 벗어날 때까지는 최소한 상대방이 어떻게 받아들일지도 생각해가면서 말도 하고 제안도 할 필요가 있습니다.

멸공통일주의자들이 장악한 통일부를 원하나?

또 하나 걱정스러운 게 있는데, 지난주에 한 일간지를 보니까 고위 공무원 물갈이 관련해서 청와대가 마뜩찮게 생각하는 부서에 통일부가 포함되어 있더군요. 북한한테 휘둘린다는 겁니다. 지금 상태를 가지고 북한에 휘둘린다고 하면 어떤 상태를 바람직한 걸로 보는 건지 모르겠네요. 그동안 통일부가 뭘 했습니까? 상부 지침에 따라 북한의 강수에 '일희일비하지 않고 의연하게 대처'했는데, 북한에 휘둘렸단 얘기는 무슨 얘기인지…. 통일부가 북진통일, 멸공통일 논리를 펴야 만족하겠다는 건가, 하는 생각밖에 안 들더군요. 통일부를 아예 없애려고 했던 사람들이니까 그런 생각을 하는지는 모르지만, 지금 시대가 어떤 시대인데…. 정말 걱정입니다.

이렇게 금년 1년을 뒤돌아보면, 새 정부가 김대중·노무현 정부 10년의 대북정책을 수정·보완하는 게 아니라 완전 부정하다 보니, 70~80년대의 남북관계로 되돌아갈 수밖에 없는 조치들을 하는 것 같은 느낌이 듭니다. 그러나 20~30년 전 국민들의 수준과 지금의 수준이 다르고, 국제 정세와 남북의 위상도 다르다는 사실을 직시해야 합니다. 70~80년대 대북정책이나 제의는 항상 조건이 있었어요. 당신들이 뭘 하면 우리가 어떤 걸 할 용의가 있다는 식으로. 그러면서 북한이 도저히 받을 수 없는 걸 그럴듯하게 포장해서 제안했고, 물론 북쪽도 그런 짓 많이 했죠. 상대방이 뭘 제안하면 늘 '위장'이란 말을 붙여서 서로 '위장 평화 공세'라고 했죠. 그런 시절이 있었는데, 이명박 정부가 이렇게 하다 보면 그때처럼 조건부 대북 제안이나 하면서 시간이 갈 것 같아요.

문제는 국제 정세가 우리한테 그럴 여유를 주느냐는 겁니다. 그러지 않을 거예요. 이번에 당선된 오바마 대통령이 취임하면 북핵 문제를 확실히 해결하기 위해서 북미수교까지 인센티브로 제시하면서 거물급 특사도 보낼 수 있다는 것 아닙니까? 물론 미국이 그렇게 한다고 해서 북한이 그렇게 시원시원하게 협조적으로만 나가진 않을 거예요. 오바마 정부를 상대해서도 전술적으로는 과거에 썼던 방식들을 계속 쓰겠죠. 그러나 전략적으로는, 클린턴 임기 말에 기회를 놓치고 나서 부시 시대에 힘들었기 때문에 오바마 시대를 최대한 활용하려고 할 겁니다. 그렇게 되면 동북아 정세는 큰 틀에서 변화를 겪을 수밖에 없습니다. 특히 일본을 중시하던 부시와 달리 오바마가 중국과 적극 협력하면서 동북아 정세를 풀어나간다면 북한이 과거처럼 몸값을 높이기 위해 미중 간의 틈새를 활용할 수 있는 선택지가 그렇게 많지는 않을 겁니다.

북·미·중 3자 관계가 원활하게 돌아가면서 동북아 질서의 재편이 일어날 텐데, 북한이 못마땅하다고 해서 남북관계를 이렇게 경직된 상태로 끌고 간다면 결과적으로 누가 손해를 보겠습니까? 불을 보듯 뻔한 거 아닙니까? 그렇게 되지 않으려면 남북관계를 빨리 복원해놔야 합니다. 미북관계·한미관계·남북관계 세 축의 균형을 잡아야 돼요. 이명박 대통령은 기업인 출신이니까 통일·안보 문제는 결국 참모들이 대통령을 제대로 보좌해야 하는데, 내가 볼 때는 참모들이 지금 '인식의 동굴' 속에 갇혀 있을 뿐만 아니라, 대통령과 국민을 상대로 현실을 호도하고 있어요. 누가 보더라도 남북관계가 경색돼 있고 악화되어 가고 있는

데 조정기, 금단현상 운운하는 게 얼마나 사실을 왜곡하고 호도하는 겁니까?

대통령 참모들 '인식의 동굴'에서 나와야

지난주에 통일부 출신들 친목모임인 통일동우회에서 미국통인 한승주 전 외무장관의 강연을 들었는데, 그분도 오바마 시대의 대북정책은 북한이 비핵화를 거부할 수 없을 정도로 적극적으로 나갈 것이고 북한이 비핵화를 거부했을 경우에 얻을 수 있는 혜택이 하나도 없기 때문에 결국은 비핵화로 간다는 식으로 전망하더라고요. 큰 틀에서 보면 그렇게 되리라고 봅니다. 북한은 핵보유국으로 남고 싶어 하겠지만 오바마 정부가 '과감하고 터프하게' 접근해오는 상황에서 그렇게 되지는 않을 겁니다. 북한이 오바마의 한반도 비핵화 정책에 협조하지 않고는 핵 카드를 가지고 얻고자 하는 체제 인정과 경제지원, 평화협정 등을 절대로 받아낼 수 없다고 전망하던데, 그렇게 보는 게 옳다고 생각해요. 그리고 한국이 미국과 협의(consultation)를 잘해나가면서 보조를 맞춰야 한다고 결론을 내렸습니다.

미국이 국내정치적 필요에 의해, 또는 대외정책의 기본 방향과 관련해서 대북 강경정책으로 밀고 갈 때 우리는 끌려갈 수밖에 없었습니다. 그게 노무현 정부 후기에 벌어진 현상이에요. 초기에는 북핵과 남북관계 병행론을 견지하던 노무현 정부도 부시 정부가 워낙 확고부동하니까 나중에는 북핵 우선 해결 입장으로 돌아서서 남북 정상회담도 늦췄잖아요. 남북관계 '한 발짝 후행론'까지 내놓고. 그런데 반대로 오바마 정부는 국내 경제 문제 때문에라도 대외적으로 유연한 외교를 할 수밖에 없고, 군사적인 조치 같은 것은 쓰려고도 안 할 겁니다. 이라크에서 철수하고 북한·이란 핵 문제도 전제조건 없이 'tough, direct diplomacy'로 풀겠다는 마당에 우리가 대북 무시 전략이 북핵 문제 해결에 도움이 된다고 미국을 설득할 수 있겠어요?

오바마의 대외정책 방향, 대북정책 기조에 결국 우리가 맞출 수밖에 없을 겁니다. 그러면 이명박 정부는 거기에 빨리 적응하기 위한 준비를 지금부터 해야 합니다. 시간이 많지 않아요. 외교 안보 라인 인선이 끝나고 정책 리뷰를 해야 할 내년 상반기까지는 시간이 좀 있을지 몰라도 어차피 이런 대북 무시 전략은 시한부예요. 한승주 전 외무장관도 결국 9·19 공동성명을 오바마 정부에서 적극적으로 이행하는 쪽으로 가지 않겠나, 힐러리 클린턴이 국무장관인 만큼 2000년 10월 미북 공동 코뮈니케도 준거가 될 거라고 보더군요. 특히 경수로 제공 문제가 굉장히 중요한 협상 카드가 될 수 있을 것 같다고 지적했어요. 북한도 그걸 바라겠지만 우리도 그런 걸 잘 활용해서 비핵화를 확실히 끌어낼 수 있는 전략을 세워놓아야 한다는 얘기를 하던데, 저도 같은 의견입니다.

질문 : 최근 미국에서 북한을 핵보유국으로 표기하는 사례가 연달아 세 번 나왔습니다. 북한이 핵보유국으로 인정되면 6자회담이 무의미해지고 북핵을 없애려면 북·미 핵 군축 회담을 해야 한다는 기술적인 분석이 많았습니다. 동북아라는 무기 시장을 지키려는 미 군산복합체의 음모란 얘기도 있었습니다.

둘 다 일리가 있는 분석입니다. 먼저, 북한을 핵보유국으로 인정하는 문서 행위의 출처가 모두 군부 쪽이었다는 사실에 주목할 필요가 있습니다. 전통적으로 미국의 군부는 군산복합체와 밀접한 관계를 가지고 있고, 그 사람들로서는 미국이 군사적으로 개입해야만 하는 상황을 자꾸 만들어가려고 합니다. 부시 시대에 무역적자나 재정적자 속에서도 이라크 전쟁 같은 대외 군사개입 때문에 군수산업은 호황을 누렸고, 고용 창출 효과가 커서 2004년 부시의 대통령 재선도 사실은 그것 때문이었다는 분석이 있어요. 군산복합체 입장에서는 세계 도처에 안보 불안의 불씨를 남길 필요가 있습니다. 동북아에 한정해서 보면 중국과 북한, 특히 요즘엔 북한 때문에 일본과 한국에 무기 장사가 된다고 얘기할 수 있지요. 그런 측면에서 핵보유국 표기는 미국 정부의 공식 입장이 아니라는 변명에도 불구하고 군산복합체로서는 무기 시장을 유지시켜주는 중요한 토대가 됩니다.

그리고 최근 미국 국가정보위원회(NIC)가 북한을 핵보유국으로 명기했던데, 그걸 보고 2003년에 NIC가 서울에 왔던 일이 생각났습니다. 노무현 정부 초기에 NIC가 <북한의 핵 능력 분석과 전망>이란 자료를 만들어와서 청와대에 국가안전보장회의(NSC) 멤버들을 전부 불러놓고 브리핑을 했어요. 아마 여름이었을 겁니다. 북한이 그해 1월 NPT를 탈퇴하고 클린턴 정부 시절 수조 속에 넣었던 연료봉을 꺼내 재처리하고 무기급 플루토늄을 확보해놓았던 시점입니다. 그때 NIC는 북한이 4~5년 후에는 핵폭탄을 6~7개 정도 만들 거고, 그로부터 또 4~5년 후에는 열몇 개, 그리고 삼십몇 개… 이런 식으로 된다고 프로젝션을 해가지고 왔더라고요. 북한은 위험한 국가니까, 6자회담에 나오면 미국의 핵 반확산 정책에 적극 협조하라고 한국의 NSC 멤버들에게 교육을 시킨 거였죠. 내가 그걸 보면서 당시 동석자에게 "저렇게 북한 핵무기 개발 추세가 계속 상승 곡선만 그릴 거라고 설명하는 게 말이 되나? 우리를 얼마나 우습게 보는 거야?"라고 했더니 그 동석자도 "그러게 말야" 하는 식으로 소감을 주고받았던 적이 있어요. NIC는 북한의 핵 능력을 자꾸 부각시켜서 한미 안보 협력이 결과적으로 미국 군산복합체의 이익에 맞게 이루어지도록 만들려는 거였겠지요.

김영삼 정부 시절에도 북한의 핵 능력에 대한 논란이 있었는데, 미국 중앙정보국(CIA) 판단과 국방정보국(DIA)의 판단이 계속 달랐어요. 핵물질 확보량이나 핵 기술 수준에 대해 군부 쪽인 DIA 예측치가 CIA 예측보다 거의 두 배쯤 많을 정도로 차이가 났었습니다. 그게 뭘 의미합니까? 그런데 2003년에 보니까 NIC가 DIA 쪽의 관점을 가지고 있더란 말입니다. 그래서 이번에 NIC가 북한을 핵보유국으로 표기한 걸 보면서 2003년 여름 브리핑이 생각났고, '저 사람들은 그런 식으로 몰고 가는구나' 하는 생각을 했어요. 미국의 군산복합체 주변의 생각이나 움직임은 그렇다 치더라도, 문제는 북한이 바로 그걸 이용해서 미국하고 핵보유국끼리 군축 회담을 해야 한다고 주장할 거라는 겁니다. 2006년 핵실험 직후에 이미 그런 얘기를 한 적이 있습니다. 앞으로도 오바마 정부 앞에 그 제안을 또 들이밀지 몰라요.

문제는 오바마 신임 대통령과 백악관, 국무부의 입장입니다. 일부에서는 북한이 지금까지 형편없는 패를 들고도 협상에서는 항상 유리한 결과만 얻었던 걸로 미루어볼 때, 결국은 소량의 핵무기를 가지고 있는 상태에서 미북관계를 정상화하고 경제지원을 받아낼지 모르고, 오바마도 북한의 핵무기를 관리하는 선에서 타협할지 모른다는 얘기도 나옵니다. 기자 출신인 돈 오버도퍼 같은 사람도 최근 서울에 와서 그런 얘길 했어요. 그런데 미국이 북한을 슬그머니 핵보유국으로 인정하려고 하면 첫째, 미국이 우리의 반발을 감당할 수 없어요. 곧바로 우리 쪽에서도 핵무장하자는 얘기가 나오지 않겠어요? 그럼 일본에서도 핵무장론이 탄력을 받고, 대만도 나설 거예요. 그러면 미국의 핵 반확산 정책은 근본적으로 흔들리게 됩니다. 인도, 파키스탄이 있는 서남아시아와 동북아의 사정은 다릅니다. 그렇기 때문에 오바마나 백악관, 국무부는 북한이 사실상의 핵보유국으로 남으려고 하는 한 북한이 바라는 것을 아무것도 해줄 수 없게 됩니다. 북한으로서는 일단 욕심을 내겠죠. 한반도에서 미북 간 핵 군축회담이 열리고, 그 토대에서 미북 평화협정이 체결되면 한국의 대내외적인 위상은 형편없이 추락하고, 북한은 소위 반사이익을 볼 수 있으니까요. 하지만 한국, 일본, 대만이라는 변수가 있기 때문에 북한이 바라는 방향으로 미국을 끌고 갈 수는 없을 겁니다. 중국도 그럴 순 없습니다. 대만이 뭘 하겠다고 나오면 커다란 전략적 손실을 입기 때문에 중국도 북한의 핵무기 보유를 인정할 수 없을 거예요. 그런 점에서 북한도 너무 욕심을 부리지 말아야 합니다.

747 공약도 바꾸는데
'비핵·개방·3000'은 왜 못 바꾸나

현인택 통일부 _ 2009. 2. 2

2009년 초가 되면서 이명박 대통령은 통일부 장관을 김하중에서 현인택으로 교체했다. 김대중·노무현 정부 시절 외교안보수석, 주중 대사 등을 역임하며 대북 포용정책의 주요 집행자 중 하나였던 김하중에 대한 경질성 교체였다. 현인택 장관은 이명박 정부의 대북 구상인 '비핵·개방·3000'을 입안한 인물 중 하나다. 그런 현인택의 통일부 장관 기용은 북한에 더 나쁜 신호를 줄 수밖에 없었고, 실제로 남북관계는 더욱 악화됐다. 현인택 장관 취임 이후와 비교해볼 때, 김하중 장관 시절 대북정책에 대한 비판은 어쩌면 '순진한' 것이었는지도 모른다. 현인택 통일부 출범 후 이명박 정부의 대북정책은 '기다리는 전략'으로 본격 전환됐다.

北 불만의 근원 '비핵·개방·3000'

현인택 고려대 교수가 이명박 정부 2대 통일부 장관으로 내정돼서 국회 청문회를 기다리고 있습니다. 그런데 현 교수가 이명박 정부의 '비핵·개방·3000'을 입안했다는 사실을 청와대가 그렇게 부각시킬 필요가 있었나 하는 생각이 듭니다. 그것 때문에 현 교수 자신도 통일부 장관이 되면 운신의 폭이 좁아지게 될 겁니다.

이 정부가 출범 당시에는 '비핵·개방·3000'을 많이 언급했지만 북한이 작년 4월부터 조목조목 비판하며 반발하고, 남쪽의 여론도 그리 좋은 편은 아니라고 보았는지 2008년 여름을 전후해서는 '상생·공영의 대북정책'이라는 말을 쓰기 시작했어요. 그 후로 대북정책의 기조가 바뀌는 것 같은 흐름이 쭉 이어져 왔습니다.

그건 김하중 현 통일부 장관이 노력한 결과라고 나는 봅니다. 또 통일부로서도 자신들의 역사성과 정체성에 대한 고민이 반영된 것이라고 보고요. 실현 가능성이 없는 정책보다 김대중·노무현 정부 10년뿐만 아니라 그 이전 대북정책의 역사와도 연결될 수 있는 방향으로 나가야 한다고 통일부도 생각했을 겁니다.

그런 점에서 '상생·공영'은 이명박 정부 기간 동안 남북관계를 더 이상 악화시키지 않는 일종의 안전판 역할을 그럭저럭 할 수 있다고 생각했습니다. 그런데 현인택 교수에 대해 '통일과 안보 문제에 해박한 지식을 가지고 있는 전문가' 정도로만 얘기하지, 굳이 '비핵·개방·3000'의 입안자라는 걸 강조해버리면, 북한으로서도 다시금 긴장하고 불만을 표출할 수밖에 없을 겁니다.

청와대가 현 교수를 '비핵·개방·3000'의 기수로서 확실하게 역할을 하라고 통일부 장관에 지명했는지는 모르겠는데, 만약 그렇다면 이명박 대통령 임기가 끝날 때까지 남북관계는 풀리기가 좀 어려울 겁니다. 또, 이 정부가 한미동맹을 복원하고 강화했다면서 미국이 우리를 무시하고 북미관계를 푼다거나 북핵 문제를 풀지 않을 거라고 말하는데, '비핵·개방·3000'으로 계속 나간다면 오바마의 미국과 대북 문제를 조율하기 힘들 수도 있다고 생각합니다.

오바마 대통령이나 힐러리 클린턴 국무장관이 북한과의 관계 정상화까지 보장해주면서 핵 폐기를 달성하겠다는 방침을 가지고 있는 만큼 우리 정부도 거기에 보조를 맞추기 위한 사전 정지작업을 해야 하고, 북한이 더 이상 강수를 쓰지 않도록 뭔가 반응을 보일 필요가 있습니다. 결국 '상생·공영'이라는 얘기를 새 장관이 분명히 해줘야죠. 과거에도 보면 학자로서 밖에서 있을 때 좋은 정책이라고 생각했지만, 실제 정부 안에 들어와 일해보니 학자 시절 생각대로 그리 쉽게 잘 안 된다는 걸 알고 자신의 생각을 수정하는 경우가 많았습니다. '비핵·개방·3000'도 결국 그런 운명이 되리라고 생각합니다. 지금 이미 이명박 정부의 발목을 잡고 있지 않습니까?

솔직히 대통령 선거나 국회의원 선거에서 당선된 사람들이 공약을 그대로 지키는 경우가 어디 있습니까? '747 공약'도 못 지키게 됐잖아요. "들어와 보니 국제정세가 '비핵·개방·3000'을 써먹을 수 없게 됐더라"라는 얘길 왜 못합니까. 경제성장 목표가 7% 성장에서 0.7% 성장으로 바뀌는 마당에, '비핵·개방·3000' 내걸고 500만 표 차로 당선됐으니까 그걸 고수하려고 하는 사람들이 있는 모양인데, 그런 논리라면 747도 계속 밀고 나갔어야죠.

언제까지 한미동맹 타령만?

그리고 자꾸 자기들이 한미동맹을 강화했다고 하는데, 글쎄요, 국방부나 합참에서는 동맹의 실체를 어떻게 이해하고 있는지 모르겠지만, 냉정하게 보면 우리가 미국산 무기를 많이 사줄 때나 미국 사람들이 한미동맹에 문제가 없다는 식으로 가만히 있는 것 같아요. 솔직히 미국 입장에서는 한미동맹을 미일동맹보다 우위에 둘 수 없습니다. 버든 셰어링 Burden-sharing(미군 주둔 분담금 등)의 액수나 비율만 봐도 일본만큼 우리를 대접해달라고 할 수도 없고, 무기 구매를 가지고도 그렇습니다. 미국 입장에서는 자기네 물건 많이 사주고 주둔비 많이 내는 쪽을 중시할 수밖에 없어요.

물론 미국이 북한의 말보다는 우리의 말을 기본적으로 더 듣겠죠. 그렇지만 북한을 몰아붙이고 무시해서 얻을 수 있는 전략적 이득보다 손실이 크다고 생각하면 미국은 결국 북한을 달래거나 끌어안는 식으로, 또는 그들과 유연하게 협상하는 방향으로 갈 수박에 없어요. 그런 맥락에서 한미동맹 강화론이나 협조론을 얘기해야지, 무턱대고 우리가 미국에 가서 부탁하고 매달리면 우린 절대로 고립되지 않는다고 하는 건 희망사항에 불과합니다.

이명박 대통령이 지난주 금요일 방송 토론에 나와서 통미봉남이란 용어를 폐기해야 한다는 말을 또 했는데, 폐기하고 말고 할 게 없어요. 미국은 북한과 관련된 전략적 이해득실을 계산해서, 손실을 막기 위해서라면 얼마든지 북한과도 타협할 수 있습니다. 그러면 그게 바로 통미봉남이 되는 거예요. 한미동맹 강화했다고 아무리 자랑해도, 가령 미국이 중국과의 관계를 잘 관리하기 위해 북한을 적절하게 끌어안든지 아니면 북한을 활용할 필

3장 요동치는 21세기 동북아

요가 있다고 판단하면 그렇게 가는 겁니다.

역사 교과서를 보면 구한말의 친청파라든가 친일파, 친러파를 비웃고 있지 않습니까? 근현대사에서 그때가 엄청나게 비자주적이었던 시기였다는 것을 아무도 부인 못 하잖아요. 그것처럼 이명박 정부 시기의 대북정책에 대한 훗날의 역사적 평가도 의식해가면서, 한미관계도 풀어가야 하지만 남북관계도 소홀히 해선 안 됩니다.

누차 얘기하지만, 우리가 북한에 일정한 영향력이나 관계를 유지하면서 "어쨌든 한국이 북한한테 얘기하면 통하더라"는 말이 나오던 시절에 미국이 우리를 대하는 것하고, 남북관계가 완전히 제로이던 상황에서 미국이 우리를 대했던 것에는 차이가 컸습니다. 김영삼 정부 시절 미국이 우리를 대접해주지 않았던 게 대표적인 사례입니다. 동북아 정세에서는 미국과 중국이라는 변수가 어떤 조합을 이루냐에 따라 한국·북한·일본이 움직일 수밖에 없는 게 국제정치의 현실입니다.

이명박 정부가 '비핵·개방·3000'을 다시 전면에 내세우고, 한미동맹을 통해 북미관계의 속도를 조절하려고 하거나 혹은 미국의 권고에 의해 북한이 남북대화에 나오도록 하는 식의 접근을 생각하는 것 같은데, 모양새도 안 좋고 6자회담이나 북핵 해결 과정에서 우리의 위상과 역할만 떨어뜨리게 될 겁니다.

그러니까 집권 2년차부터는 좀 더 현실적으로 움직였으면 좋겠어요. 현인택 교수가 통일부 장관으로 취임하면, 국제정치학자 출신답게, 동북아 국제정치가 움직이는 큰 틀 속에서 우리가 어느 쪽으로 움직여야

나라의 체모가 서고 민족사적으로도 보람 있는 일을 성취할 수 있을지 생각해야 합니다. 미국에 협조를 요청하는 것도 그 바탕위에서 해야 합니다. 학문의 깊이가 있는 분이니까 잘 알아서 하지 않겠나 기대하겠습니다.

김하중 장관이 어려운 상황에서 '상생·공영' 간판까지 걸었던 건 의미가 있었다고 생각합니다. 현인택 내정자도 그 문패를 그대로 두고, 좀 더 큰 틀에서 앞으로 4년 동안 남북관계가 안정적으로 발전할 수 있는 기틀을 뒤늦게나마 놔주길 바랍니다.

제갈공명은 없고 장비만 있다

북한의 장거리 로켓 발사와 MB 정부의 오락가락 대응 _ 2009. 4. 5

2009년 상반기는 한반도의 긴장이 최고조로 올랐던 때였다. 북한은 4월 5일 장거리 로켓을 발사하고 5월 25일에는 2차 핵실험을 감행했다. 한·미·일에서는 한때 북한의 로켓을 요격 해야 한다는 목소리까지 나왔고, '핵무장론', 우리도 사용 후 핵연료를 재처리할 수 있어야 한 다는 '핵주기 완성론' 등의 강경론이 들끓었다. 이 과정에서 북한은 개성공단의 출입을 수차 례 차단하고 개성공단 남측 직원을 억류했으며, 영변 핵 시설 불능화 작업을 중단하고, 6자회 담에 나가지 않겠다고 선언했다. 일관성을 잃고 갈팡질팡하는 이명박 정부의 대북 메시지는 위기에 불을 지폈다.

로켓 발사를 둘러싼 국제사회의 반응

북한이 4월 5일 발사한 장거리 로켓은 일단 북한의 주장대로 인공위성 인 것 같은데, 궤도 진입 성공 여부를 떠나서 로켓 기술이란 게 얼마든 지 군사적으로 전용될 수 있기 때문에 앞으로 며칠 동안 조용하진 않 을 겁니다. 아무 일도 없었던 것처럼 지나갈 수는 없으니까요. 당장 일본이 UN 안전보장이사회 소집을 요구했고, 미국 정부도 반대할 처지는 아니니까 안보리가 바로 소집되겠죠. 그렇지만 안보리에서 일본이 바라는 수준의 결정은 이뤄지지 않을 겁니다. 중국과 러시아가 발사체는 인공위성일 가능성이 높고, 그렇다면 제재가 현실적으로 어려운 게 아니냐는 입장을 일찌감치 내놨으니까요.

미국도 제재라는 용어를 안 쓰고 있어요. 2일 런던에서 있었던 한미 정상회담 결과를 발표할 때 오바마 대통령이 북한이 장거리 로켓을 발사하면 UN 안보리에서 '제재 결의안'을 추구하겠다는 말을 했다고 청와대가 발표했지만, 백악관 쪽 발표문에는 국제사회가 '일치된 대응'(Unified Response), 즉 보조를 맞추는 게 중요하다고만 발표했단 말예요. 물론 이명박 대통령이 오바마 대통령과의 대화 과정에서 '제재'나 '결의안'으로 번역되는 표현을 썼을 겁니다. 거기에 대해서 오바마 대통령이 이해한다고 반응했을 수 있습니다. 그러나 외교적인 대화에서 '이해한다'는 건 각자의 얘기를 그냥 잘 들었다고 할 때 쓰는 표현입니다. 북한의 로켓 발사에 국제사회가 보조를 맞춰 대응해야 된다는 정도로 얘기한 걸 봐서는 미국도 제재를 내용으로 하는 결의안이 통과될 수는 없다고 생각하는 것 같습니다.

<AP 통신>을 보니까 또 다른 상임이사국인 영국도 그렇게 생각하는 것 같아요. 그러니 결국 기껏해야 의장성명이나 언론발표문 정도가 나오지 않을까 싶어요. 다만 "로켓 기술의 군사적 전용은 안 된다"는 경고는 담길 겁니다. 의장성명에 2006년 핵실험 후 채택된 안보리 결의 1718호가 언급될 수도 있습니다만, 그래서 그걸 두고 제재의 뜻이 담긴 거라

고 해석할지도 모르겠네요. 그러나 1718호가 나왔을 때도 보름도 안 지나서 북미가 양자접촉을 했어요. 1718호가 언급돼도 별로 의미가 없을 거라는 얘깁니다.

궤도 진입 여부보다 사거리가 핵심

재일본조선인총연합회(조총련) 기관지인 <조선신보>가 4일 로켓이 발사되기도 전에 올렸다가 삭제한 기사를 보면 북한의 속내가 어느 정도 드러나 있어요. "로케트 개발 과정에 탄생한 첨단기술의 민수 이전, 위성 발사의 상업화와 로케트 기술의 수출 등 일련의 경제적 효과를 상정할 수 있다"는 대목 말입니다. 이미 그런 선례가 있습니다. 1998년 8월 대포동 1호 발사 후에 1999년 9월 북미 양자접촉에서 미사일 발사 유예 약속이 있었어요. 그 내용은 2000년 조미(북미) 공동 코뮤니케에서도 재확인됐습니다. 북한이 미사일 기술을 수출하지 않는 대가로 3년 동안 약 10억 달러 상당의 식량을 지원하는 합의가 있었다고 보도됐습니다.

북한과 미국 모두 그런 거래가 성사됐던 기억을 가지고 있기 때문에 <조선신보>가 "상업용으로 쓸 수 있다"고 한 것은 협상력을 키우기 위해 일종의 복선을 깔아놓은 겁니다. 이번에 일본이 발표한 걸 보면 2단계 로켓 추진체가 일본 동쪽 끝에서 기산해서 태평양 쪽으로 2000km 이상 날아간 걸로 돼 있는데, 그렇다면 무수단리를 기점으로는 3000km 이상 날아간 셈입니다. 1998년 대포동 1호가 1620km 날아가다 떨어졌고 궤도 진입에 실패했는데도 불구하고 미국이 서둘러 양자접촉을 해서 경제지원을 해주는 협상을 했는데, 그때보다 거리가 두

북한은 2009년 장거리 로켓을 발사했다. 한반도 정세의 불확실성이 높아져가는 가운데, 이에 대한 청와대와 정부의 차분하고 장기적인 관점에서의 대책이 필요한 시점이었다.

배 이상 된다면 미국으로선 마음이 조급해질 겁니다.

미군은 이번 위성도 궤도 진입에 실패했다고 했는데, 궤도 진입 여부는 문제가 안 됩니다. 얼마나 날아가느냐, 그 거리가 중요한 거죠. 더구나 중동 문제나 아프가니스탄 문제의 중요성에 비춰볼 때, 탈레반이나 알 카에다 같은 세력에 북한의 기술이 확산되는 걸 막아야 한다는 점에서 미국은 냉각기를 최소화하려고 할 수 있습니다. 물론 냉각기는 필요할 거예요. 장거리 로켓을 쐈는데 곧바로 양자회담을 할 수도 없고, 한국이나 일본 같은 동맹국들의 체면이 있으니까요.

평양 다녀온 사람들 "북측도 대통령 최근 발언 긍정 평가"

이제 우리는 어떻게 해야 하느냐. 로켓을 발사하면 대량살상무기 확산방지구상(PSI)에 전면 참여한다는 외교부 고위 당국자의 국회 답변이 있었는데, 막상 로켓 발사 직후 열린 국가안전보장회의(NSC) 결과에 대한 발표문에는 PSI 얘기가 일단 빠져 있었어요. 우리 정부가 앞으로 이 문제와 관련해서 일어날 수 있는 상황을 충분히 예견해가면서 차분하게 대응하자는 게 아닌가 싶습니다. 대통령도 로켓 발사 전에 이미 로켓에 대한 군사적 대응에 반대한다고 말했고, 영국에서 있었던 외신 인터뷰에서도 북한이 받을 준비가 돼 있으면 특사를 보내겠다고 했는데, 정부가 강경보다는 조금은 유연한 쪽으로 선회하는 게 아닌가 하는 느낌이 듭니다. 천만다행이라고 생각해요.

4월 1일 평양에 갔다가 4일 돌아온 시민단체 대표들이 있는데, 그 사람들하고 오늘(5일) 오후에 통화를 했어요. 그랬더니 로켓 발사에 대한 군사적 대응에 반대한다는 이 대통령의 말에 대해 북쪽 사람들이 "좋은 얘기다. 이제야 제대로 하는 것 같다. 그런데 문제는 진정성이다. 좋은 얘기 해놓고 또 뒤집는 얘기가 안 나와야 한다"는 반응을 보였다고 하더라고요. 북한과 관련한 정부 당국자들의 무책임한 언급에 대해서 내가 '형명참동形名參同'(정책의 결과에 따라 상이나 벌을 줘야 한다는 한비자의 말) 개념으로 비판한 적이 있었는데, 어쨌건 NSC 회의 결과에서 PSI 참여가 빠졌다는 건 다행이고, 특사 파견도 북한을 가능한 유연하게 상대하겠다는 메시지인 것 같아서 다행이라고 봅니다.

오바마 인수위에서 정보기관 인수 분야 팀장을 역임한 아서 브라운

전 CIA 동아시아 지부장이 얼마 전에 한국 언론하고 인터뷰를 했는데, 대북관계에서 한국이 앞장서 가지 않으면 미국은 한국을 떼놓고 가버릴 거라고 말했습니다. 그런 말이 나온 후에 대통령이 군사적 대응에 반대한다고 말한 건 모양새가 안 좋았지만, 어쨌든 한반도 상황이 험악하게 풀리지 않고 좀 안정적으로, 남북의 긴장이 완화되는 쪽으로 풀려가는 자극제가 됐다고 생각합니다. 계속 그 방향으로 조금씩 발전해나가면 된다고 봐요.

개성공단에서 북한에 억류된 현대아산 직원이 지금 조사를 받고는 있지만, 그것과 별개로 적어도 우리 정부 입장에서는 개성공단을 대북압박 수단으로 삼을 생각이 없다는 얘기를 할 필요가 있습니다. 그런 방향으로 메시지가 나갈 필요가 있어요. 대통령이 한 말에 대해 참모들이 뒤집지 말고요. 대통령이 무슨 말을 하면 참모들이 자꾸 딴소리를 하는데, 대통령이 그걸 가만 놔두는 것도 이해가 안 돼요. 전화로 얼마든지 협의할 수 있으니까 청와대와 정부 부처가 한목소리를 내야 하는데, 여기 다르고 저기 다르고. 대통령이 자꾸 청와대 지하벙커만 들어가면 뭐합니까?

이번 북한의 로켓 발사는 처음부터 북한이 국제해사기구(IMO)나 국제민간항공기구(ICAO)에 발사 방향과 궤도까지 통보하면서 국제사회로부터 사실상 허락을 받고 한 겁니다. 그러니까 미국도 저렇게 나가는 거고. 따라서 우리도 차분하게 대응해야 하고, 냉각기 후에 미국이 어떻게 움직일지에 대해 준비를 하면 됩니다. 미국은 냉각기를 거쳐서 6자회담을 먼저 열자고 할 것이고, 북한은 6자회담과 북·미 양자협상을 떼내려고 할 거예요. 군축협상으로 발전시켜야 한다고 할지도 모릅니다. 그렇게 6자회담의 틀 밖에서 미국을 만나고 싶어 하겠지만 오바마는 6자회담의 틀을 유지시키려 할 겁니다. 그런 문제 때문에 옥신각신하면서 시간이 지나면 지금의 격앙된 분위기나 제재 논의 등은 머잖아 식을 겁니다.

PSI 참여가 바로 '일희일비'

정말로 당부하고 싶은 것은 PSI 전면 참여 같은 건 다시는 생각하지 말아야 한다는 겁니다. PSI에 전면 참여한다고 하면 대통령이 최근 며칠간 했던 모든 얘기들은 다 무효가 됩니다. 특사 파견, 군사 대응 반대, 개성공단 유지 이런 게 다 물거품이 됩니다. PSI에 참여하는 데 대한 반발로 북한이 진짜로 서해상에서 단거리 미사일로 위협을 가해 올 경우 한반도 상황은 더 나빠질 수밖에 없어요. 그러니 제발 부처 간에 혼선 좀 일으키지 말고 하나의 조율된 방향으로 나갔으면 해요. 특히 대통령 발언이 그냥 별 생각 없이 불쑥불쑥 던진 말이 아닐 텐데, 그 얘기대로만 하면 상황 악화는 막을 수 있지 않겠나 싶습니다.

북한의 행동에 일희일비하지 않겠다고 하더니, 로켓 발사가 임박하니까 청와대에서 회의 소집하고 각 부처는 태스크포스를 만들었어요. 그게 일희일비예요. 단호하게 하겠다면서 유연하게 하겠다고 하고. 말을 너무 아무렇게나 하는 것 같아요. 어느 게 본심인지 모르겠어요. 무슨 고도의 교란전술인가?

《삼국지연의》에 보면 말예요. 무슨 일만 생기면 장비는 불끈불끈

하고 금방이라도 쳐들어가야 한다고 주장하는데 가만 보면 결국 그게 채택되지 않아요. 제갈공명이 쭉 보면서, 몇 수 앞을 내다보고 일을 수습하죠. 그러면서 별로 세력도 없던 촉蜀 나라의 국력과 위상이 점점 높아지는데, 요즘 우리나라를 보면 몇 수 앞을 내다보는 제갈공명은 없고 장비들만 있는 것 같아요. 정치권이 특히 그렇습니다. 로켓을 쏘니까 한나라당이 '제재가 따를 것'이라는 논평을 냈던데 어디서 제재를 한다는 겁니까? UN 안보리에서도 제재 결의안은 채택 안 될 겁니다. 근데 무슨 제재가 따른다는 거죠? 강한 단어만 붙여놓으면 되나요? 공당으로서의 신뢰를 떨어뜨리는 거 아닙니까?

개성공단, 남·북 강경파 모두
손 못 대는 '마지막 보루'

─────── 남북 개성 접촉에서 드러난 MB 정부의 아마추어리즘 _ 2009. 4. 22

2009년 4월 21일 개성공단에서 있었던 남북 접촉은 남북관계에 관한 이명박 정부의 철학·

전략의 부재, 아마추어리즘이 극명하게 드러난 사례였다. 정부는 개성에 억류된 현대아산 직

원 석방 문제와 대량살상무기 확산방지구상(PSI) 전면 참여 발표, 개성 접촉 등 다양한 변수

들이 맞물리는 상황에서 우왕좌왕하며 외교·안보에 관한 컨트롤 타워가 없음을 보여주었다.

우여곡절 끝에 열린 개성 접촉에서 북측은 개성공단 임금, 토지 이용료 등의 대폭 인상을 요

구했다. 그러나 정부는 그 내용을 국민들에게 알리는 과정에서 "6·15 선언을 존중하지 않기

때문에 남쪽에 준 특혜를 몰수한다"는 북측의 핵심 논지를 쏙 빼놓고, 북측이 그저 돈만 더

받으려 한다는 식의 설명을 내놨다. 4월 22일에 정 전 장관은 정부가 공개하지 않은 북측의

논리를 유추해보면서, 북한의 제안에 어떻게 대응해야 하는지를 이야기했다. 그로부터 며칠

후 공개된 북측의 요구사항 전문全文은 예상한 내용 그대로였다. 개성공단에 관한 북측의 요

구는 그해 하반기 긴장 완화 국면에서 없었던 일이 됐다. 개성공단은 남북의 강경파들로서도

어찌할 수 없는 남북교류의 마지막 보루가 되고 있다.

북한의 '모두발언'부터 해독해야

4월 21일 남북 개성공단 접촉을 두고 22일 아침 신문들의 보도가 엇갈렸고, 실제 상황과 거리가 있는 기사들이 일부 나온 것 같습니다. 예를 들면, 결국 북한이 돈이나 더 달라고 한다는 식의 제목이 나온 경우가 있었습니다.

물론 그렇게 볼 수 있는 대목이 없지는 않았어요. 그런데 통일부가 개성 접촉에 관해 작성한 국회 보고자료나 언론 보도자료를 보면 북쪽이 남측 대표단에 했다는 통지의 내용이 우리가 북쪽에 전달했다고 하는 내용보다 아주 적습니다. 1/6 정도 밖에 안 나와 있어요. 그런데 접촉 시간은 22분이었단 말이에요. 또, 개성에서 만나자마자 우리 입장에 관한 글을 읽으려고 하니까 북측 대표단이 제지하고 자기네 얘기를 한 다음에 우리가 전달한 통지문은 다시 돌려줬다고 했어요. 그럼 우리는 한 4~5분 말을 했고 나머지 시간은 북측이 전부 썼다는 건데, 정부가 밝힌 북측의 통보 내용은 너무 분량이 적었습니다. 북측 사람들이 뭔가 다른 말을 했다는 건데, 정부가 공개한 북측의 발언 중 몇 가지 대목을 보면 정부가 어떤 말을 잘라내고 공개했는지 유추해볼 수 있습니다.

북쪽은 그동안 대량살상무기 확산방지구상(PSI)에 대해 남쪽에 여러 강한 메시지를 보내왔기 때문에 이번에 만나면 개성공단 운영 문제와 PSI를 연계해서 압박할 거라는 전망이 많았습니다. "PSI 하면 개성공단 문 닫겠다"는 식으로. 그런데 개성공단에 관한 요구를 하면서 PSI를 주된 원인으로 거론하지는 않았던 것 같아요. 물론 북측이 PSI에 전면 참여할 경우 강력 대응하겠다는 종전의 입장을 밝혔다고 정부가 오늘 확

237

인했는데, 개성공단 문제를 가지고 저러는 건 단지 PSI 때문만이 아니라 더 큰 원인이 있다는 걸 읽어야 합니다.

그게 무엇이냐? 개성공단과 관련해 남측에 준 모든 특혜 조치를 전면 재검토할 것이라는 대목이 있었잖아요. 그건 특혜를 재검토해야 하는 상황이 생겼다는 겁니다. 바로 이명박 정부가 6·15 선언과 10·4 선언을 무시하는, 그런 상황을 말하는 겁니다. 북한은 이런 얘기를 했을 겁니다. "개성공단 사업은 6·15 공동선언에서 시작된 것이다. 6·15 선언에 '민족경제의 균형적 발전'이란 표현이 나오는데, 우리는 그 문구를 토대로 개성에서 남측에 특혜를 줬다. 그런데 남쪽에서 6·15 선언을 무시한다면 그 특혜를 거둬들일 수밖에 없다." 아니면 1항에서 나오는 '우리 민족끼리' 정신으로 남쪽에는 특별히 국제 가격보다 낮은 시세로 노임도 보장해주었고 토지임대료도 싸게 해주거나 늦게 받기로 했다는 설명을 구두로라도 했을 겁니다. 개성공단에 주었던 특혜를 거둬들일 수밖에 없는 이유를 PSI 문제보다 더 높은 차원에서 찾고, 그 논리의 연장선에서 각종 통보를 했을 겁니다.

북한 사람들하고 대화하다 보면 자기 행동을 정당화하고 자기 행동의 현실 적합성을 설명하기 위한 사설을 지루하게 늘어놓는 경우가 많아요. 그렇지만 우리보다 훨씬 논리적이죠. 우리는 그냥 간단명료하게 결론부터 말하고 끝내지만 북한 사람들의 원칙적인 문제, 역사적인 문제부터 풀어내기 때문에 지루하다는 느낌이 들 정도인데, 이번에 정부가 밝힌 것처럼 이렇게 거두절미하게 결론 몇 가지만 얘기하지는 않았을 겁니다.

협상 대상, 당국 아닌 현대일 가능성

노임과 토지임대료를 국제가격보다 싸게 한 것에 대해 정부가 자꾸 남북 간 합의 운운하는데, 개성공단과 관련한 제반 규정의 법적 성격은 남북 합의서 형식이 아니라 북한이 남북 합의의 정신을 토대로 자신들의 법령 형태로 만든 겁니다. 그건 우리 쪽에서 요구한 거예요. 남북 합의보다 북측 내부의 법령으로 만드는 게 오히려 북쪽의 행동을 규율하는 데 구속력이 높을 거라고 생각했기 때문입니다. 그래서 북한 최고인민회의에서 채택한 정령 형식으로 법령화가 되어 있어요. 개성공업지구법 안에 다 들어 있습니다. 그 하위 법령, 우리식으로 시행령에 해당하는 게 10개가 넘어요. 거기에 임금, 토지임대료, 소득세 등에 대한 관련 규정들이 다 들어 있는데, 월 임금을 57.5달러로 시작하고 연간 5% 이상 인상을 요구하지 않는다는 것도 그 법령에 들어 있어요. 우리가 북한한테 국제적인 투자를 유치할 때 해야 하는 모델을 제시하면서 자체 법령화하도록 한 겁니다.

북측이 토지 임대료 징수를 10년간 유예했던 결정을 이번에 바꿔서 내년부터 받겠다고 했는데, 토지 임대료는 남쪽 정부나 토지공사, 현대한테 받겠다는 게 아니라 입주기업들이 내야 하는 걸로 법령화되어 있습니다. 소득세도 입주기업이 수익을 내면 3년 정도 면제해주는 걸로 법령화되어 있습니다. 어제 북한이 협상을 통해서 기존의 합의를 바꾸자고 했는데, 법리상으로 말하자면 사실은 자기네 법을 고쳐야 되는 겁니다. 물론 그전에 남쪽과 협상해서 동의를 받아낸 뒤에 다시 법령을 고쳐야 하는 거지만.

여기서 협상의 상대가 누구냐 하는 문제가 나옵니다. 북쪽에선 일찌감치 중앙특구개발지도총국이란 걸 만들어서 나왔습니다. 남쪽에서는 그동안 현대가 나서서 협상했어요. 개성공단 2000만 평에 대한 50년 장기 독점 개발권을 현대가 처음에 받아냈으니까요. 이번에 그 기간도 조정하자고 했다는 보도가 있던데, 그게 사실이라면 그것도 문제입니다. 독점 기간을 반 토막으로 자르거나 3분의 2로 줄이자고 하면 사실 개성·금강산·칠보산·백두산 독점 개발권을 위해 북쪽에 준 5억 달러가 날아가는 셈이 됩니다. 그런 의미도 있습니다. 독점 개발권을 가지고 있기 때문에 사실 협상 대상이 남쪽 당국이 아니라 현대가 될 수도 있어요. 현대가 나오라고 할지 몰라요.

'경쟁력론'으로 협상 응해야

다시 앞의 얘기로 돌아갑시다. 6·15 선언 문제부터 제기해서 특혜를 줄 이유가 없어졌으니까 협상을 새로 하자고 한다면 어떻게 해야 하느냐? 북한의 요구가 국제적인 수준, 예컨대 중국 수준 이상은 넘지 않을 거라고 봅니다. 북한은 개성공단에 대해 처음 협상할 때 월 임금 300달러를 제시했어요. 그래서 우리가 "그럼 누가 개성공단에 가겠느냐"고 따졌죠. 당시 중국이 100달러였고, 베트남이 70~80달러였으니까요. 그런 수치를 제시하면서 우리는 중국이나 베트남에 나간 남쪽 기업들을 개성으로 오게 하려면 남쪽 기업에 유리하게 해야 한다고 설득했습니다. 당시 우리는 '경쟁력' '비교우위' 개념을 심어주면서 토지 임대료와 임금을 낮추라고 주문했어요. 그랬더니 300달러를 요구하던 사람들이 갑자기 65달러로 낮췄고, 2~3개월 후에는 자진해서 57.5달러부터 시작하자고 나왔었습니다.

우리가 말한 경쟁력 개념을 북한도 이해했기 때문이라고 봐요. 토지임대료도 마찬가지였습니다. 이번에 북한과 협상할 때도 역시 경쟁력 개념을 강조해야 합니다. 북쪽 사람들은 "말 통하고 거리 가까우니까 중국하고 비슷해도 경쟁력이 있다"고 할지 모르지만, 솔직히 북한이 개성공단을 열어놓고 정치 상황에 연계시켜서 여러 번 애를 먹였어요. 그럼에도 불구하고 기업들이 불편을 감수하면서 개성에서 버티려고 했던 건 결국 중국보다 임금과 임대료가 현저하게 싸기 때문입니다. 앞으로 정세 변화에 따라 애를 먹이지 않겠다는 보장이 없는 한 개성공단은 매력을 잃습니다. 북한도, 특히 북한 군부는 무턱대고 떼쓰고 압박한다고 해서 중국보다 나으니까 남쪽 기업들이 개성에 남으려고 할 것이라는 착각은 하지 말아야 합니다. 김정일 위원장 선에서도 군부의 강경론보다는 역시 경쟁력이라는 개념으로 영도력이나 리더십을 발휘해야 합니다.

대남 강경책과 외자 유치 환경 개선 양수겸장

물론 어디까지나 북한이 이런 요구를 하게 된 근본 원인, 즉 6·15 및 10·4 선언을 부정하는 이명박 정부의 입장을 수정한다는 조건에서 얘기가 시작될 수 있습니다. 6·15와 10·4 얘길 안 하면 밑에서 기술적으로 깔짝깔짝해서 임금 문제나 임대료 문제가 풀리진 않을 거예요. 북한이 요구하는 대로 완전히 국제 수준으로 하면 개성공단의 경쟁력이 없어져서 북한에도 불리하고, 우리 기업들도 남아 있을 수가 없게 됩니다. 우리 기업들도 도와주고 북한의 입장도 유연하게 나갈 수 있도록 하기 위해서 우리는 경쟁력 개념으로 가야 하지만, 그러기 위해서는 우선 6·15와 10·4에 대한 입장을 분명히 밝혀야 합니다.

또 6·15와 10·4에 대해 제대로 다 얘기를 하고 진정성이 확인되는 경우에도 북한이 이번 요구를 백지화하지 않을 수 있습니다. 결국은 조금 높여줘야 할지 몰라요. 북한이 2012년 강성대국의 문을 열겠다고 했기 때문에 외부에서 공급이 들어가야 해요. 무상원조가 아니라 투자 유치 방식으로 끌어들이려면, 남한과의 선례 때문에 앞으로도 계속 60달러짜리 투자 유치를 하지는 않겠다는 계산이 섰을 거예요.

정리해봅시다. 개성공단에 대한 북한의 요구는 이명박 정부에 대한 보복과 응징의 뜻도 물론 있지만, 실제로 개성공단에서 더 많은 돈을 벌어보자는 생각도 있는 제안입니다. 앞으로 미북관계나 일북관계가 풀리고 나아가 유럽이나 서방권에서 투자가 들어오는 경우 지금처럼 싸게 줄 수는 없지 않느냐는 생각도 북한 사람들한테 있는 겁니다. 양수겸장이죠. 개성공단을 유지하고 싶어 하는 남한 정부의 사정을 볼모로 해서 그냥 무조건 돈이나 올려보자는 것이다, 뻔하다, 이렇게 해석해서는 안 됩니다.

PSI 전면 참여가 어떻게 결론이 났는지에 대해서는 보도가 엇갈려서 어지러운데, 이번 개성 접촉에서 북한이 PSI를 강하게 걸고 나왔다면 "북한에 끌려 다니지 않기 위해서라도 PSI를 해야 한다"라는 말이 나왔을 겁니다. 그러나 북한은 그러지 않았거든요. 원론적인 수준에서만 PSI를 반대한다고 말했다고 정부가 확인했습니다. 결국은 PSI에 대한 우리 정부의 선택 여지가 커졌다고 생각합니다. 북한의 압박 때문에 PSI를 못 하게 됐다는 얘기는 안 들으면서도 PSI를 철회할 수 있게 됐습니다. 지금까지 정부가 우물쭈물하다가 여기까지 왔는데, 차제에 좀 더 상황을 지켜보겠다고 하면서 사실상 무기 연기하는 게 현명한 선택이라고 봅니다. 어제 우리 쪽에서 북에다 대고 남북 해운합의서가 있으니까 PSI를 해도 북한에 아무 문제가 없다고 했기 때문에 지금 해도 된다고 주장하는 사람도 나올지 모르지만, 그러나 북한은 이미 "PSI는 선전 포고"라고 했습니다. 큰 득도 없으면서 또다시 북한이 강수를 두게 만들 필요는 없잖아요?

북한 총국 제안에 대통령이 움직이나?

북한의 개성 접촉 제안에 대처했던 방식에 대해서도 한마디 해야겠습니다. 북한의 압박에 대해 의연하게 대처하겠다고 하더니, 북한 총국에서 통보가 오니까 대통령까지 나서서 두 번씩이나 사전 회의를 하고, 접촉이 끝난 뒤에도 한밤중에 대통령이 회의를 소집하고 그랬습니다. 국민의 생명과 안위에 직결되는 문제니까, 사자가 토끼를 잡을 때도 갈기와 발톱을 다 세우는 것처럼 우리도 최선을 다한 걸로 볼 수도 있지만, 저쪽 총국이 불러냈을 때 그 대책은 통일부 차관 주재하에 관계부처 실무자 회의 정도로 하는 게 좋습니다. 개성공단 관련 회의를 대통령이 직접 나서서 몇 번씩 하는 건 북쪽에서 볼 때 '우리 총국이 한마디만 해도 남쪽에서는 대통령까지 벌벌 떠는구나' 하는 착각을 하게 만드는 겁니다.

좀 의연하게 해야 합니다. 말로는 일희일비하지 않고 의연하게 나가 겠다고 하면서, 행동은 일희일비, 노심초사로 비춰진 거 아닙니까. 그건 앞으로 대북 협상을 하는 데 있어서도 도움이 안 돼요. 실무자들, 즉 국장선에서 할 일, 차관선에서 할 일, 장관급에서 끝낼 일, 대통령이 할 것을 차별화해서 위임전결로 내려줘라 이겁니다. 모든 걸 친재친결하려고 하지 말라 이거죠.

PSI와 관련해서도 외교부는 하자는 거고, 통일부는 남북관계 생각해서 좀 봐가면서 대처하자는 건데, 대통령이 일단 통일부의 손을 들어줬단 말예요. 그건 대통령이 잘한 겁니다. 한반도 상황을 안정적으로 관리하고 우리 경제에 도움이 되는 안보 정세를 조성해보려고 하는 통일부의 입장에 무게를 실어줬다는 점에서 대통령의 선택은 옳았다고 생각해요. 대통령이 나서서 "내가 결정했다"고 안 한 것도 잘 한 겁니다. PSI는 외국에서 말하는 글로벌 스탠더드에 도움이 될지는 모르지만 한반도 상황을 안정적으로 관리하는 데는 결코 도움이 안 되는 겁니다. 우리 외교부도 대한민국 외교부라면 자기 앞마당의 안녕부터 챙겨야 하는 거 아닌가요?

'성공의 추억'에 젖은 北, 오바마의 부시화 바라나

북한의 강공과 중국 활용론 _ 2009. 5. 4

2009년 4월 5일 북한의 장거리 로켓 발사에 대해 UN 안전보장이사회가 의장성명을 발표하자 북한은 격렬하게 반발했다. 6자회담 불참을 선언했고, 폐연료봉 재처리를 다시 시작했으며, 핵실험을 예고했다. 한반도의 위기가 정점으로 치닫던 시절이었다. 북한 문제를 과감히 풀겠다던 미국의 새 정부에 대한 기대에도 차츰 의구심이 생기던 때였다. 2009년 5월 4일 정 전 장관은 북한의 자제를 촉구하고 위기를 탈출하기 위한 '소방수'로 중국을 활용해야 한다는 점을 강조했다. 그러나 바라던 정세는 조성되지 않았고 결국 북한은 5월 25일, 2차 핵실험을 감행하게 된다.

2009년은 '국방위원회 전성시대'

4월 5일 장거리 로켓 발사 이후 UN 안전보장이사회에서 의장성명을 채택한 데 대해 북한이 예상 외로 강하게 반발하고 있습니다. UN에서 로켓 문제를 논의하기만 해도 적대행위라고 경고하더니, 의장성명에 따라 제재 대상 기관이 선정되니까 드디어 폐연료봉 재처리를 시작했고

3장 요동치는 21세기 동북아

핵시설 재가동을 선포했습니다. 그리고 이젠 우주개발이란 명분도 안 걸고 대륙간 탄도미사일(ICBM)을 시험 발사하겠다고 나와버렸고, 핵실험도 하겠다고 했습니다.

한편 미국의 대응은 북한 입장에서 볼 때 상당히 헷갈릴 겁니다. 스티븐 보즈워스 대북정책 특별대표는 대화 의지를 계속 강조하지만, 상급자인 힐러리 클린턴 국무장관의 얘기는 굉장히 강하게 나오고 있단 말예요. 힐러리는 장관 지명 직후에는 9·19 공동성명이라는, 북한에 꽤 나 매력적인 구도를 중시하겠다고 했는데, 로켓 발사 이후에는 북한에 굴복할 수 없다면서 계속 이렇게 나오면 경제지원이고 뭐고 아무것도 기대할 수 없을 거라고 엄포를 놓고 있어요.

국제정치와 외교에서는 상대방의 리얼 인텐션real intention(진짜 의도)을 정확히 읽어내는 퍼셉션perception(분석과 판단)이 중요한데, 힐러리의 말에 대해서는 여러 가지 해석들이 있습니다. 하나는 북한 때문에 오바마도 결국 부시처럼 될 수밖에 없지 않느냐는 시각이고, 다른 하나는 미국 내 대북 강경론자들의 주장이나 위상이 만만치 않기 때문에 힐러리가 그들을 다독거리는 차원에서 세게 얘기할 뿐이지 일정한 냉각기만 지나면 대화 국면으로 넘어갈 거라는 겁니다.

문제는 북한이 보즈워스가 아니라 상급자인 힐러리의 말에 초점을 맞출 수밖에 없다는 겁니다. 그럼 북한은 미국의 신호를 어떻게 해석할 것인가? 지금처럼 국방위원회가 모든 대내외 사항을 관장하기 전까지만 해도 북한은 미국이나 남한이라는 협상 상대의 의중을 읽는 데 조금 유연했다고 봅니다. 그러다 보니 대응 방안도 초강수라기보다는 상당히 유연한 쪽을 선택하는 경향이 있었어요.

1990년대 초 1차 북핵 위기 때가 대표적입니다. 북한은 93년 3월 NPT 탈퇴 선언을 해도 미국이 적극적으로 안 나오니까, 5월 말 노동 1호 미사일을 발사했습니다. 그러니까 미국이 부랴부랴 베를린에서 북한하고 양자협상을 시작했죠. 그런데 그래도 뭔가 잘 안 되고 북한이 계속 강수를 두니까 94년 5~6월에 접어들어서는 "안 되겠다. 채찍을 들어야겠다"고 해서 북폭 계획을 실행에 옮기려고 했습니다. 그래서 주한 미국 대사관 가족들을 도쿄 쪽으로 후방 철수시키려고 하는 등 의지를 과시하고 있을 때, 야당 지도자였던 DJ의 권유로 지미 카터 전 미국 대통령이 움직였어요. 그래서 북한에 갔고, 김일성 주석이 남북 정상회담이란 카드를 받으면서 돌파구를 만들었습니다. 북한은 정상회담을 통해 충돌 위험을 비켜가는 굉장히 유연한 대응을 한 겁니다. 김일성 시대는 선군 시대가 아니었기 때문입니다.

그러나 김정일 시대로 넘어와서 북한은 선군정치를 표방하고 있습니다. 그러면서 계속 강수를 두어가면서 미국의 태도를 바꾸려고 하고 있어요. 선군의 기치하에 강하게 나가서 미국을 이긴 성공의 추억도 있습니다. 2002년 2차 북핵 위기가 일어나고 2005년 9·19 공동성명으로 진전을 봤는데, 소위 'BDA 문제'가 터지니까 북한은 2006년 미사일 발사에 이어 핵실험까지 가버렸습니다. 그랬더니 미국이 진짜 바뀌었죠. 그런 성공의 추억이 있기 때문에 '부시도 굴복시켰는데 오바마쯤이야…' 이런 생각을 할 가능성이 있습니다. 그래서 요즘 더 세게 나가는 게 아닌가 싶습니다.

2006년엔 대외관계에 대해 국방위원회나 군부가 직접 전면에 나서는 시절은 아니었어요. 외무성 강석주 제1부상 같은 사람이 상당한 발언권을 행사하던 시절이었죠. 그럼에도 불구하고 선군 시대이기 때문에 강수를 뒀었는데, 지금은 개성공단까지 국방위원회가 직접 관리하고, 대미정책도 좌지우지하고 있는 것 같아요. 특히 4월 최고인민회의 결과 국방위원회가 대폭 강화됐어요. 힘 있는 사람들은 다 거기로 갔더라고. 당을 관리하고 있는 것으로 보이는 장성택(김정일 매제)도 가고, 그러면서 국방위원회가 모든 걸 관리하는 시대가 됐기 때문에 앞으로 더 세게 나오리라고 봅니다. 국방위원회가 국내정치와 대남·대미 관계까지 총괄·조정·지휘한다고 볼 때, 정책에서 문민적인(civilian) 사고가 작용하고 역할을 할 가능성은 굉장히 낮아집니다.

그래서 북한이 계속 저렇게 나오면 결국 오바마도 부시처럼 가버릴수밖에 없어요. 미국이란 나라는 시스템에 의해서 움직이기도 하지만, 한편으로는 정책의 합목적성보다는 여론의 영향을 굉장히 많이 받습니다. 그러면 오바마의 부시화가 불가피한데 이걸 막을 수 있는 에너지가 미국 안에서 나올 가능성은 별로 없다고 봅니다.

1994년에는 카터가, 2006년에는 선거가, 2009년엔?

1994년엔 DJ가 "미국의 영향력 있는 정치인이 미북관계를 조정하라"고해서 카터가 파국을 막았고, 2006년엔 미국 여론이 막아준 셈이죠. 11월 중간선거로 부시의 정책을 바꾸게 했으니까. 그런데 이번엔 선거도없기 때문에 누가 나서서 조정을 하느냐? 결국 중국이 움직여야 하는 게 아닌가 싶습니다. 북한이 2차 핵실험을 해버리면 3차 북핵 위기로 갈수 있습니다. 북한은 이번에 우라늄 농축 계획까지 공표했어요. 그때 미국에서 이번에 또 북한에 끌려갈 거냐는 여론이 커지면 오바마도 부시처럼 될 수밖에 없습니다. 그러니 이번에는 2차 북핵 위기 후에 북핵 상황을 관리한 6자회담의 의장국으로 역할을 많이 했던 중국이 나서야 합니다. 중국도 북한의 핵 보유는 절대 반대하는 입장이니까 이번에 가만히 있어서는 안 됩니다.

1차 위기 때는 중국이 끼어들 틈이 별로 없었어요. 클린턴 정부가 직접 나섰으니까. 그런데 2차 위기 때는 부시가 중국에 북한 관리를 위탁한 경향이 있습니다. 미중관계라는 레버리지를 통해서 북한을 간접적으로 관리한 세월이 지금 벌써 5~6년 지났고, 그러면서 중국의 역할이 상당히 커졌어요. 북한은 2012년을 '강성대국의 대문을 여는 해'라고 규정했는데, 남북관계가 끊어진 상황에서 경제지원을 해줄 수 있는 여력을 가진 나라는 중국뿐입니다. 중국도 겉으로는 "우리도 어려워서 도와줄 형편 못 된다"고 할지 모르지만 안보·외교 차원에서 북한을 방치할 경우 전략적 손실을 입기 때문에 어쩔 수 없이 지원할 수밖에 없을 겁니다. 더구나 금년은 조중수교 60주년이 되는 해입니다. 안 도와줄 수 없을 거예요. 그런 만큼 중국이 적극 나서면 북한을 관리하는 성과를 낼 수 있을 겁니다. 미국과 북한이 충돌하는 걸 막아야 중국의 이익에도 도움이 되는 겁니다. 만약 미북이 충돌한다면 중국이 받는 데미지는 엄청나게 크죠. 국가 신용등급에 영향을 줄 수도 있습니다.

한미동맹보다 한중협력 모색할 때

2000년 남북 정상회담 이후 남북관계가 안정적으로 발전되던 시기에 부시 정부가 농축우라늄 문제를 만들어냈잖아요? 그건 만들어냈다고 봐야 합니다. 그건 내 얘기가 아니라 힐러리가 국무장관이 된 후에 그런 말을 했어요. 김대중 정부 말기였는데, 미국은 북한의 우라늄 농축 혐의를 제기하면서도 정확한 증거를 못 댔어요. 심증 내지 방증 자료 정도만 가지고 있었죠. 2002년 10월 제임스 켈리 미 국무부 차관보가 평양에 가서 고농축 우라늄 혐의를 제기하니까 북한은 자기네 방식으로 답했죠. "우리는 NPT를 탈퇴했고 주권국가이기 때문에 고농축 우라늄(HEU) 프로그램은 물론이고 그보다 더한 것도 가질 수 있다." 그걸 미국이 거두절미해서 북한이 HEU 프로그램을 시인했다는 식으로 몰아갔죠. 그래서 미국이 북한에 보내던 중유를 끊고 북한은 국제원자력기구(IAEA) 사찰관을 추방해버리고 폐연료봉 재처리를 시작하는 등 강수를 두니까 미국이 부랴부랴 북미 양자회담을 하겠다고 했습니다. 처음엔 부시도 양자회담 하겠다고 했어요.

그러다가 2003년 4월 북·미·중 3자회담이 베이징에서 열렸습니다. 그런데 북측 대표인 리근 외무성 미국국장이 켈리 차관보한테 복도에서 "핵무기를 가지고 있다"고 협박하고 나서 미국은 북핵 문제를 다자 협상 방식으로 해야겠다고 결정했고, 결국 6자회담을 하게 됐습니다. 그 와중에 2003년 4월 27일 평양에서 10차 남북 장관급회담이 열려요. 내가 수석대표로 갔습니다. 그때는 노무현 정부가 햇볕정책을 계승·발전하겠다고 했고 교류·협력과 인도적 지원도 활성화되던 시기였기 때문에 남북대화 분위기가 나쁘지 않았습니다. 북한이 우리의 말을 꽤 경청하고 존중할 때입니다. 쌀과 비료의 힘이었다고 할 수도 있을 겁니다. 그때 내가 북쪽에 했던 얘기가 북한에 상당한 영향을 줬다는 걸 나중에 확인할 수 있었습니다. 자랑을 하자는 게 아니라, 남북관계가 괜찮을 때 어떤 효과가 나는지 실례를 드는 겁니다.

내가 그랬어요. "미국이 3자회담을 해보고 나서, 절대로 당신들을 단독으로 안 만난다고 하더라. 5자회담(남·북·미·중·일)을 하자는데 나가는 게 좋을 것 같다. 중국도 미국의 요구에 상당히 협조하는 것 같더라. 그러니까 미국이 밀어붙이면 결국 5자회담이 성사되는데, 거기에 나가는 게 좋지 않겠냐." 그랬더니 북쪽 사람들은 "중국도 이미 미국 심부름이나 하고 있다"고 투덜대더라고요. 그래서 다시 내가 "그럼 당신네가 수정 제의를 해라. 6자회담 방식으로 하자고 하면서 러시아를 끌어들여라. 중국이 러시아의 눈치를 좀 보는 것 같으니까 미국 심부름만 하는 건 막을 수 있지 않겠냐"고 설득했죠. 결국 나중에 북한이 6자회담 방식으로 발기를 했습니다. 그때 이런 말도 했습니다.

"당신네와 미국 사이의 논쟁사를 보면, 당신들은 미국이 말하는 맥락(context)보다 단어에 너무 민감하게 반응했다. 그래서 미국의 의도를 제대로 못 읽어내는 것 같은 느낌을 여러 번 받았다. 미국과 타협을 하건 흥정을 하건 결론이 나야 당신네도 살 길이 생길 텐데, 그렇다면 미국의 의도를 정확히 읽어내는 게 중요하다. 앞으로 혹시 다자회담이 열리게 되면 남쪽 대표의 해설을 좀 들어라. 당신네는 목표를 향해서 무슨 얘기든 쏟아낼 수 있고, 뒤집지 않아도 되는 특수한 국가지만 미국은 그렇지 않다. 여론을 의식하지 않을 수 없고, 했던 말도 여론 때문에 뒤집어야 할 경우가 있다. 그래서 쓰는 단어와 실제 의도가 다를 수 있다. 약간의 시차를 두고 미국이 물밑대화를 시도할 수도 있는데 그런 찬스를 놓치면 안 된다. 그런 점에서 미국의 발언 중에서 어떤 게 중요한지에 대해 남쪽 대표단한테 과외를 좀 받아라."

그런데 북쪽이 의외로 내 말을 진지하게 받아들이더라고요. 27일 평양에 도착해서 그날 밤에 장관급회담 수석대표 단독접촉에서 말한 내용입니다. 그리고 서울로 돌아와서 당시 북핵 문제 실무책임자인 이수혁 외교부 차관보한테 말했죠. "5자회담이나 6자회담이 열리면 우리도 갈 텐데, 내가 이렇게 얘기해놨으니까, 혹시 북쪽에서 사인이 오면 적극적으로 해설을 좀 해줘라." 이수혁 차관보가 알았다고 했는데, 실제로 그해 8월, 1차 6자회담이 개막되고 오전 기조발언 끝나고 휴식으로 들어갈 때 걸어 나오면서 북한 수석대표인 김계관 외무성 부상이 이수혁 차관보를 팔꿈치로 쓱 밀어서 빈방으로 데려갔다고 해요. 그러면서 "미국의 얘기를 우린 이렇게 생각하는데, 남쪽에선 어떻게 이해하느냐"는 식으로 질문했죠. 신문에 이미 난 얘깁니다. 남북관계가 좋을 때는 그런 시절이 있었어요. 지금은 까맣게 옛일이 되어버렸지만. 이 정부 들어서 그걸 못 하게 됐잖아요. 그래서 중국이 그 역할을 해야 되는데, 물론 우리만큼 그렇게 절박하고 간절한 심정으로 성의를 가지고 해줄지는 몰라요. 그러나 지금 그나마 북한에 얘기를 할 수 있는 것은 중국입니다.

지금 이명박 정부가 서둘러야 할 것은 미국과 북한이 상대방의 의중을 잘못 해석해서 충돌로 가는 국면을 막는 겁니다. 그럴 생각이 있다면, 이제 중국과 적극 협력할 필요가 있습니다. 중국 활용론, 중국 소방수론이죠. 문제의 핵심은 북한인 셈이니까 평양을 먼저 달래든지 막든지 해야지 미국에 가서 한미동맹 얘기해봤자 소용없어요. 한미동맹 강화는 지금 해법이 아닙니다. 한·중 간 긴밀한 협력을 통해서 중국이 미·북의 충돌을 막을 수 있도록 해야 합니다. 그러려면 이렇게 했으면 좋겠어요. 보즈워스가 이번 주부터 6자회담국 순방을 시작한다는데, 한국에 다시 왔을 때 미국의 입만 쳐다보거나 "당근과 채찍을 써야 한다" 같은 하나마나한 얘기는 하지 말고, 보즈워스로 대표되는 미국 내 온건 세력과 한국 정부가 손잡고 미국 내의 강경론을 의식하고 있는 힐러리의 태도가 상황을 악화시키지 않도록 해야 합니다. 보즈워스와 손잡고 중국을 움직이자는 겁니다.

청와대, 부처 조정·통제·장악 능력 발휘해야

그런데 우리 외교부의 마인드가 거기까지 가 있는지는 모르겠어요. PSI를 하겠다던 사람들, 또 개성에 억류된 현대아산 직원 문제를 UN 인권이사회에 제소하겠다고 하는 사람들이, 그 외교부가 과연 그렇게 가겠는가? 방법은 있습니다. 중요한 문제니까 외교부한테만 맡겨두지 말고 청와대가 직접 나서는 것도 방법이에요. 아니 그 방법밖에 없습니다. 청와대 외교안보수석실이 좀 적극적으로 보즈워스를 활용하고, 그걸 통해 중국이 좀 움직이도록 해야 합니다.

외교부가 PSI 전면 참가를 공식화하려고 하니까 대통령이 "북한의 자존심을 건드리거나 기분 나쁘게 하지 말라"고 지시했다는 보도가 얼마

전에 있었어요. 청와대 고위 관계자가 <한겨레신문>한테 특종을 준 걸 보니까, 북한한테 메시지를 확실히 전달했으면 좋겠다는 의도가 있었던 것 같아요. "북한의 자존심을 건드리거나 기분 나쁘게 하지 말라"는 대통령 지시의 연장선상에서 청와대와 관련 부처가 움직여만 준다면 개성공단 억류 직원 문제도 해법의 단초를 찾을 수 있고 남북관계도 돌파구를 찾을 수 있을 겁니다.

개성공단 억류 직원 문제는 남북관계에서 생긴 문제예요. 그걸 풀 수 있도록 통일부한테 책임과 권한을 줘야지, 어떻게 UN 인권이사회에 제소하겠다는 발상을 하느냐 말예요. 그거 북한을 자극하기만 하는 겁니다. 북한이 관여된 문제와 관련해서 외교부는 당분간 좀 쉬었으면 좋겠어요. 청와대가 조정을 할 필요가 있습니다. PSI를 하겠다면서 글로벌 스탠더드니 뭐니 하던데, 외교·안보는 글로벌 차원에서만 봐야 합니까? 리저널regional한 차원도 있고, 리저널보다 더 소중한 게 우리한테는 로컬local입니다. 한반도라는 로컬 차원에서의 위기부터 예방하면서 동아시아라는 리저널 차원의 역할을 모색하고, 그 다음에 글로벌로 나가는 거예요. 로컬은 험악하게 만들어놓고 글로벌 스탠더드만 얘기하면 됩니까? 국정원도 협조가 잘될 거예요. 통일부와 국정원의 목소리를 청와대가 잘 활용하면 남북관계의 상황 악화를 예방하는 동시에 반전의 출로를 열 수도 있고, 또 핵·미사일 문제에서도 상황 악화를 막고 반전의 계기를 조성할 수 있습니다. 결국은 대통령이 결정할 문제입니다.

청와대의 조정·통제·장악 얘기가 나온 김에 수석비서관의 역할과 관련해서 한마디 하고 끝냅시다. 그동안의 관찰과 실제 경험을 통해서 볼 때, 청와대 수석비서관이 내각의 부처 출신인 경우 그 수석실은 대통령의 수석실이기보다 부처의 수석실 노릇을 하는 사례가 많더라고요. 청와대에 있다가 돌아갈 자리를 챙기느라 그런지, 시각 자체가 그런지 출신 부처 중심으로 대통령을 몰고 가더라고. 일일이 거론할 수 없을 정도로 사례는 많습니다. 청와대에 있으면서 자기도 모르게 부처 이기주의에 빠지는 거죠. 그래서 차라리 돌아갈 부처가 없는 인물, 또는 낙하산으로 아무 데나 내려가도 되는 정치인이나 학자 출신이 대통령 편에서 일할 수 있는 것 같아요. 부처 눈치 안 보고 이쪽저쪽 얘기 들어가면서 균형감 있게 일할 수 있으니까.

요약합시다. 이번에는 중국이 좀 움직여야 되고, 그러기 위해서 한중 간 직·간접적인 협력이 필요하다. 보즈워스의 순방 기회를 적극 활용하자. 그리고 북한도 국방위원회를 중심으로 움직이지만, 오바마의 부시화를 막기 위해 스스로 김을 좀 빼는 조치를 해야 하는데, 보즈워스의 방북도 필요하지만 그런 걸 김정일 위원장한테 권하기 위해서는 중국의 고위급이 좀 나서도록 해야 한다. 이렇게 정리할 수 있습니다.

질문 : 북한의 의사 결정을 분석하는 데 있어서 군부/비군부로 나눠 보는 시각이 타당할까요? 결국 김정일이 다 결정한다는 시각도 있습니다.

군부/비군부로 나누어 보는 분석 시각이 있죠. 1960~70년대 미국에서 중국이나 소련을 분석할 때 강경파와 온건파 나눠서 설명하고 그랬거든요. 그런데 중국이 개방되고 나서 중국 사람들이 그런 얘길 합디다.

"과거에 밖에서 우리를 분석하는 걸 보고 코웃음을 쳤다. 아니, 마오쩌둥 앞에 온건파가 어디 있고 강경파가 어디 있냐. 마오쩌둥·덩샤오핑 예스맨만 있을 뿐이다." 북한도 그렇게 볼 수 있습니다.

그런데 지금은 김정일 위원장이 작년 건강 문제 이후 모든 걸 친재친 결하기 위해 구체적인 문제까지 챙기느라 골머리를 앓을 수 있는 여력은 줄었다고 봐야 합니다. 대신 기구를 키워주고 권한을 많이 실어준 데다가, 당을 관리하고 있던 장성택까지 포진시킨 국방위원회가 김 위원장의 의중을 더듬어 의견을 제시하도록 하지 않을까 합니다. 김 위원장은 국방위원회에서 보고가 올라오면 "대체로 잘됐군. 그런데 이것만 좀 고쳐라"는 식으로 지시할 것 같아요. 정책 결정 과정에서는 초안草案이 중요한데, 김 위원장의 의중을 반영하더라도 국방위원회가 초안을 잡기 때문에 조직의 생리상 강경 기조가 계속될 수 있다는 겁니다.

질문 : 한국이 남북관계를 제대로 하지 않아서 비판을 받고 있는데, 중국 활용론이 잘못 이해되면 앞으로도 한국은 계속 발을 빼고 적극적인 역할을 안 해도 된다는 논리, 즉 한국의 소극성에 면죄부를 주는 논리의 출발점이 될 수도 있을 것 같습니다.

1994년 6월 카터가 방북해서 한반도 위기를 막았잖아요. 그리고 카터는 바로 빠졌어요. 중국한테는 미안한 얘기지만, 중국도 그런 충격완화제 역할만 하고 빠지라는 겁니다. 그 후에는 6자회담 참가국 중 1/N로 돌아가야죠. 소방수 역할만 좀 맡기자는 뜻입니다.

김대중·노무현 정부 시절엔 한국이 미북 간에 조정자·완충자 역할을 제법 했어요. 특히 9·19 공동성명 같은 건 2005년 6월 정동영 통일부 장관의 김정일 면담으로 남북관계가 원상복구되면서 가능했다고 봅니다. 우리가 북한을 잘 달래고 미국도 설득하고, 한편으로는 중국과 손을 잡아서 9·19 공동성명이 나온 겁니다.

한국이 역할을 할 수 있는 여건이 되면 당연히 백 번이라도 나서야죠. 그런데 이명박 정부 출범 이후 한국이 북한한테 그런 말을 할 수 있는 상황이 못 되잖아요. 지금 당장 우리가 나서서 미북을 중재해야 한다고 하는 건 솔직히 비현실적인 얘깁니다. 내 말은, 우리가 파국을 막으려면 중국을 소방수로 쓸 수 있는 지혜라도 발휘하자 이겁니다. 그래서 북한이 6자회담에 다시 돌아오도록 만들어야 합니다. 북한이 지금은 6자회담을 완강하게 거부하지만, 중국이 다리를 놓고 미국이 잘 설득하면 9·19 공동성명의 매력 때문에라도 복귀할 겁니다.

교류·협력 '입구' 막아놓고
군비 감축 '출구'를 찾자고?

북한의 장거리 로켓 발사와 핵실험으로 고조되던 한반도 위기는 2009년 8월 새로운 국면을 맞게 됐다. 빌 클린턴 전 미국 대통령이 북한에 구금된 미국인 여기자들을 석방시키기 위해 평양을 전격 방문한 일이 계기가 됐다. 그 후 북한과 미국은 우호적인 말을 주고받으며 관계 진전을 예고했다. 북한은 8월 18일 김대중 전 대통령 서거를 계기로 특사 조의방문단을 파견하면서 남쪽을 향해서도 화해의 손을 내밀었다. 하지만 북한에 대한 이명박 정부의 자세는 변하지 않았다. 이명박 대통령은 8·15 경축사에서 북한의 핵 폐기가 우선되어야 남북관계가 가능하다는 '핵 연계론'적 입장을 또다시 드러냈다. 또한 정부는 이후 펼쳐진 북한의 대남 유화 공세에서 이산가족 상봉 등 자신들에게 유리한 것만 선별적으로 수용하며 경직된 태도를 버리지 않았다. 아울러 북미관계의 진전 움직임에 보이지 않는 제동을 걸기 시작했다. 2009년 하반기 단속적으로 이어지던 북미관계와 남북관계의 움직임이 결국 아무런 성과를 내지 못한 건 바로 이명박 정부 때문이었다.

변화의 조짐이 감도는 북미관계

빌 클린턴 전 미국 대통령이 8월 초 북한에 갔다 온 뒤에 미국과 북한 사이에서 오가는 말들을 보면 양측이 어떤 접점을 향해 한 걸음씩 다가가고 있지 않나 하는 느낌이 듭니다. 그전까지만 해도 힐러리 클린턴 국무장관은 "북한이 비핵화를 시작해야만 여러 혜택을 줄 수 있다"고 말했어요. 그런데 미 국무부의 필립 크롤리 공보담당 차관보가 14일 브리핑에서 "북한이 의무를 준수하고 대화에 참여하겠다는 정치적 약속이 있으면 된다"고 표현을 바꾸었거든요. 그걸 보면 클린턴 방북 이후 미국의 입장이 바뀌고 있다는 걸 알 수 있습니다. 어쩌면 클린턴 방북 중에 김정일 북한 국방위원장이 "비핵화 의무를 준수하겠다"는 말을 했기 때문에 그에 대한 대응으로 크롤리 차관보의 말이 나왔을 겁니다.

북한은 그런 약속을 지금까지 쉽게 했어요. 물론 조건은 있었겠죠. '미국이 대북 적대시 정책을 포기하거나 앞으로 그 정책을 추진하지 않는다면'이란 조건하에, "그럼 우리로서는 핵물질은 물론이고 핵무기까지 다 내놓을 수 있다"고 말했을 겁니다. 아니면 "미국하고 직접 만나게 된다면 얼마든지 그런 약속을 할 수 있다"고 했거나.

클린턴 방북을 수행했던 존 포데스타 미국진보센터 회장은 "김정일이 아주 직설적으로 말했다"는 말을 했습니다. 여러 가지로 해석될 수 있지만 "미국이 압살정책만 안 쓰면 우리는 미국이 하라는 대로 다 할 수 있다"는 식으로 말했기 때문에 직설적이라는 표현을 썼던 거 아닐까요? 그렇지 않으면 굳이 "직설적으로 말하더라"는 얘기를 할 필요가 없었겠죠. 그리고 그전에 이미 제임스 존스 국가안보보좌관이 9일 <폭

스뉴스>에 나와서 "북한은 미국과 '새롭고 더 나은 관계'(a new relation, a better relation)를 원하고 있다는 점을 내비쳤다"고 말했습니다.

한편, 북한에서는 외무성 부상 중 한 사람인 김영일이 10일 몽골에서 북미관계에 '중대한 진전'이 있을 거라고 말했어요. 김영일은 아시아 담당이지만 국제적으로 의사 표시를 할 수 있는 자리니까 북한 당국의 입장을 공식 표명한 겁니다. 더군다나 김영일의 발언에 대한 첫 보도가 워싱턴발로 나왔다는 건 미국이 의미 있게 봤다는 간접적인 증거라고 볼 수 있어요. 미국에서 나오는 말들도 그냥 지나가면서 하는 게 아니고, 일종의 교감 내지는 미 정부가 클린턴 전 대통령을 통해 전달받은 김정일 위원장의 메시지에 대한 검토가 끝나고 있는 조짐으로 해석해야 합니다. 미국이 한마디씩 툭툭 던지지만 북미 뉴욕 채널을 통해서는 좀 더 구체적인 내용이 백그라운드 브리핑 형식으로 북한 쪽에 전달됐고, 그 결과 김영일이 몽골에 가서 그런 얘기를 했다고 봅니다.

8·15 경축사, '핵 포기 먼저' 입장서 못 벗어나

그런 상황에서 현정은 현대그룹 회장이 8월 10일 평양에 갔기 때문에 남북관계에서도 뭔가 접점을 찾았으면 하는 게 많은 사람들의 희망이었습니다. 우리로서는 아쉬울 게 없으니까 북한이 손들고 나올 때까지 기다려야 한다는 분들은 현 회장의 방북을 못마땅하게 생각하고 있을지 모르지만, 한반도 정세의 흐름으로 봐서 우리가 때를 놓쳐서는 안 되니까 그런 희망들이 나온 거겠죠. 북미관계 개선에 맞춰서 남북관계가 어깨를 나란히 하거나 최소한 따라가기라도 해야지, 안 그러면 한미관계도 순조로울 수 없어요. 북미관계가 진전되면 한국은 어쩔 수 없이 자꾸 미국의 행보를 조절하려고 할 가능성이 많습니다. 그렇게 되면 한미관계에 많은 문제가 생깁니다. 김영삼 정부 시절에 그랬잖아요.

그래서 이명박 대통령의 8·15 경축사를 주목했는데, 막상 연설을 들으니까 여러 가지 근사한 말들은 나오던데 당위성이야 있지만 현실성이 적은 얘기들이 있고, 그러니 북한이 긍정적으로 보고 남북관계 개선에 호응하거나 협조할 가능성이 있겠는가, 하는 생각이 들었습니다. 쉽지 않을 것 같습니다.

이명박 대통령은 "북한이 핵 포기 결심을 보여준다면 한반도의 새로운 평화구상을 추진할 것"이라면서 이런저런 얘기를 했는데, 개방을 조건으로 제시하지는 않았다는 점에서는 '비핵·개방·3000' 구상보다 북한의 자존심을 다소 존중한 측면이 있었지만, 문제는 역시 남북관계와 핵 문제를 연계했다는 겁니다. 개방이란 말만 살짝 미뤄놨지 큰 틀에서 변화가 없는 거죠.

"경제·교육·재정·인프라·생활 향상 분야에 걸친 대북 5대 개발 프로젝트를 추진하겠다"고 했는데, 그것도 작년에 이미 나왔던 얘깁니다. '비핵·개방·3000' 로드맵에 다 있어요. 그러면서 역시 '북한이 핵을 포기한다면'이란 전제를 깔았단 말이죠. 이건 미국 크롤리 차관보가 말한 '정치적 약속을 한다면'이란 것하고는 조건이 달라요.

클린턴 국무장관은 7월 중순 아세안지역안보포럼(ARF)에서 "북한이 핵을 포기하면 관계정상화와 평화체제, 경제·에너지 지원을 논의하겠다"고 했는데, 그것도 겉으로 보기엔 핵 연계론이 아니냐고 할 수 있겠지만, 그건 2005년 9·19 공동성명에 이미 나온 얘기를 다시 한 겁니다. 9·19 공동성명은 '행동 대 행동'의 원칙을 못 박았기 때문에 핵 연계론이 아니에요. 동시 병행으로 하자는 겁니다. 핵을 먼저 포기하라고 했다면 북한은 절대 9·19 공동성명을 받아들이지 않았을 겁니다. 그러나 8·15 경축사의 대북 제안은 동시병행적 개념으로 볼 수 없게 돼 있습니다. 철저한 연계론이고, 실제로 지난 1년 반 동안 그랬습니다. 그러니 북한이 8·15 경축사에 솔깃할 리가 없습니다.

교류·협력 → 정치적 신뢰 → 군사적 신뢰 → 군비 통제 → 군비 감축

대통령 경축사엔 '한반도의 새로운 평화 구상'이라는 말도 나옵니다. 그걸 보고 뭔가 있는 것처럼 쓰는 언론도 있던데…. 대통령은 남북 간 재래식 무기 감축을 논의해야 한다고 말했어요. 그러면서 청와대는 대통령이 재래식 무기 감축을 언급한 건 처음이라고 설명했습니다. 재래식 무기 감축을 특정해서 제안한 것은 물론 처음입니다. 그러나 중요한 것은 처음이냐 아니냐를 떠나서, 지금 남북관계의 현실을 놓고 볼 때 이 시점에 재래식 무기 감축을 말하는 게 과연 실현 가능성이 있는 일이냐는 겁니다.

재래식 무기건 대량살상무기(핵·미사일·생화학무기 등)건 군비 감축을 하려면 그전에 군비 통제라는 과정을 거쳐야 합니다. 그리고 군비 통제를 하기 위해서는 군사적 신뢰가 구축되어 있어야 합니다. 그에 앞서 정치적 신뢰가 먼저 형성돼야 하는 거고, 정치적 신뢰는 비정치 분야에서의 교류와 협력이 활성화돼야 한다는 게 국제정치학자나 분쟁 전문가들의 공통적인 견해입니다. 그게 정설이고 역사가 보여주고 있습니다. 미소 전략무기감축(START)이란 것도 1970년대에 소위 '헬싱키 프로세스'를 통해서 동서 진영이 경제·사회·문화 교류를 하고 정치적 신뢰를 쌓으면서, 맨 마지막에 가서야 군비 감축 협상을 한 겁니다.

지금 남북의 현실을 볼 때 무기 감축을 논의할 군사적 신뢰가 있느냐? 없습니다. 과거 군사적 신뢰 구축이라고까지 할 수는 없지만, 금강산 관광과 개성공단 개발이라고 하는, 군사지역에서의 협력 사업 때문에 군사적 신뢰 구축 작업이 조금은 진행됐었는데, 작년부터는 그것마저도 끊어졌잖아요. 이런 마당에 재래식 무기 감축을 협의하자는 건 교류·협력이라는 입구에 들어가다 말고 돌아 나와서 군비 감축이라는 출구를 찾는 격이란 말입니다. 군비 감축이라는 천리 길로 가기 위한 한 걸음도 못 떼는 상황에서 너무 비현실적인 제안이 아닌가 싶습니다. 대한민국 정부 수립 후에 대통령이 최초로 얘기했건 서너 번째로 했건 관계없이 진정성에 의문이 생길 수 있습니다.

군비 감축을 누가 안 하려고 하겠습니까. 특히 휴전선 근처에 전진 배치되어 있는 장사정포, 방사정포들은 북한이 '서울 불바다'를 위협하는 기반이기도 합니다. 그래서 그걸 뒤로 물리거나 줄이게 하고 싶은 마음들이야 굴뚝같았죠. 남쪽에 군인 출신들이 30년 이상 대통령을 했는데 장사정포, 방사포를 포함해서 군비 감축 생각을 왜 안 했겠습니까. 그런데도 그런 말을 안 했다면, 군축이라는 건 주장이나 제의로 되는 게 아니라, 정말 그걸 이루어낼 만한 기초가 다져져야 가능하다고 보았기 때문에 언급하지 않은 거라고 봐야 합니다. 당위적인 차원에서야 군비 감축이 한시가 급하지만 현실적으로는 단계를 밟아야 되기 때문에 군사적 신뢰 구축부터 협의하자고 했다는 말입니다. 그리고 재래식 군비건 대량살상무기건 한반도에서의 군비 통제와 감축에는 미북 간 정치·군사 관계를 재설정하는 것이 현실적인 필수 요건 아닙니까? 주한미군의 재래식 군비는 논외로 하고 남북 간 군비 얘기만 할 수 있겠어요? 북한이 그렇게 하자고 하지 않죠. 그래서 역대 군인 출신 대통령들이 군비 감축 대신 현실적으로 필요하고 또 가능한 신뢰 구축 문제를 우선 얘기했던 겁니다. 순서나 길속을 아는 사람들이니까 재래식 군비건 대량살상무기건 군비 감축에 대해서 쉽게 말을 안 한 거죠.

　김대중·노무현 정부 10년 동안 정부가 군사 접경지역에서 경제협력을 활성화했던 건 '퍼주기'를 위해서가 아닙니다. 군사적 신뢰의 인프라를 구축하는 차원에서 그리한 것입니다. "천리 길도 한 걸음부터"라는 속담이 있지 않습니까? 그리고 초보적이지만 군사적 신뢰가 조금씩 구축되는 것 같았습니다. 그런데 이명박 정부는 김대중·노무현 정부의 대북정책이 잘못됐으니까 갈아엎으려고 하면서 낮은 수준의 군사적 신뢰 구축 기반마저 갈아엎어버렸죠. 요즘 북한 군부가 얼마나 적대적으로 변해 있습니까? 이런 상황에서 군비 감축을 얘기하는 건 참 난데없는 소리입니다.

　대통령은 또 "눈앞에서 총부리를 겨누면서 어떻게 진정한 화해와 협력을 말할 수 있겠냐"고 했습니다. 얼핏 보면 말은 돼요. 그런데 현실적으로는 군사분계선을 사이에 두고 개성공단 개발이나 금강산 관광 같은 걸 계속 키워나감으로써 화해와 협력 분위기가 고조되면서 자연히 서로 총부리를 내려놓을 수 있는 상황을 만들어나가야 합니다. 경축사에서는 순서를 거꾸로 잡은 겁니다. 이 대통령은 이미 지난 7월 폴란드에서 "북한에 현금이 들어가서 핵이나 미사일을 개발했다는 의혹이 있다"고 했어요. 그런 말을 해놨기 때문에 이번에 김정일 위원장이 현정은 회장한테 뭔가 약속을 한다고 해도, 우리 정부가 금강산 관광 재개를 허용하기는 쉽지 않을 겁니다. 어쨌든 북쪽은 8·15 경축사를 보고 남쪽에 큰 변화가 없다고 볼 것 같고, 특히 6·15 공동선언과 10·4 정상선언에 대해 아무런 언급이 없었기 때문에 무반응이나 비난으로 나오지 않을까 생각합니다. 대통령은 올해 3·1절 경축사에서 "남북 간 합의사항을 존중할 것"이라는 표현을 썼어요. 그래서 당시에는 뭔가 되려나 보다 하는 기대가 있었는데, 이번 8·15 경축사에서는 그것마저도 일절 언급을 안 했기 때문에 오히려 후퇴한 면이 있습니다.

北은 '우리식' 고집 버리고,
南은 '비핵·개방·3000' 바꿔라

북한판 '개항', 성공의 조건 _ 2010. 3. 9

2009년 하반기에 펼쳐졌던 북한의 대미·대남 유화 국면은 아무런 결실을 맺지 못하고 끝났다. 2010년 벽두 북한은 미국을 향해 평화협정 협상을 제안하는 동시에 경제를 강조하기 시작했다. 그러나 이명박 정부는 북한의 평화체제 제안은 비핵화를 뒤로 미루기 위한 술수라는 태도를 취했고, 이에 '동맹 우선' 원칙을 고수하는 오바마 미 행정부는 한 발짝도 나가지 못했다. 그런 상황에서 북한이 의지할 곳은 중국밖에 없었다. 북한은 대풍국제투자그룹을 통해 중국 쪽 자본을 유치하기 위해 뛰기 시작했고, 나진·선봉 등의 항구를 중국에 개방하는 결정을 내렸다. 정치적으로도 중국에 더욱 가까이 다가갔다.

북한 개방의 기본 조건은 평화협정

북한이 최근 투자 유치 차원에서 7개 항구와 평양을 개방하는 계획을 세웠다는 일본 언론의 보도가 있었습니다. 또 3월 8일에는 나진항을 중국에 10년간 추가로 개방하고, 러시아에도 50년 사용 허가를 내줬다는 보도가 있었어요. 그걸 일종의 개항이라고 할 수 있다면, 역사적인 의미가 있는 것입니다. 19세기 중반 이후 서양 세력이 동양으로 진출할 때는 언제나 개항을 먼저 요구했습니다. 중국이 1978년 말 4개 현대화 방침을 확정하고 맨 먼저 실행에 옮긴 것도 5개 항구의 개방이었습니다. 북한은 동쪽으로 나진·선봉, 청진, 김책, 함흥, 원산, 서쪽으로 신의주, 남포, 그리고 항구는 아니지만 평양을 선정해서 대풍국제투자그룹을 통해 투자 유치를 하겠다고 합니다. 대풍그룹은 형식상 민간 사업체지만 실질적으론 북한 당국이 깊숙이 개입되어 있습니다. 당국의 의지가 실린 거죠.

북한이 항구를 개방하거나 항구 지역에 투자를 유치하려는 구상은 90년대 초에 이미 있었습니다. 나진·선봉 자유경제무역지대란 걸 추진했었는데, 이제는 그 실패의 경험을 되풀이하지 말아야 하는 게 중요한 과제일 겁니다. 나진·선봉은 북한이 중국을 벤치마킹한 건데, 탈냉전 상황에서 서방 자본이 들어올 수 있을 거라는 계산을 했을 겁니다. 그런데 실패한 이유는, 사회간접자본(SOC)이 제대로 안 돼 있어서 외국 자본이 매력을 못 느꼈기 때문입니다. 개방·개혁 초기 중국도 마찬가지였어요. 78년 말 4개 현대화를 결정하니까 80년대 초반부터 미국이나 일본 기업인들의 '차이나 러시'가 있었습니다. 그런데 가 보니까, 지하자원이나 인구가 많아서 매력이 크긴 한데 그 자원과 시장에 접근할 수 있는 인프라, 철도·도로·항만 같은 SOC가 안 돼 있더란 말이에요. 외국 기업가들이 그 문제를 제기하니까, 중국은 그것까지도 투자자들이 좀 해달라고 했대요. 그러니 잘됐을 리가 있나요. 결국 누가 도와줬느냐. 동남아 지역에 사는 화교들이었습니다. 중국이 초기에 동남쪽 항구들을 먼저 개방했던 건 다 그것 때문이었어요.

북한은 중국의 경험을 제대로 벤치마킹 안 하고 SOC 준비 없이 나진·선봉을 열었고, 게다가 한국 기업의 진출은 철저히 막았기 때문에 나진·선봉 프로젝트는 결국 중간에 끝나버렸습니다. 그걸 추진했던 사람들은 숙청에 가까운 처벌을 당합니다. 남쪽에 경제 시찰을 왔었던 김달현 부총리, 남북 고위급회담에서 북측 대표를 했던 김정우 같은 사람들이 책임을 지고 물러났습니다. 이번에 8개 지역 개방도 SOC 문제를 해결하지 못하면 성공하기 어려울 거예요. 북한이 이번에도 "우리가 왜 중국을 모방해야 하느냐? 한다면 우리식으로 한다"는 말을 할지 모르겠는데, 그러면 안 됩니다. 사회주의 국가의 성공 사례는 참작해야 하는 겁니다. 그게 되려면 결국 남쪽에서 일정한 지원이 가야 합니다. 물론 미북관계가 빨리 개선돼서 미국의 협조하에 국제 금융기구로부터 SOC 개발을 위한 장기 저리 융자, 차관을 받을 수 있으면 좋을 겁니다. 과서에 쌀을 시원하면서 봤는데, 북한의 항구는 하역 능력도 부족하지만 접안 시설도 빈약해요. 대형 수송선을 접안시키기가 어렵습니다. 쌀 10만 톤 보낼 때 우리가 서둘러도 저쪽에서 받을 능력이 안 되니까 한 달 이상 걸렸어요. 북한이 항만의 접안·하역 능력을 얼마나 키우느냐, 내륙으로 실어 나르는 SOC를 어떻게 만드느냐 하는 것들이 개방 성패의 관건이 될 겁니다.

중국은 굉장히 과감하게 개방·개혁을 추진했는데, 그게 가능했던 배경도 중요합니다. 대만한테 먹힐 수 있다는 불안감이 없었다는 것이에요. 북한은 90년대 초부터 잘못하면 남쪽에 경제적으로 예속되고, 그러

북한의 나진항. 2010년 3월 북한은 나진항 1호 부두를 중국에 10년 추가 개방하기로 했고, 러시아에는 3호 부두에 대한 50년 사용권을 허용해주었다.

다 보면 정치적으로도 예속될 수 있다는 공포를 가지고 있었어요. 2000년 남북 정상회담에서 흡수통일을 하지 않겠다는 걸 확인한 뒤에야 비로소 적극적으로 나오게 됐습니다. 2001년 초 김정일 위원장의 특별 지시로 '21세기적 신사고'라는 말이 나왔고, 그해 1월에는 김 위원장이 상하이에서 '천지개벽' 발언을 하게 됩니다. 그런 토대 위에서 2002년 7·1 경제개선관리조치가 나왔고, 2003년에는 종합시장을 허용하게 됩니다. 북한을 개방·개혁으로 끌어내리려면 북쪽의 불안감부터 해소해줘야 하는 겁니다. 이명박 정부의 '비핵·개방·3000' 논리에 충실하기 위해서라도 북한이 개방을 마음 놓고 할 수 있도록 보장해줘야 합니다.

이명박 정부의 대북정책에 한계가 있다는 건, 개방 여건은 보장 안 하면서 북한이 스스로 개방을 하면 그때에야 도와주겠다는, 바로 그 대목 때문입니다. 북한을 개방시키기 위해서라도 체제 문제에 대해 확실한 보장을 해줘야 하는 거예요. 개혁·개방을 해야 도와주겠다고 하면 결국 아무것도 안 돼요. 결국 평화협정 문제로 연결됩니다. 그렇지 않으면 북한이 중국이나 베트남을 따라가고 싶어도 못 갑니다. 중국은 1978년 12월 당 11기 3중전회를 열어서 4개 현대화를 결정했는데, 그보다 한참 전에 닉슨 방중 이후 미중관계가 발전되면서 대표부가 교환된 상태였고, 79년 1월 1일부로 수교가 예정된 상태였어요. 그전에 일중관계는 이미 정상화됐고요. 미국과 일본으로부터 투자가 들어오고, 정치·군사적 압박은 없다는 믿음이 있었기 때문에 개혁·개방을 한 겁니다.

'경공업 다음 농업'… 순서를 거꾸로 잡았다

북한이 중국을 벤치마킹하건 '조선식'으로 하건 극복하고 해결해야 할 문제는 또 있습니다. 농업 진흥이 필요합니다. 북한은 2010년 신년 공동사설에서 인민생활 향상을 위해 경공업과 농업에서 혁신을 일으키겠다고 했습니다. 순서를 경공업과 농업으로 잡았어요. 김정일 위원장이 비날론 기업소를 올 들어 벌써 두 번인가 가고, 6일엔 거기서 군중대회까지 했습니다. 경공업에서 가장 중요한 건 입는 문젠데, 섬유산업을 진흥해서 그 문제를 해결하겠다는 뜻입니다.

그런데 중국의 경우에는 4개 현대화의 순서가 농업·공업·국방·과학기술이거든요. 그전까지는 중국이나 북한 모두 소련 모델로 경제를 발전시키면서 중공업을 먼저 일으켰고, 그 후에 경공업을 끌어 올리고 농업도 끌어 올리는 모델을 채택했습니다. 중공업 진흥의 논리에는 미국이 언제 칠지 모르니까 군사력을 강화해야 한다는 것도 있었어요. 마오쩌둥 시절까지 그랬습니다. 그런데 소련은 중공업 중심으로 나가다가 경공업과 농업이 주저앉아 버렸고, 그래서 식량 문제가 나왔어요. 그것 때문에 결국 개방을 할 수밖에 없었습니다. 중국도 식량 문제 때문에 개방했고, 베트남도 식량 때문에 도이모이刷新(베트남판 개방·개혁)란 걸 심각하게 고려할 수밖에 없었습니다.

사회주의 국가들은 처음엔 중공업과 군사경제 중심으로 가다가 식량 문제가 나오면서 체제 개혁 과제가 나오는 게 일반적인 수순이었어요. 그러면서 농업을 중시하게 됐습니다. 소련의 고르바초프도 지방의 농업 담당 서기 출신이었고, 중국 개방기에 중용됐던 자오쯔양 총리도 지방의 농업 담당 서기로서 업적이 탁월해서 중앙으로 발탁된 케이스였습니다. 그렇게 중국이 4개 현대화를 외치면서 농업 현대화를 최우선에 두고 공업과 국방을 뒤로 뺀 건 사회주의 국가들이 중시했던 경제 발전의 순서를 완전히 뒤집은 겁니다. 사회주의권이 아니어도 마찬가지였어요. 우리나라도 60년대 새마을 운동이 그런 거였다고 할 수 있습니다. 농촌 문제를 우선 해결하고 경공업·중화학 공업으로 가겠다는 거죠. 그렇게 해야 경제가 튼튼해지는 겁니다. 그런데 북한은 아직도 농업보다 경공업을 앞세우고 있단 말예요. 식량난이 심각한데 완전히 순서를 잘못 잡은 겁니다.

사회주의적 생산양식 강조도 '갸우뚱'

중국의 농업 현대화가 가능했던 이유는 두 가지입니다. 첫째가 인민공사 해체예요. 북한식으로 말하면 협동농장을 없애버린 겁니다. 그러면서 중국은 농가책임생산제로 전환했고, 그 결과 수확량이 엄청나게 올라갔습니다. 토지 소유권은 안 줘도 경작권을 주어, 생산물 중 일부만 국가에 공출하고 나머지는 본인이 처분할 수 있게 해줬어요. 그러다 보니 자연히 농사를 지을 때 정성을 들이게 됐습니다. 문화대혁명 기간에 인민공사를 고수하는 바람에 굶어 죽는 사람이 10년 동안 총 6600만 명, 연간으로는 660만 명이었는데, 인민공사를 폐지하면서 식량 문제가 서서히 사라졌습니다. 중국은 그러면서 향진鄕鎭기업 제도를 도입했습니다. 농촌 사람들이 농사를 짓는 동시에 농산물을 도시 사람들을 위한 공산품으로 만드는 일도 하게 한 건데, 그게 경공업을 일으키는 하나의 수단이 됐습니다. 농가 소득도 자연히 올라갔어요. 농업이 제대로 되니까 경공업도 제대로 되고, 결국 경제성장도 이루게 된 거예요.

북한도 성공하려면 순서를 그렇게 잡아야 합니다. 그런데 북한은 오히려 사회주의적 생산양식을 포기하기는커녕 수정도 안 하려고 하거든요. 물론 북한도 7·1 조치 이후에 농가책임생산제 비슷한 걸 하긴 했어요. 200명 단위로 끊어서 책임을 주고 나머지 초과 생산분에 대해선 처분권도 주고, 나중에는 심지어 20~30명 단위로까지 책임생산 단위를 줄여보기도 하고, 두 가족을 한 단위로 묶어서 경쟁도 붙여봤습니다. 그러니까 생산량이 올라갔어요. 그런데 그게 자본주의 마인드를 뿌리내리게 할까 봐 없었던 일로 했습니다. 그러니 곡물 생산 자체가 늘어나지 않았어요. 1986년 연말에 북한은 최고인민회의를 열어서 모든 소유를 전인민적 소유로 가겠다는 결정을 했습니다. 중국이 농가책임 생산제로 가고 있을 때 북한은 모든 농장을 국영농장화한다는 결정을 한 거예요. 정반대로 갔습니다. 그런 식으로는 농업 문제 해결하기 어려워요. 협동농장 제도를 기본으로 하더라도 탄력성을 보장하지 않으면 안 됩니다. 그런데 지금도 거꾸로 가고 있어요.

감군減軍 없이 농업 진흥 없다

중국이 농업 근대화에 성공할 수 있었던 또 다른 중요한 이유 중 하나는 병력 감축입니다. 국방 현대화는 한편으로 중공업을 육성하겠다는 뜻이지만, 다른 한편으로는 장비를 현대화해서 필요 없는 병력을 감축 시킨다는 의미였습니다. 400만 병력을 300만으로 줄이면서 양질의 잉여 인력이 농촌과 공장의 노동력으로 들어갔어요.

북한의 농업이 잘 안 되는 것은 비료와 농약이 부족하기 때문이기도 하지만, 기본적으로 농촌에 노동력이 없어서 안 되는 측면도 큽니다. 농가책임생산제로 바꾸건 협동농장을 유지하건 지금처럼 117만 명이나 되는 병력을 그대로 유지한다면 농업에서 획기적인 전환을 이루겠다는 목표는 현실적으로 한계가 있습니다. 2300만 인구 중에 20%가 넘는 양질의 노동력이 군대에 갇혀 있으니 산업이 어떻게 되겠습니까? 북한이 과감하게 중국식으로 감군하지 못하는 이유는 역시 미국이 공격할지 모른다는 생각, 남쪽이 어떻게 할지 모른다는 불안감 때문일 겁니다. 내가 이렇게 말하면, 북한이 핵만 포기하면 다 되는데 우리가 먼저 손을 쓸 필요가 있느냐는 반론이 나올 수 있겠죠. 그런데 손바닥도 마주쳐야 소리가 나는 겁니다. 미국이나 한국도 이런 문제를 유념해서 북한이 개방·개혁으로 나올 수 있도록 여건을 조성하는 데 관심을 가져야 합니다.

베트남 얘기를 하나만 덧붙일게요. 베트남은 원래 쌀 수출국이었어요. 한국전쟁 끝나고 미국이 우리한테 보내준 안남미가 바로 베트남 쌀이었습니다. 안남은 베트남의 옛 이름이죠. 그런데 1975년 공산화 후에는 식량 부족 국가가 됐어요. 80년대 후반 도이모이를 하면서 겨우 다시 쌀 수출국으로 돌아섰어요. 사회주의적 생산방식을 고수하는 한 식량난은 비켜갈 수 없다는 게 공식처럼 된 거예요. 베트남이 그렇게 할 수 있었던 건 미국과의 관계가 개선됐기 때문입니다. 북한이 비핵화하고 개방하면 1인당 국민소득 3000달러를 만들어주겠다는 '비핵·개방·3000' 논리에 집착하면 북한은 영원히 안 바뀌어요. 못 바꿉니다. 비핵화와 개방은 너희들이 알아서 해라? 물론 북한이 비핵화와 개방을 해야 하지만, 그렇게 만들기 위해서는 우리도 평화협정에 대해 성의를 보여줘야 합니다. 비핵화가 되고 평화협정이 되면 개방의 속도는 빨라집니다.

또 북한이 개방·개혁으로 나갈 때 우리 경제도 더 성장할 여지가 있습니다. 북한에 퍼준다는 생각만 하지 말고 크고 넓게 봐야 합니다. 중국이 나진항을 10년간 더 쓰겠다는 이유가 뭡니까? 퍼주기 하려고요? 아니에요. 자기네 동북 3성 경제 활성화를 위해서 장기 임차하는 겁니다.

'천안함' 전야 前夜,
요동치는 동북아 국제정치

日은 '아시아로' 北은 '중국으로' 南은 어디로? _ 2010. 3. 23

천안함 침몰 사고가 일어나기 3일 전인 2010년 3월 23일, 정세현 전 장관은 동북아시아의 새로운 국제정치 지형을 이야기했다. 2009년 8월, 54년 만에 정권을 교체한 일본 민주당이 일본 외교의 중심을 아시아로 돌리고 있는 현상, 북한과 중국의 정치적·경제적 결합 문제를 지적하며 한국 외교가 나아갈 길을 물었다. 그러나 천안함 사고 후 이러한 변화의 움직임은 중단됐다. 천안함 사건을 명분으로 미국은 후텐마 주일미군 기지와 관련된 일본과의 갈등에서 자신들의 뜻을 관철시킬 수 있었다. 그로 인해 하토야마 내각은 붕괴됐고, 그 후 일본은 '아시아 중심 외교'라는 말을 꺼내지 못하고 있다. 천안함 사고의 '유용성'을 인식한 미국은 한국과 일본을 자신의 편으로 다시 결속시키는 한편 한미 서해 군사훈련 등을 통해 중국을 강력히 압박했다. '한·미·일' 대對 '북·중'의 신新냉전이 도래한 것이다. 일본의 일부 좌파 지식인·언론인들이 '천안함 음모론'을 제기한 것은 바로 이러한 정세 변화 때문이었다. 천안함 사고의 진실은 여전히 오리무중이지만, 당시의 동북아 국제정치 상황은 천안함 사고를 파헤치는 데 중요한 맥락으로 읽힐 것으로 보인다.

일본, 탈아입구脫亞入歐에서 탈구입미脫歐入美 그리고 탈미환아脫美還亞로

지난 3월 12일부터 약 1주일간 일본에 다녀왔어요. 일본에서 북한 문제를 연구하는 학자들의 모임으로부터 대북 협상 사례에 대한 얘기를 해달라는 초청을 받아서 갔습니다. 그건 일본의 새 정부가 앞으로 대북 협상을 본격 추진하겠다는 신호로 해석해야 할 것 같습니다. 그 학자들은 정부로부터 상당히 큰 규모의 용역을 받은 걸로 보였어요. 내가 그 사람들하고 워크숍을 끝내는 날 중국에서도 전문가가 왔더라고요. 협상 테크닉까지 연구하고 있는 걸 보고 앞으로 일본의 대북 행보가 빨라질 것 같다는 생각을 했습니다.

그리고 한반도평화포럼(공동대표 임동원·백낙청) 멤버들이 16일 도쿄에 도착해서 당일 오후 일본 여당 민주당 의원들하고 간담회를 했습니다. 일조(북일)관계에 대해 관심을 갖고 공부하는 의원들 10여 명이 우리를 기다리고 있었어요. 그 사람들은 만찬까지 하면서 일조관계를 어떻게 풀어야 할지 우리의 얘기를 들으려고 했는데, 그 역시도 일본 사람들이 적극적으로 뭔가를 준비하고 있다는 인상을 주었습니다. 18일 오전에는 하토야마 유키오 내각의 외교정책에 깊숙이 관여하는 책임자급 의원들이 별도로 다시 만나자는 요청도 왔어요. 그래서 그 사람들이 가장 어렵다고 생각하는 일본인 납치 문제를 어떻게 돌파해야 일조관계를 풀 수 있는지 아주 구체적인 의견을 제시해주고 돌아왔습니다. 17일에는 게이오대학 한국연구센터와 한반도평화포럼이 공동 주최하는 세미나를 했는데, 일본 내의 한반도 문제 전문가들 역시 납치 문제를 어떻게 돌파해야 할지를 고민하고 있었습니다. 17일 오후에는 <세카

이<世界>란 잡지를 출간하는 이와나미쇼텐이 '한일지식인대화'를 주최했습니다. 일본 쪽에서는 와다 하루키 도쿄대 명예교수, 사카모토 요시카즈 도쿄대 명예교수, 그리고 기미야 다다시 등 현직 도쿄대 교수나 언론인 출신의 교수 등 열댓 명이 나왔어요. 소위 일본 내에서 진보적인 학자들인데, 저녁을 도시락으로 때우면서 4시간 이상 대화를 했습니다.

일본 지식인들은 일본이 아시아 외교를 강화하려면 북핵 문제를 푸는 과정에서도 어떤 역할을 해야 되는데, 과거 자민당 정부가 납치 문제를 조건화해 국내정치에 이용하면서 납치 문제가 넘기 어려운 벽이 되어버린 것을 괴로워했어요. 민주당 의원들은 지식인들처럼 고민하기보다는 구체적으로 돌파구를 여는 방법이 뭐가 있느냐는 질문을 했습니다. 지식인과 정치인의 차이입니다. 일본의 지식인과 정치인들은 나름대로 역할을 잘 나눠서 서로 보완적인 관계로 국가에 기여하고 있구나 하는 느낌을 받았어요.

하토야마 총리가 동아시아 공동체 구상을 내놓은 건 일본외교사史에서 코페르니쿠스적인 전환입니다. 이명박 정부가 좋아하는 패러다임 시프트라는 말은 사실 일본 외교에 더 어울리는 말이에요. 19세기 중반 일본 막부 시대 말기 서양 세력이 동양으로 들어올 때, 그걸 서세동점西勢東漸이라고 하는데, 일본은 동아시아 국가 중에서 가장 먼저 서양적인 국제질서와 문화 속으로 들어갔습니다. 탈아입구脫亞入歐라고 합니다. 아시아에서 벗어나서 구라파로 들어가겠다는 뜻입니다. 일본이 그렇게 방향을 잡은 것은 화이관華夷觀에 입각한 중국 중심의 국제질서에서 일본이 조선만큼 중국한테 대접을 못 받아온 데 대한 반발도 작용했다고 할 수 있습니다. 아시아에 미련을 안 갖겠다는 거였어요. 그렇게 일본은 서양 문명을 가장 빨리 받아들이면서 강국이 됐고, 청일전쟁과 러일전쟁에서 잇달아 이겼고, 그 여세를 몰아 조선을 강제로 합병했어요. 그 뒤 일본은 제2차 세계대전이 끝나고 철저히 탈구입미脫歐入美를 했습니다. 미국보다 더 미국적으로 행동했던 게 자민당 시대의 외교정책이었습니다.

그러다가 2009년 선거에서 일본 국민들은 동아시아 공동체를 제창한 민주당에 표를 몰아줬는데, 거기에는 더 이상 대미 종속외교는 안 된다는 의미도 있었다고 봅니다. 탈아입구에서 탈구입미로 갔다가 탈미환아脫美還亞하겠다는 거였고, 이번에 일본에 가서 바로 그런 구체적인 움직임을 봤습니다. 그걸 보면서 일본 사람들이 참 정세를 빨리 읽는다는 생각을 했습니다. 일본이 탈미환아하려는 것도 중국 때문입니다. 중국은 이미 G2로 불릴 만큼 국력이 커졌고 미국의 국력은 상대적으로 쇠퇴하고 있어요. 헨리 키신저 전 국무장관도 얼마 전 서울에 와서 미국의 힘이 쇠퇴하고 있다는 말을 했어요. 키신저가 그런 얘기를 했다는 건 대단히 의미 있는 겁니다. 키신저가 누굽니까? 한때 미국 중심주의적 외교를 강력히 밀어붙였던 사람 아닙니까? 일본은 기울고 있는 미국과 떠오르는 중국을 양쪽에 두고, 계속 미국 쪽에만 서 있으면 안 되겠다는 판단으로 아시아 중심 외교를 공개적으로 말하게 됐습니다.

그걸 보면서 과연 우리는 어떤가 하는 생각을 하지 않을 수 없었습니다. 우리는 지금 아시아 중심 외교는커녕 한반도 중심 외교도 안 하잖아요. 북한하고 관계를 끊어버리면서. 그리고 완전히 미국 중심 외교로 가고 있어요. 한미동맹 지상주의가 우리 외교정책의 기조가 돼버렸어요. 기조라기보다는 출발점이자 목표가 되었습니다. 일본은 미국에서 빠져나오는데 우리는 반대로 더 들어가고 있어요. 물론 일본이 미국과 일정한 거리를 둔다는 게 적대관계를 만들겠다는 건 절대 아닙니다. 그러나 미국에 너무 치중하는 건 도움이 안 되고 앞으로 형성될 국제질서 속에서 위상이 낮아지는 걸 막으려면 아시아 중심으로 가야 한다는 겁니다. 그런데 우리는 그렇게 멀리 보는 감각이 없는 것 같아서 씁쓸했습니다.

우리 안보론자들은 한국군에 대한 전시작전통제권도 미국에서 돌려받으면 안 된다, 한미연합사도 해체하면 안 된다고 합니다. 그러나 그런 걱정을 안 해도 미국은 절대로 한국에 대한 군사적 개입 여지를 스스로 끊지 않습니다. 전작권은 기본적으로 미국이 북한을 위험국가로 분류하지 않기 시작하면서 우리한테 돌려주려고 하는 겁니다. 주한미군의 신속기동군화나 전략적 유연성 확보에 전작권이 족쇄가 되니까 돌려주려고 하는 거예요. 바꿔 말하면, 미국은 이제 한반도에 안보 위기가 올 가능성이 적다고 보는 거예요. 그리고 미국은 만약 안보 위기의 징후가 있는 경우를 대비해서 이미 다른 대책을 다 세워놓았을 겁니다. 미국은 비상계획(contingency plan)에 강한 나라예요. 연합사가 해체되고 다른 방식으로 바뀌어도 미군은 한국에 남게 되어 있어요. 전작권 반환되고 연합사 해체되면 미군이 떠날 것처럼 왜곡하고 선동하는데, 절대 안 나갑니다. 그리고 한국의 군사정책에 대해 실질적인 영향력을 계속 행사할 겁니다.

이명박 정부는 이런 진실을 외면하지 말고 일본이 왜 지금 저러는지를 음미해볼 필요가 있습니다. 키신저의 말도 곱씹어봐야 되고요. 미국이 쇠퇴하니까 버리자는 게 아니라, 너무 매달리지 말자는 겁니다. 요즘 정부가 자주 얘기하는 그 국격에 어울리는 외교적 위상은 우리 스스로 정립해야 하는 겁니다. 남들이 국제회의 열어서 우리 국격의 등수를 매겨주지 않아요.

긴자에서 만난 중국인들이 금강산으로 몰려간다면?

일본에서 최근 남북관계 상황과 관련해 많은 생각을 하게 하는 인상적인 장면을 목격했습니다. 긴자 거리에 갔었는데, 중국에서 온 중년 부부들이 너도나도 디지털카메라를 들고 여기저기서 사진을 찍으면서 관광을 하는 거예요. 북한은 금강산·개성 관광 중단이 계속되면 관광과 관련된 합의·계약을 파기하고 부동산을 동결하겠다고 남쪽에 경고했습니다. 그리고 4월부터 새로운 사업자에 의해 금강산·개성 관광을 자국 및 해외에 개방하겠다고 공언했습니다. 그런데 우리 정부는 계속 3대 조건(금강산 관광객 사망 사건 진상 규명, 재발 방지 약속, 관광객 신변 안전 보장)만 되풀이하면서 끄떡도 안 하고 있어요.

긴자 거리나 일본 지하철에서 수많은 중국 사람들을 만나고 중국에서 북한 관광 상품이 제법 팔린다는 보도를 보면서, 우리 정부가 금강산 관광을 재개해주는 문제를 북한을 압박하는 일종의 카드로 삼으려는 게 잘 안 먹히겠구나, 진짜 오판이고 오산이구나, 하는 생각을 했습니다.

관광이란 건 가까운 나라부터 갑니다. 중국은 이미 6~7년 전에 1인당 소득 1만 달러 이상인 인구가 1억 명을 넘었다고 했어요. 그동안 경제가 더 나아졌으니까 이제는 2만 달러 이상 인구가 1억 명 가까이 된다 치면, 중국 주변 국가에 경치가 좀 아름다운 데가 있다는 소리를 들으면 인해전술로 몰려나갈 겁니다. 이미 일본까지 가고 있잖아요. 과거엔 한국에 많이 왔었어요. 북한 관광 문호가 열리면 상당수의 중국 사람들이 금강산으로 몰려갈지 모릅니다. 백두산도 그랬어요. 내가 1992년 여름 중국 쪽에서 처음으로 백두산에 올라간 적이 있는데, 그때는 안내하는 조선족 동포들과 중국 군인들만 빼고 전부 한국 사람들이었어요. 그런데 2005년 여름 연변대학 학술회의 때 그쪽에 간 김에 백두산에 다시 올라갈 때 보니까 10여 년 만에 분위기가 완전히 바뀌었더라고요. 관광객이 거의 다 중국 사람들이었습니다. 한국 사람들의 목소리는 간간이 들렸고, 정상에 가봐도 중국 사람들이 훨씬 더 많았어요.

금강산은 중국 사람들한테 상당히 매력 있는 관광지로 얼마든지 포장될 수 있습니다. 우선 진시황의 전설이 있어요. 진시황이 서복이란 사람에게 "동방의 봉래산에 불로불사초가 있다 하니 가서 가져오라"고 했는데, 서복이 불로불사초를 가지러 가서 안 돌아왔다는 전설이 있습니다. 진시황이 사람을 보냈던 봉래산에 가자고 하면 중국 사람들은 일단 호기심에서라도 오게 될 거에요. 또 중국 최고의 시인으로 꼽히는 송나라 소동파는 "원생고려국願生高麗國 일견금강산 一見金剛山"이란 시구를 남겼습니다. "고려국에 태어나 금강산을 한 번 보는 게 내 소원이다"란 뜻인데, 이 진시황과 서복의 전설, 소동파의 시구를 가지고 관광 상품을 홍보하면 과거 남쪽 사람들이 갔던 것 못지않게 많은 중국 사람들이 금강산으로 몰려갈 겁니다.

중국 사람들이 일본 긴자에서 디카로 사진을 찍어대고, 미국이나 유럽까지 관광을 가는 시절인데 진시황, 소동파를 들이대면서 "금강산 찾아가자 일만 이천봉" 하고 판촉하면 한국 정부가 금강산 관광 카드로 북한의 버릇을 고치겠다는 게 과연 가능할까요? 북한의 버릇도 못 고치고 중국 사람들이 금강산·개성 관광을 하러 몰려가는 것도 문제지만, 중국 돈이 북한으로 막 들어가면 북한 경제는 순식간에 중국화될 겁니다. 그럼 뭐가 문제냐? 통일은 그만큼 멀어진다는 얘기예요. 독일 통일이나 유럽연합(EU) 통합 과정을 보면 경제적으로 상호의존성이 커진 연후에 비로소 정치적인 연합이 가능했습니다. 김대중·노무현 정부 때는 경제교류를 하면서 군사적 긴장이 낮아지고 정치·외교적으로도 북한에 일정한 영향력을 발휘했었습니다. 대표적으로 9·19 공동성명이 그렇게 해서 나온 거잖아요. 그런데 지금은 다 끊어지고 장기적으로 볼 때 남북 경제공동체를 만들 수 있는 여지가 사라지고 있기 때문에 북한 경제는 결국 중국의 동북 3성과 경제공동체를 만드는 쪽으로 가는 게 아닌가 걱정됩니다.

2009년 11월 단행한 화폐개혁도 실패한 것 같으니까 북한을 틀어막기만 하면 붕괴할 것이라는 기대를 가지고 있는 사람들이 요새 갑자기 늘고 있는데, 북한은 이가 없으면 잇몸으로 삽니다. 남쪽에서 북한을 틀어막고 압박해서 손을 들게 하겠다는 사이 북한은 대풍투자그룹을 만

들어서 외자 유치에 나섰고, 중국에 나진·선봉을 개방하고 있습니다. 나진·선봉 개방은 북한과 중국이 상부상조하겠다는 겁니다. 중국은 동해를 거쳐 태평양으로 대미·대일 수출의 물류 통로를 확보하는 대신 북한은 사용료 같은 걸 받겠다는 겁니다. 또 조중 간 변경무역도 더 원활해지면 북한 경제는 살아납니다. 남쪽이 안 도와주니까 북한이 탈남입중脫南入中하는 겁니다. 이명박 정부는 이럴 줄 몰랐겠죠. 꽉 막아버리면 언젠가 무릎 꿇고 시키는 대로 하겠다고 나올 거라고 생각했겠지만 북한은 이미 다른 쪽으로 숨통을 트고 있습니다. 중국도 정치·경제·외교·안보 차원의 고려 때문에 북한을 압박하기보다 도와줄 수밖에 없어요. 북한은 이제 남쪽과의 관계에 대해서는 점점 기대를 접는 쪽으로 갈 겁니다.

그게 뭐가 아쉽냐고 하는 사람도 있을 겁니다. 그렇지만 북한 경제가 위안화 경제권으로 들어가버리면 우리로서는 민족사적으로 정말 불행한 결과밖에 오지 않아요. 우리 민간기업들이 금강산에 3000억 원 이상 투자하고 정부도 600억 원 들여서 이산가족 면회소를 지어놨는데, 북한이 부동산 몰수하고 그러면 앞으로 누가 북한에 투자하겠느냐는 소리가 있습니다. 그래서 거기까지는 안 갈 거라고 믿고 싶은 겁니다. 그런데 북한은 어차피 빨간 딱지가 붙은 나라라서 그런 상황을 겁내지도 않아요. 2003년 8월 내가 통일부에 있을 때 남북 투자보장협정을 체결했는데 거기에도 예외 조항이란 게 있어요. 나중에 불가피한 경우 투자한 걸 실비로 보상해줄 수 있는 내용이 들어 있습니다. 북한이 그걸 근거로 실비 보상을 해주겠다고 하면서 중국 같은 데서 들어오는 돈을 현대에 찔

끔찔끔 주다가 나중에 유야무야 끝내버리면 어떻게 할 겁니까? 투자보장협정 왜 안 지키느냐고 따질 수 있겠지만, 북쪽도 할 말 많아요. 투자보장협정이 나오게 된 상위 합의인 6·15 공동선언은 왜 안 지키느냐고 나오면 뭐라고 답할 겁니까? 참 답답합니다. 이제 다시 멀리서 '그리운 금강산'을 노래로만 부르며 그리워해야 할지도 몰라요. 과거에는 직접 가서 불렀는데, "원생고려국 일견금강산" 앞에서 옛날 얘기가 돼버릴지도 모르겠습니다.

대북 응징의 딜레마와 위험에서
빠져나와야

───── G20 회의 잔치 안 망치려면 동네 인심부터 챙겨라 _ 2010. 4. 27

천안함 침몰 사고 초기 이명박 정부는 북한 연계설에 대해 조심스러운 입장을 보였다. 그러나 보수 언론들은 북한의 소행이라는 결론부터 내리고, 정부와 천안함 민군 합동조사단의 임무는 그 결론을 뒷받침할 만한 근거를 찾아내는 것이라고 주장했다. 증거를 찾기 전에 결론을 먼저 내린 셈이다. 또한 보수 세력은 천안함 사건을 계기로 한국군의 전시작전통제권 환수 연기, 주적主敵 개념 부활 등 평소 숙원 사업들을 모조리 테이블 위로 올렸다. 지지층들의 그 같은 요구에 직면한 이명박 정부는 정권의 중간평가가 될 6·2 지방선거를 앞두고 초기의 신중한 태도를 버리고 북풍北風 몰이에 서서히 발을 담그기 시작했다.

주한미군 사령관의 언행이 시사하는 것은?

오늘은 다섯 가지 포인트로 이야기를 하겠습니다. 첫 번째는 천안함 사건과 북한 관련설, 두 번째는 전시작전통제권 환수를 연기해야 한다는 주장의 모순, 세 번째는 소위 북풍北風에 대한 역풍 가능성, 네 번째는 북한이라는 존재를 우리가 어떻게 상대할 것인가 하는 문제입니다. 그리고 마지막으로 이명박 대통령의 발언 스타일에 관해 할 말이 있습니다.

우선 초미의 관심사인 천안함 사건과 북한과의 관련설에 대해서 생각해봅시다. 힐러리 클린턴 미 국무장관이 4월 23일 에스토니아에서 했던 발언, 그리고 장위 중국 외교부 대변인이 했던 말은 함의가 상당히 크다고 봅니다.

클린턴 장관은 에스토니아에서 "나는(한반도에서) 전쟁(war)에 대한 애기가 나오지 않길 바라고, 분쟁(conflict)으로 이어질 수 있는 대응을 유발하는 행동이나 오판이 없기를 바란다"고 말했어요. 여기서 오판이라는 건 천안함 조사 결과에 대한 한국의 대응에 관한 언급 같았고, 따라서 클린턴 장관의 말은 한국을 상대로 한 말이지 북한 들으라고 한 말은 아닌 것 같습니다. 장위 대변인은 4월 20일 브리핑에서 "우리는 한국이 사고 원인에 대해 객관적이고 과학적인 조사를 강조하고 있다는 점에 예의주시하고 있다"고 말했습니다. 객관적이고 과학적이란 말은 한국이 정서적으로, 주관적으로 접근하고 결론을 내릴 수 있다는 걸 우려한다는 말입니다. 장위 대변인은 또 "중국 정부는 유관 당국이 천안함 사고 문제에 대해 적절하게 처리할 것으로 믿는다"고 했습니다. '유관 당국'은 한국의 국방부나 청와대를 지목하는 겁니다. 정치권이나 언론에서 나오는 말들은 의미 없다는 뜻이기도 합니다. 또 "적절하게 처리할 것으로 믿는다"는 건 오판을 하지 말라는 클린턴 장관의 말과 맥이 통하는 겁니다.

천안함 침몰 원인의 실체적 진실은 시간이 지나면 언젠가는 밝혀지겠지만, 나는 그 실체적 진실과 관련해서 사건 초기에 월터 샤프 주한미군 사령관이 미국에서 급거 귀국했고, 또 사건 이틀 뒤였던 3월 28일 "북한군에 의한 어떠한 특이 동향도 탐지하지 못했다"고 말했던 걸 주목해야 한다고 봅니다. 샤프 사령관이 별생각 없이 한 말이 절대 아니라고 봅니다. 사건이 나던 시점은 한미 합동 독수리훈련이 서해에서 진행되던 때였어요. 평시가 아니라, 주한미군의 모든 대북 정보망이 초긴장 상태 내지는 비상 상태로 작동하고 있던 때였습니다. 그런 긴장 상태에서도 북한이 침투해서 천안함을 공격할 수 있었다면 한미 군사훈련은 종이호랑이라는 얘기가 됩니다. 미국의 군사정보망도 허당이란 말이 나올 수 있습니다. 그러나 절대 그럴 리가 없습니다. 따라서 샤프 사령관은 모든 정보망이 북한에 쏠려 있던 당시의 정보에 근거해서 그런 말을 했다고 봐야 합니다.

그러나 우리 정치권과 보수 언론은 그런 걸 감안하지 않고 북한과 유관한 사건으로 조금씩 조금씩 몰아갔어요. 그런 분위기가 계속되니까 4월 2일 커트 캠벨 미 국무부 동아태 차관보가 서울에 왔어요. 우리 외교 당국에서는 원래 예정된 방문이라고 했지만, 서울에 다녀간 지 한두 달밖에 안 된 사람이 또 왔다는 건 뭔가 공개적으로 말하기 곤란한 메시지를 전달해야 되기 때문이었다고 봅니다. 지금 미국 브루킹스연구소 초빙연구원으로 워싱턴에 있는 박선원 전 청와대 비서관은 캠벨 차관보가 천안함 사건과 관련해 한국의 대북 과잉 대응을 자제시키러 왔다고 주장했는데요, 클린턴 장관의 에스토니아 발언을 보면 박 전 비서관의 말이 어느 정도 사실이라고 봅니다. 그렇게 연결될 수밖에 없어요. 캠벨이 당부를 하고 간 건 한국 정부와 여권이 치고 빠지는 식으로 북한과 관련된 쪽으로 몰아가는 데 대한 일종의 경고나 우려였다고 볼 수 있습니다. 천안함 사건이 북한과 유관하다고 하면 제대로 된 사람이고, 관련 여부를 예단할 수 없다고 하면 마치 친북 인사인 양 시각이 이분법적으로 갈려 있지만, 미국은 철저한 조사가 이뤄지기 전에는 북한과 관련이 있다고 몰아가지 말라는 입장인 것 같습니다. 그럼 미국도 친북인가요?

전작권 없으면 군사 대응도 못해

두 번째는 전작권 환수 연기 주장의 모순입니다. 천안함 사건을 계기로 이명박 대통령도 전작권 문제를 언급하면서 전작권 환수를 미뤄야 한다는 주장이 더욱 거세지고 있어요. 이명박 정부 안팎에 있는 한미동맹 지상주의자들은 정부 출범 후부터 우리가 살길은 한미동맹 강화밖에 없다고 하면서 미국한테 그걸 문서로 보장해달라고 했습니다. 그래서 2009년 한미 정상회담 때 미국이 한국에 확장된 억지력(extended deterrence)을 제공한다는 합의를 했습니다. 미국이 보장하는 핵우산을 군사적으로 구체화한 개념입니다.

북한의 핵 능력이 점점 강화된다고 보고 그에 대한 억지력을 미국으로부터 보장받자는 판단에서 나온 거라고 볼 수 있는데, 사실 '확장된 억지'는 '확장된 의존'(extended dependence)과 표리의 관계입니다. 우리가 미국에 군사·안보적으로 더 의존하게 된다는 건데, 달리 말하면 미국산 무기 수입을 더 늘린다는 얘깁니다. '확장된 억지'가 명문화되는 시점을 전후로 미국산 무기와 군사 장비를 구매하는 한국의 자격(FMS)이 최상위로 격상됐는데, 그거 다 돈 나가는 얘깁니다. 이런 상황이 극단적으로 가면 미국이 주도하는 미사일 방어(MD)에까지 들어가자는 말이 나올 겁니다. '확장된 확장된 억지'(extended, extended deterrence)라고 할까요? 미국으로부터 '확장된 확장된 억지력'을 제공받는 데 집착하는 입장에서는 한국군에 대한 전작권 환수를 반대하는 건 당연합니다. 논리적으로 그렇게 됩니다. 군사 면에서 주권을 행사하지 말자는 거니까요.

여기서 딜레마가 생깁니다. 예컨대, 미국이 한국에다 대고 천안함 사건에 대해서는 아무런 군사행동도 하지 말라고 한다면 한국은 그걸 따라야 하는 딜레마에 빠지게 됩니다. 전작권이라도 돌아오면 얘기가 다릅니다. 전작권을 가지고 있으면 어떤 사건에 대한 미국의 해석과 메시지에 구속받는 정도가 훨씬 더 줄어들 수 있어요. 물론 미국과 사전 협의는 하겠지만요.

전작권을 가져와서는 안 되고, 한미동맹은 더 강화해야 하고, '확장된 확장된 억지력'을 보장받아야 한다고 주장하는 사람일수록 천안함 사건에 대해 강력한 대북 응징을 주장하고 있어요. 그러나 미국이 자제를 당부한다면 우리는 군사적으로 아무것도 할 수 없어요. 대북 응징과 전작권 반환 연기를 동시에 주장하는 사람들은 이런 논리적 모순을 생각이나 하고 그런 주장을 하는 건지 묻고 싶습니다. 중국과 미국이 한국의 자제를 요구하고 나오면 설사 천안함이 북한과 관련됐다는 물증이 나온다 한들 무슨 행동을 할 수 있겠느냐는 말입니다. 책임 당국인 국방부나 청와대가 지금 조심스러운 표현을 쓰는 건 그것 때문이라고 봅니다.

북풍의 기억, 선거 패배의 기억

세 번째로, 지금 일고 있는 소위 북풍과 6·2 지방선거에 관한 이야기입니다. 천안함과 관련된 각종 사실들은 일단 터뜨려놓고 나중에 '아니면 말고' 식으로 책임을 회피해도 되는 문제가 아닙니다. 만약 '아니면 말고'로 한다면 오히려 6월 지방선거에서 커다란 역풍이 불 수 있어요. 천안함 조사 결과가 5월 중순 이후 최종 결론이 나온다는 보도가 있던데, 선거일을 감안해서 디데이 정해 놓고 타이밍을 조절하는 느낌이 자꾸 듭니다. 물론 민주당이나 국민참여당 같은 야당 쪽에서도 노무현 대통령 서거 1주기에 따른 바람, 일종의 노풍盧風을 선거에 좀 활용할 수 없겠나 하는 기대를 할 겁니다. 여나 야나 그런 계산이 다 있어요. 그러나 야당들은 언론매체를 움직일 수 있는 레버리지가 없기 때문에 그냥 희망사항일 뿐입니다. 하지만 정부 기관에서는 언론매체를 유도할 수 있는 레버리지를 가지고 있잖아요. 그렇게라도 해서 어떻게 선거를 끝내면 나중에 실체적 진실이 밝혀져도 손해 볼 게 없다고 생각할지 모르지만, 소위 북풍은 이제 국내정치에 큰 도움이 안 되고 오히려 역풍이 될 수 있다는 걸 잊지 말아야 합니다.

1995년 지방선거를 앞두고 김영삼 정부가 북한에 쌀을 보냈어요. 선거 며칠 전인 6월 25일로 날짜를 잡아서 첫 배를 띄웠어요. 그날 비가 억수로 쏟아졌는데 출항식을 TV로 중계까지 했습니다. 배 뒤로 시커먼 구름이 보였고, 청와대 지시로 총리가 직접 행사에 나갔어요. 당시 남북관계는 94년 7월 김일성 주석 조문 파동 때문에 아주 경색돼 있었는데, 조문 파동에서 1년도 채 안 됐지만 남북관계에 대한 희망을 국민들에게 심어줌으로써 선거에서 표가 나오도록 해보려는 계산이 있었습니다. 소위 따뜻한 북풍, 온풍을 만들어본 건데, 결과적으로 선거에 아무런 도움이 안 됐습니다. 여당이 오히려 선거에서 졌어요. 그리고 2000년 총선을 며칠 앞두고 남북 정상회담을 발표했던 게 선거에 영향을 못 줬던 건 너무나 유명한 얘깁니다. 당시 나는 정부에서 나와 있을 때였고, 한식 성묘를 늦게라도 하려고 고향에 내려가다가 정상회담 개최 발표를 들었어요. 총선에 불리할 텐데 왜 이 시점에 발표하는지 의아해했어요. 정상회담 발표 때문에 총선에서 여소야대가 됐다고 단정할 수는 없지만 도움을 못 받은 건 분명했습니다. 이 두 가지 사례는 온풍이건 냉풍이건 북풍으로는 선거 판세를 역전시킬 수 없을 만큼 우리 국민들의 수준이 높아졌다는 반증이라고 봅니다. 벌써 10년, 15년 된 얘기에요. 그런 점에서 지금 정부·여당은 신중하게 생각해야 합니다.

한반도 정세와 G20은 별개라고 할 건가?

네 번째는, 어쩌면 가장 중요한 포인트일 수도 있습니다만, 우리가 북한이라는 이웃을 어떻게 상대할 것인가 하는 문제입니다. 대통령 입장에서는 천안함 사고가 대북 강경정책을 지속시킬 수 있는 근거가 되거나, 비록 누가 그랬는지 결론을 못 내리더라도 북한을 성토하는 분위기만 있으면 나쁘지 않고 생각할지 모르지만, 그렇게 계속 몰고 가면 11월 G20 정상회의에도 좋은 영향을 못 줍니다.

4~5월에 북풍을 세게 일으켜 놓고, 6개월 뒤 G20 정상회의가 있다고 해서 어느 날 갑자기 남북 간 분위기를 좋게 만들 수 있을지 의심스럽습

니다. 더군다나 남쪽이 지금 저렇게 나오는데 북한이 가만히 보고만 있고, G20 잘 치르라고 협조할 수 있을까요? 거기에 대해 나는 자신이 없어요. 이치가 그렇지 않습니까? 동네 부자가 멀리서 친척·친지들 불러다 잔치를 한다고 하면 동네에 떡도 안 돌리고 할 수는 없는 겁니다. 고기 굽는 냄새, 기름 냄새 풍기면서 자기들끼리만 잔치할 수 있나요? 그럼 동네 사람들이 심술이 안 나겠어요? 작년 11월 북한에 옥수수 1만 톤을 주겠다고 했는데 반년이 되도록 이런저런 핑계를 대면서 안 보내고 있어요. 금강산 관광은 국제 수준으로 신변 안전을 보장해야 한다고 하면서도 북이 구체적으로 어떻게 했으면 좋겠냐고 물어보면 연구해보라고만 했다는 거예요.

남쪽이 그렇게 나오니까 북으로서는 금강산 관광을 더 이상 하지 않겠다는 뜻으로 해석할 수밖에 없었고, 그래서 단계적으로 압박을 한답시고 그동안 이런저런 수를 썼어요. 그래도 이쪽에서 아무 반응이 없으니까 결국 몰수까지 하겠다는 건데, 이대로 가면 그 파장이 개성공단까지 미치는 게 시간문제일 수 있습니다. G20까지 남은 시간이 한 6개월인데, 그사이에 개성공단에서도 좋지 않은 일이 벌어지고 남북 간 긴장이 높아지면 어떡할 겁니까? 한반도 정세와 G20은 별개라고 할 수 있나요?

지난번에 그런 일화를 소개한 적이 있어요. 우리가 88 서울 올림픽을 유치하니까 북한이 86 아시안게임을 가져가려고 했는데, 그것마저도 우리가 싹쓸이해버리니까 그 절망감 때문에 북한이 1983년 미얀마 랑군 사태를 일으켰다고 볼 수 있다고. 80년대 들어 대남 열세가 굳어지고 남쪽 경제는 날로 성장하는 걸 보면서 북한이 심술을 낼 수밖에 없는 상황이었습니다. 이번에도 남쪽이 G20을 유치하고 2012년에는 핵 안보 정상회의까지 하면서 너무 잘나간다는 생각을 할 수 있습니다. 그리고 기껏 1만 톤 되는 옥수수는 아직까지 주지도 않으면서, 김일성 주석 생일에 폭죽 쏠 돈으로 옥수수나 사다 먹으라고 남쪽의 대통령이 직접 훈계를 하면서 "북한은 정신 차려야 한다"고까지 했으니, 북한이 자극받지 않을 수 없습니다. 아마 절치부심하고 있을 겁니다. 올해 태양절 행사는 단순히 김일성 주석을 기리는 것뿐만 아니라 3대 세습을 공식화하는 의미도 있었다고 봅니다. '대대손손'이란 표현을 썼거든요. 과거 김일성에서 김정일로 넘어갈 때 '대를 이어서'라고 했었는데, 이번엔 '대대손손'이란 표현을 쓴 건 예사롭지 않습니다.

물론 우리 기준으로 북한을 보면 이해되지 않는 대목들이 많습니다. 그러나 그게 북쪽 체제의 기본 속성인 걸 어떡합니까? 이번 태양절 행사는 북한 권력자들의 입장에서 볼 때 굉장히 중요한 행사였어요. 대대손손으로 내려가야만 체제가 유지된다고 판단하고 있는데, 남쪽 대통령이 직접 나서서 우리 기준을 들이대며 가타부타 비판한 건 조금 지나쳤다고 할 수 있습니다. 이명박 대통령은 91년 남북 기본합의서가 제일 잘됐다고 했어요. 기본합의서 1조가 뭡니까? 상호 체제 인정과 존중이에요. 2조는 내정불간섭, 3조는 상호 비방·중상 금지. 6·15 선언과 10·4 선언을 부정하기 위해 기본합의서가 잘됐다고 하는 것 같은데, 속으로야 '북한이 정신 차려야 한다'고 생각할 수도 있겠지만 대놓고 그런 말을 하는 것은 기본합의서의 정신과도 맞지 않는 겁니다.

한마디 한마디도 최고 지도자답게

끝으로 이명박 대통령의 발언 방식에 대해 이야기하지 않을 수 없습니다. 최고 지도자는 절제된 표현을 써야 합니다. 최고 지도자의 공식 발언은 엄격히 엔지니어링되어 있어야 합니다. 그렇지 않으면 국익에 불필요한 해가 발생될 수 있습니다. 단어 하나하나가 굉장히 많은 해석을 낳을 수 있거든요. 그런데 북한이 폭죽놀이를 밤새 했다고 하면서(사실 밤새 하지도 않았어요) 폭죽놀이에 쓴 돈으로 옥수수를 사서 백성들한테 줬으면 얼마나 좋겠냐고 하면서 정신을 차리라고 했어요. G20 정상회의와 핵 안보 정상회의 같은 걸 유치했으면 우리는 이제 몸조심을 해야 합니다. 대통령은 "가장 호전적인 집단이 매우 가까운 곳에 있다는 걸 잊고 산다"고 했는데, 그렇다면 그야말로 그 집단을 자극하지 말아야 합니다.

물론 천안함 사고가 G20에 대한 북한의 심술 때문에 일어났다는 건 아닙니다. 샤프 사령관이 북한의 특이 동향을 탐지하지 못했다고 했기 때문에 진짜 북한의 소행인지에 대해서는 의심할 여지가 많아요. 그러나 금강산이 저렇게 되고 개성공단에도 뭔가 조치가 취해진다면 그건 G20에 나쁜 영향을 줄 수밖에 없다는 말입니다. 2002년 부산 아시안게임과 2003년 대구 하계유니버시아드에 북한 선수단이 참가했어요. 북한이 와서 국제사회의 관심도 더 끌었고, 결과적으로 성공적인 행사가 됐어요. 그 기반은 2000년 6·15 선언이었는데, 북한 입장에서도 정상회담까지 하고 남북관계가 잘되는 마당에 남쪽에서 열리는 잔치의 판을 깨서는 안 되겠다, 아니 오히려 우리가 가서 더 흥행을 높여보자, 협조하자, 이런 판단을 했다고 봅니다. 물론 남쪽도 최우선적으로 북한의 참가를 유도했었습니다. 우리 집에서 잔치를 하니까 가장 가까운 이웃부터 부른 겁니다. 그렇게 해야 잔치가 잘된다는 걸 알았으니까요. G20이나 핵 안보 정상회의에 김정일 위원장을 부르는 건 어려울지 몰라도, 어쨌든 우리 잔치를 잘 치르려면 떡과 고기를 이웃들에게 나눠주는 정도의 지혜나 아량은 있어야 합니다.

금강산 자산 몰수한다고 하면 대화하고 달래서 더 이상 사고를 치지 않게 해야지, 대북 경협 줄이고 통일부 장관이 반입 승인 품목을 하나하나 승인하는 식으로 대응하면 사고를 더 치라고 유도하는 것밖에 안 돼요. 그 정도 가지고 북한이 겁을 내겠어요? 북한에 대해 막가파라고 하면서, 막가파한테 아무 소용 없는 대책을 내놓고 대응하면 됩니까? 미국이나 중국이 군사행동에 대해 부정적인 말을 했고, 따라서 설사 스웨덴 전문가들까지 참여한 천안함 조사에서 북한과 관련된 물증이 나온다고 해도 어떤 행동을 취할 수 없다면, 지금 이 상황을 어떻게 풀어가야 할지 고민을 다시 해야 합니다. G20 정상회의를 하는 나라의 당국자들답게 입조심을 하면서 동시에 한반도는 평화롭다고 말할 수 있는 근거를 만들어나가야 합니다. 속이 상할 대로 상해 있는 이웃한테 정신 차리라는 말만 하면 일이 됩니까?

구차해진 대중 외교,
'유소작위^{有所作爲}' 자초하다

북중관계는 한미관계와 같은가? _ 2010. 5. 11

천안함 사고 이후 한국의 보수 세력은 중국을 향해 "책임 있는 대국으로 북한을 감싸지 말라"고 요구했다. 그러자 중국은 자신들의 입장을 분명히 밝혔다. 북한이 천안함을 공격했다는 확실한 증거가 없는 상황에서 한국의 입장을 지지할 수는 없다는 것이었다. 김정일 북한 국방위원장이 2010년 5월 초 중국을 방문하면서 한중관계에는 찬바람이 불었다. 이명박 정부는 대미 편식 외교를 본격화했다. 그러나 미국은 가끔씩 6자회담 개최 의사를 흘리면서 이명박 정부를 불안케 했다. 2010년 5월 11일 정 전 장관은 중국의 전통적인 대외관을 살펴보면서 이명박 정부의 외교적 오류를 비판했다. 그러나 정부는 5월 20일 천안함 공격이 북한의 소행이라고 못 박으면서 미국을 같은 편으로 단단히 묶어놓는 데 성공했다. 그러나 동북아의 위기는 고조됐고, 한중관계는 더욱 악화됐다. 이명박 정부의 '성공'은 곧 대한민국의 '실패'였다.

마르크스-레닌주의보다 중요한 '화이관'

천안함 침몰 사고를 둘러싸고 우리 외교의 곳곳에서 파열음이 나오고 있습니다. 앞으로 대외관계에서도 상당히 많은 문제점들이 생길 수 있는 상황입니다. 우리가 G20에 들어갔다는 사실에 도취했는지 G2가 누군지를 잠깐 잊어버린 것 같은데요, 오늘은 중국의 전통적 국제질서관이라는 맥락에서 오늘날 중국이 자신의 위치를 어떻게 자리매김하고 있는지에 대해 먼저 살펴보겠습니다. 그리고 북중관계와 한미관계는 어떻게 다른지를 비교해보고, 마지막으로는 소위 '천안함 외교'와 6자회담 외교의 관계를 어떻게 설정해야 하는지 짚어보겠습니다.

우선 중국의 국제질서관에 대해 얘기해보겠습니다. 개인적인 얘기를 해서 좀 그렇지만, 1981년 말 박사학위 논문 심사를 받고 있을 때의 얘깁니다. 논문 제목은 '모택동의 대외관 전개에 관한 연구'였어요. 나는 마오쩌둥이 마르크스-레닌주의적인 용어를 써가면서 국제정치를 분석하고 외교관계에 대해 많은 연설을 했지만, 기본적으로 그 바탕에는 명나라와 청나라 이래의 '화이華夷 개념에 입각한 천하관'이 깔려 있다고 보았습니다. 즉 중화中華는 천하의 중심이고 상국上國이며 주변의 사이四夷는 중국 아래에서 중국의 문화를 받아들이고 보호받아야 한다는 인식이 자리 잡고 있다고 생각했어요. 마오쩌둥의 저작을 읽다 보면 그걸 느낄 수 있는 언급들이 군데군데 있어요. 그래서 나는 박사학위 논문의 결론에서 중국이 지금은 비록 경제적으로 낙후됐고 외교적인 발언권도 별로 없지만, 앞으로 세월이 흐른 뒤 언젠가는 전통적 화이 개념에 입각한 천하관에 따라 외교를 할 것이고, 한중관계도 그때를 대비해서 생각해야 한다고 썼습니다. 중국은 전통적으로 우리를 속국屬國으로 봤고 조선은 명나라·청나라에 조공을 바치면서 스스로 속국임을 당연시하고 살아왔는데, 다시 중국이 우리를 그렇게 대하려고 할 때를 대비해야 한다고 주장했던 겁니다.

그랬더니 논문 심사위원들이 그 부분을 빼라고 하더라고요. "중국이 어떻게 다시 그런 자리로 올라가느냐. 근거 없는 전망이다"라고 하면서요. 당시 심사위원들의 생각에는 미국이 영원히 유일 초강국으로 남아 있을 거라는 전제가 깔려 있던 것 같았습니다. 미국이나 유럽, 심지어 일본의 경제가 부흥하기 때문에 자본주의 국가들은 계속 위상이 올라가거나 유지되는 반면, 당시 개방·개혁을 시작했지만 사회주의를 표방하는 중국은 도저히 강대국 반열에 오를 수 없다는 것이었습니다. 일종의 이데올로기적 편견이 있었다고 봅니다. 심사를 받는 입장에서 내 주장을 마냥 우길 수만은 없었기 때문에 심사위원들 지시대로 그 부분을 일단 뺐습니다.

그런데 내가 그런 결론을 내렸던 건 나름대로 현장 경험이 있었기 때문입니다. 1973년에 박사학위를 하러 대만으로 유학을 갔었어요. 중국 전국시대 외교 이론인 소진과 장의의 합종·연횡론合縱·連橫論을 현대 국제정치 이론의 맥락으로 재해석해보겠다는 계획을 가지고 갔었습니다. 대만의 당시 분위기가 옛날 학문을 연구할 수 없는 분위기였기 때문에 결국은 중간에 유학을 접고 돌아와서 마오쩌둥 연구로 바꾸긴 했지만, 대만 유학 시절 읽은 책과 만난 사람들한테서 받은 느낌이 있었어요. 국민당 정부를 따라 대만으로 온 대륙 출신의 부모를 둔 학생들은 말할 것도 없고, 대만 본토인들까지도 한국을 중국의 속국으로 보고 중국은 한국의 상국이라는 개념을 가지고 있었어요. 우리를 낮춰 보는 거였는데, 물론 기분이 나빴죠. 그래서 도서관에 가서 중국 사람들이 어떻게 역사를 가르치고, 중국과 국경을 맞대고 있는 나라들을 어떻게 묘사하고 있는지를 살펴봤습니다. 학술서적에서 저널리스틱한 책까지 이 책 저 책 뒤지다 보니까, 중국 사람들은 아시아의 역사를 완전히 중국 중심으로 쓰고 가르치고 있더군요. 대륙을 빼앗기고 대만에 쫓겨온 국민당 사람들마저도 본토를 회복하면 천하의 중심이라는 뜻인 '중국'의 과거 지위를 되찾아야 한다고 가르치고 있었습니다.

그렇다면 대륙 사람들, 즉 중공 사람들은 과연 어떤 대외관을 가지고 있을지 궁금해졌습니다. 그러다가 한중수교 전인 89년 봄에 처음으로 중국 본토에 갔어요. 대중 투자 조사단의 일원으로 한 보름 동안 여러 군데를 돌아봤습니다. 베이징, 허베이성, 산둥성, 랴오닝성을 돌아봤는데, 그 사람들은 우리를 융숭하게 대접하면서도 '어쩌다가 돈은 좀 생겼지만 작은 나라에서 온 사람들' 혹은 '과거 중국에 조공 바치던 나라에서 온 사람들'이란 생각을 하고 있다는 게 은연중에 드러났습니다. 그런 걸 보면서 나는 우리가 중국과 외교를 잘 풀어나가지 못하면, 중국 사람들의 화이 개념 때문에 앞으로 우리한테 속상할 일이 생길 수 있겠다는 생각을 하게 됐습니다.

대중관계, 근본부터 다시 고민해야

5월 초, 신임 주한 중국 대사가 현인택 통일부 장관을 예방하는 자리에서 중국 대사관의 참사관이 통일부 장관한테 "발언을 너무 길게 공개한다. 너무하는 것 아니냐"고 항의를 하는 일이 있었습니다. 일국의 국무위원이 대사관의 참사관한테 공개적으로 면박을 당한다는 건 분통 터지는 일이지만, 자초한 측면도 있습니다. 그걸 보면서 중국이 드디어 화평굴기和平掘起(평화롭게 산처럼 우뚝 선다)를 넘어 유소작위有所作爲(국제 문제에 적극적으로 참여하고 자기 목소리를 낸다) 단계로 들어갔다는 생각을 하지 않을 수 없었습니다. 80~90년대인 덩샤오핑과 장쩌민 시대 중국 외교정책의 기조는 도광양회韜光養晦(빛을 감추고 어둠속에서 힘을 기른다)였습니다. 힘이 비축될 때까지는 죽어 지낸다는 겁니다. 후진타오 시대, 2000년대로 들어서면서 중국은 화평굴기와 유소작위를 외교정책 기조로 표방했습니다. 국력에 걸맞게 행세하고 과거 중국의 영광을 되살리겠다는 겁니다. 중국은 몇 년 전까지만 해도 화평굴기라는 말을 많이 썼어요. 그러나 최근에는 화해세계和諧世界(세계 여러 나라들과 사이좋게 지낸다)라는 말로 바꿔 쓰고 있습니다. 화평굴기는 외국 사람들한테 경계심을 불러일으킨다고 생각한 모양입니다. 재작년 베이징 올림픽 때도 화해세계를 크게 강조했습니다.

그러나 중국의 실무급 외교관이 주재국 국무위원한테 대놓고 항의하는 걸 보면서 화해세계는 겉으로만 표방하는 것일 뿐 본심은 '굴기'와 '작위'구나, 그리고 우리가 그 대상이 되었구나 하는 느낌을 지울 수 없었습니다. 참사관이 주재국의 장관 면전에서 그런 식으로 얘기하는 건 즉흥적인 반응이 아닐 겁니다. 한국의 당국자들을 만났을 때 어떻게 대응하라는 가이드라인이 본국에서 이미 내려왔을 거예요. '당국자' '관계자'라는 익명으로 한국 정부가 은연중에 천안함의 침몰 원인을 북한 쪽으로 몰아가면서 중국이 뭔가 역할을 해야 한다고 말했던 것들이 우리 언론에 이미 나왔기 때문에, 그에 대한 대응 논리를 다 짜 왔을 겁니다. 우리가 생각하는 '중국의 책임'은 북한 때리기에 중국도 동참해야 한다는 것이지만, 중국이 생각하는 중국의 책임은 주변 정세를 안정적으로 유지·관리해 나간다는 뜻입니다. 책임이라는 용어의 개념과 차원이 다른 거죠. 그래서 중국 대사가 언론을 상대로 "중국은 대국으로서 책임 있는 역할을 다하고 있다"고 당당하게 말했을 겁니다.

또 우리 외교부 차관이 중국 대사를 불러서 김정일의 5월 초 방중에 대해 항의를 하니까 중국 언론들이 대대적으로 들고 일어났고, 중국 외교부 대변인까지 나서서 김정일 위원장의 방중을 추진하는 건 자신들의 주권에 관한 문제라고 했습니다. 어떻게 됐습니까? 하루 이틀 만에 외교부와 청와대가 불을 끄느라고 바쁘지 않았습니까? 심지어 대통령까지 나서서 "중국이 우리를 생각해서 나를 만난 뒤 사흘 있다가 김정일이 중국에 오도록 조정했다"고 말했어요. 참 구차스러운 모양새였습니다. 김동인 소설 <발가락이 닮았다>에서 주인공 '미스터 M'도 이렇게까지 둘러대지는 않았어요. 한국의 이런 모습을 중국이 어떻게 받아들였겠습니까? '우리가 한마디 하니까 바로 꼬리를 내리는구나.' 이렇게 받아들이지 않겠습니까? 앞으로 중국 사람들이 한국을 어떻게 보겠습니까? 명나라·청나라가 조선을 다루듯 해도 된다는 생각을 할 겁니다. 그걸 우리가 이번에 자초한 겁니다. 중대한 외교 실수이자 과오예요. 그렇게 꼬리를 내릴 거면 뭐하러 처음부터 그런 식으로 나갔습니까? 그리고 기왕에 호기 있게 나갔으면 며칠이라도 좀 버티다가 슬그머니 물밑으로 수습했으면 국민들 자존심이라도 덜 상했을 텐데, 그게 뭡니까?

어찌 됐건 중국이 다시 힘을 잡으면 명·청대에 주변국들을 관리하던

2010년 5월 4일 현인택 통일부 장관은 장신썬 신임 주한 중국대사의 예방을 받았다. 이 자리에서 현 장관은 김정일 위원장의 방중에 대해 항의하는 발언을 했고, 이에 싱하이밍 중국 대사관 참사관이 "공개 발언이 너무 길다"며 항의하는 일이 있었다.

식으로 외교를 할 거라는 전망이 이번에 현실로 확인됐어요. 이제 우리는 이번 일을 계기로 앞으로 대중 외교를 어떻게 할 건지를 진짜로 심각하게 검토해야 합니다. 안보 관리 체제를 재점검하는 것도 중요하지만, 점점 커지고 있는 'G2 중국', 미국에도 '유소작위'를 하고 나설 중국과의 관계를 어떻게 풀어갈지에 대해 많은 고민을 하고 여러 가지를 재점검해야만 합니다. 한중관계가 정치·외교적으로는 '협력적 동반자 관계'라고 하지만 그런 수사적인 표현보다는, 우리는 지금 경제적인 측면에서 중국을 아주 많이 필요로 하는 상황입니다. 작년 무역 수지 흑자액이 총 404억 달러였는데, 대중 무역 흑자가 324억 달러, 대홍콩 무역 흑

정세현의 정세토크

자가 182억 달러였습니다. 중국·홍콩 합해서 500억 달러가 넘어요. 대미 무역 흑자는 86억 달러, 대일 무역 적자는 277억 달러예요. 중국·홍콩에서 돈 벌어서 일본에 갖다 바치고 나머지로 사는 거예요. 결국 중국·홍콩이 우리를 먹여 살린다는 얘깁니다. 그 돈으로 국방비도 마련하고 천안함 사고 처리도 하고 교육·복지에도 투자하는 거예요. 이 사실을 알고 있다면 우리는 미국·일본과의 관계 못지않게 중국과의 관계를 잘 끌고 나가야 합니다. 전체 무역 의존도에서 대중무역이 20.5%를 차지하고 대일무역은 10.4%, 대미무역은 9.7%입니다. 이걸 보면 중국을 어떻게 상대해야 하는지 답이 나옵니다. 김대중 정부 시절 우리가 마늘 수입을 줄였더니 중국이 바로 휴대전화 수입 규제를 하고 나와서 결국에는 우리가 손을 들었어요. 그런 일화를 생각하면 중국을 자극하는 건 국익에 도움이 안 되는 겁니다.

경제 때문에라도 관계를 잘 유지하면서, 또 국민적 자존심이나 국가의 위상을 회복하기 위해서라도 중국과의 관계에 대해 깊은 고민을 해야 합니다. 대책 없이 중국한테 책임론을 들이대면서 결국 중국이 우리를 무시하게 만들지 말고, 어른스러운 외교를 해야 하는 겁니다. 최근 중국의 대남·대북 행보는 이명박 정부 외교에 대한 불만과 견제의 의미가 크다고 봐야 할 것입니다. 그런 점에서 동아시아 지역 내에서 국격에 맞게 무시당하지 않고, 손해 안 보고 살아가려면, 대미 편향 외교에 몰입하는 것은 바람직하지 않습니다. 미국과 중국이 이미 정치·경제·군사적으로 경쟁관계에 들어선 현 상황에서, 한미동맹은 강화돼야 한다고 하면서 중국한테는 북중동맹을 깨고 우리 편이 되어달라고 무리하게 요구하면 안 됩니다. 미국과의 전통적인 우방관계는 유지하되 중국이라는 상대의 입장도 배려하고 그 속에서 국익을 키워나갈 생각을 해야 하지 않겠어요?

전통파가 주도하는 중국 외교, 북한 안 버린다

그렇다면 북중관계와 한미관계는 어떻게 다른가? 이명박 정부 첫해에 한미동맹을 강조하니까 중국 외교부 대변인이 '한미동맹은 구시대의 유물'이라는 말을 했어요. 중국은 아마 그때부터 이명박 정부가 한미동맹에 치중하고 남북관계를 도외시한다면 한중관계도 좋아질 수 없다는 전망을 하지 않았나 하는 생각이 듭니다.

중국은 한국전쟁 기간과 정전 후에 북한에 '출혈 원조'까지 했고, 60～70년대 중소분쟁 시기는 물론 그 이후에도 '사회주의 형제국' '조중혈맹朝中血盟' '순망치한脣亡齒寒'(입술이 깨지면 이가 시리다) 등의 논리로 북한을 끌어안았어요. 지금도 그런 입장에 큰 변화가 없다고 할 수 있는데, 북한의 지정학적 위치 때문에 그렇습니다. 태평양을 사이에 둔 한미동맹은 우리가 주한미군 주둔비를 올려주고 무기를 많이 사줘야 유지되는 것이라면, 지리적으로 딱 붙어 있는 북한과 중국의 관계는 북한이 사고를 쳐도 중국이 더 큰 불이익을 방지하기 위해 결국은 북한을 끌어안을 수밖에 없는 관계입니다. 다시 말해 한미동맹은 우리의 필요로 유지·강화시키려고 하는 것에 반해 북중관계는 중국의 필요에 의해 유지·강화하려고 한다는 사실에 유의할 필요가 있습니다.

때로는 중국도 북한에 불편한 심기를 드러낼 때가 있어요. 그리고 중국에서도 소위 국제파라고 해서, 중국도 미국과 보조를 맞춰가면서 국제적인 위상을 강화해야 하고 북한같이 도발적인 행위를 하는 세력을 감싸고도는 건 적절치 못하다는 주장도 나오고 있습니다. 그렇지만 기본적으로 중국 정부는 전통파의 손을 들어주고 있습니다. 그들은 "중국 자신을 위해서라도 전통적인 조중혈맹 관계를 절대 깨뜨려서는 안 된다"고 합니다. 전통파의 입장은 북한을 통해 무슨 이익을 보자는 게 아닙니다. 북한을 잘못 관리해서 불이익이 생기는 걸 막아야 한다는 겁니다. 현실적으로 아직도 전통파가 중국의 대외정책을 주도하고 있다고 봐야 하고 앞으로도 상당 기간 그렇게 가리라고 봅니다. 우리 언론이 가끔 중국 학자들을 인터뷰하면서 중국도 바뀌고 있다는 식으로 보도하는데, 그건 국제파의 입장입니다. 그러나 중국 정부는 기본적으로 전통파의 입장에서 조중관계를 관리하고 있습니다. 2009년 5월 북한이 2차 핵실험을 하니까 UN 안전보장이사회에서 제재 결의 1874호가 나왔고, 중국에서도 국제파들의 목소리가 한때 힘을 얻었던 적이 있었어요. 그러나 곧바로 내부적으로 정리가 됐어요. 그리고 7월 말에 힐러리 클린턴 미 국무장관이 다이빙궈 외교담당 국무위원한테 대북 제재 동참을 요구했는데, 다이빙궈가 "안보리 결의안엔 찬성했지만 제재 동참은 현실적으로 한계가 있다. 제재 결의에 저촉되지 않는 선에서 인도적 대북지원을 할 수밖에 없다"고 말했어요. 중국의 한반도 정책은 여전히 전통파가 주도하고 있다는 증거입니다.

그러나 한미관계를 보면, 미국은 때로 자기네 국가 이익을 위해 우리를 버렸습니다. 대표적인 사례가 1994년 미북 제네바 합의가 나올 때인데, 미국은 우리는 빼놓고 북한과 합의서를 만들고 경수로 건설 경비 중 70%를 우리한테 부담시켰습니다. 미국은 급하면 일본도 버립니다. 2008년 10월 부시 정부는 일본인 납치 문제를 조건으로 걸어야 한다는 일본의 요구를 무시하고 북한을 테러지원국 명단에서 삭제했습니다. 우리가 미국에게 바둑에서의 사석捨石, 즉 버리는 돌이 될 수 있다는 냉혹한 현실을 항상 인식해야 합니다. 미국에 잘하면 영원히 우리 편이 될 거라는 생각은 버려야 합니다.

현미경과 망원경을 동시에 보라

6자회담과 관련해서도 마찬가지예요. 김정일 위원장이 중국을 방문하고 돌아갔지만 6자회담 전망은 뚜렷하지 않습니다. 그래서 미국도 6자회담에 대해서는 과거에 했던 말을 되풀이하고 있지만, 김정일 위원장의 방중 과정에서 주고받은 얘기를 토대로 중국이 움직이기 시작하면 미국도 달라지리라고 봅니다. 중국이 김정일 위원장을 NPT 검토회의가 시작되는 날인 5월 3일에 초청했다는 것은 경제지원이나 천안함 물타기를 하려고 그런 게 아니라 6자회담 재개의 모멘텀을 살리기 위해 타이밍을 맞춘 거라고 봅니다. 또, 클린턴 장관과 다이빙궈 국무위원이 4월 29일 전화 통화에서 6자회담 재개 문제를 논의하고 난 뒤 김정일 위원장의 방중이 있었다는 걸 따져보면 미국이 중국에 명언적으로 "김정일을 불러서 6자회담 재개 수순을 밟아주시오"라는 요청은 안 했겠지만, 어쨌건 중국이 좀 움직여주기 바란다는 얘기가 있었기 때문에 김

위원장을 불러들였다고 봐야 합니다. 최근 들어 필립 크롤리 국무부 공보담당 차관보의 얘기가 이미 6자회담 쪽으로 자꾸 가고 있었어요. 천안함이란 단어도 있었지만, 6자회담도 자주 거론됐고 비중이 점점 더 커지는 기미가 있었어요.

그렇다면 미국은 천안함 사고 원인에 대한 조사 결과가 발표되면 좀 더 홀가분하게 움직이지 않겠는가 하는 생각입니다. 일단 우다웨이 한반도 사무 특별대표가 움직이면서 중·미가 6자회담 국면으로 옮겨 갈 거라고 봅니다. 한미관계가 아무리 견고해도 북중관계를 능가할 수 없다는 게 동북아 국제정치의 구조입니다. 그리고 미국도 자기네 필요가 있으면 우리 요구를 들어주는 척하면서 슬그머니 정책을 바꾸어나갑니다. 문제는 우리가 그런 사정들을 어떻게 적절히 활용해서 국익을 챙길 수 있을지, 그런 문제에 대한 차원 높은 고민을 해야 합니다. 지금 우리 정부는 현미경만 가지고 동북아 정세를 보는 것 같은데, 미국이 어떤 식으로 움직이는지 망원경적 시각도 필요합니다. 말로는 한국 정부 편을 들어주는 것 같지만, 거기에 만족하다가 언젠가는 뒤통수를 맞을지도 모릅니다.

마지막으로 천안함 외교와 6자회담 외교의 상관관계에 대해 얘기하겠습니다. 천안함 사고의 시비곡절은 분명히 가려져야 합니다. 6자회담이 열리고 난 뒤에 남북대화가 다시 재개되어야 하는 상황에 대비하기 위해서라도 진실은 분명히 가려져야 합니다. 그러나 천안함 사고와 6자회담을 연계시키는 건 매우 현명치 못하다는 말을 꼭 해야 할 것 같습니다. 6자회담은 천안함보다 훨씬 더 심각한 안보 위협을 가져오는 북핵 문제를 해결하기 위한 회담입니다. 북한이 천안함 사고를 냈다는 말이 아니라, 천안함 문제를 미제로 남겨두고 6자회담도 안 되게 그냥 놔두면 북한이 언젠가는 노골적인 대남 군사행동을 안 한다는 보장이 없어요. 남북관계가 이렇게 악화 일로를 걸어 나간다면 그렇게 됩니다. 천안함 같은 사고를 예방하는 것과 북한의 핵무기 보유를 국제 공조로 막는 것의 경중을 따져보면 하늘과 땅 차이예요. 물론 천안함 사건은 다시는 일어나선 안 될 비극적인 일이었지만 민족의 장래와 관련된 문제까지는 아닙니다. 그러나 북핵 문제를 잘못 다뤄서 북한이 사실상 핵보유국으로 행세하고 인정까지 받게 되면, 그때는 우리 예산 구조부터 바꿔야 되는 정말 어려운 상황이 전개될 겁니다. 통일도 기대할 수 없게 될 겁니다.

국내정치적 계산만 해서 북한 때리기를 계속하고, 천안함 외교에 몰입하면서 6자회담 재개를 지연시키는 건 자살 행위입니다. 6자회담이 열리지 않고 대북 제재, 제재를 위한 관련국 사이의 협조 같은 것에만 힘쓰면서 회담을 지연시키면 북한은 그 틈새 시간에 핵 능력만 강화할 거예요, 바로 지금 이 시간에도. 그러니까 빨리 6자회담을 열어서 평화협정 논의도 시작하고 북미수교가 진전되도록 추동하는 게 결과적으로 북핵 문제 해결을 한시라도 앞당기는 현명한 선택이 될 겁니다. 6자회담과 천안함을 같은 비중으로 다루지 마라, 100대1, 1000대1, 10000대1로 비중이 다르다. 이걸 강조하고 싶습니다.

대북 제재 '태산명동 서일필泰山鳴動鼠一匹', 때리는 주먹도 아프다

───── MB, '6·15 시대' 등지고 '6·25 시대'로 들어가나 _ 2010. 5. 25

5월 20일 천안함 민군 합동조사단의 조사 결과 발표 이후 6·2 지방선거까지 이명박 정부의 북풍 몰이는 극성을 부렸다. 이명박 대통령은 5월 24일 용산 전쟁기념관에서 대국민 담화를 발표하며 북한에 대한 강경 조치를 천명했다. 여기엔 힐러리 클린턴 미 국무장관도 동원됐다. 서울에 꼭 들러달라는 한국의 요청을 받아들인 클린턴 국무장관은 5월 26일 방한해 한국 정부의 손을 들어줬다.

6·15 10년, 그리고 전쟁기념관

천안함 민군 합동조사단이 5월 20일 '천안함 침몰은 북한의 소행'이라는 결론을 내렸습니다. 이명박 대통령은 24일 용산 전쟁기념관에서 강경한 대북 조치를 담은 대국민 담화를 발표했습니다. 우선 대통령 담화의 장소와 시점에 대해 얘기해보겠습니다. 청와대에서 담화를 발표해도 충분했을 텐데 전쟁기념관을 택했단 말예요. 전쟁기념관은 6·25전쟁기념관입니다. 그걸 보면서 남북관계가 60년 전으로 돌아가는 게 아닌가 하는 느낌을 지울 수 없었습니다. 이명박 정부가 10년 전 나온 6·15 공동선언을 부정하더니 60년 전의 6·25로 돌아가는 것 같았습니다. 전쟁을 시작한다는 의미가 아니라, 6·25로 인해 조성됐던 남북 간의 적대·반목·불신·대결의 시대가 정부 주도로 다시 시작된다는 것입니다. 민족사적으로 볼 때 엄청난 후퇴입니다.

6·15 선언은 북한에 대한 환상이 있어서, 아니면 김대중 전 대통령 한 사람의 의지만으로 만들어진 건 아닙니다. 국제 정세의 흐름을 우리가 최대한 활용하면서 민족의 활로를 열기 위해 추진했던 평화 만들기 장전이었어요. 평화 만들기를 한다고 해서 평화 지키기(peace keeping), 즉 안보를 게을리했던 것은 결코 아닙니다. 평화 지키기를 위해 연간 전체 국가 예산의 약 9~10%, 20조 원 이상을 국방비로 쓰면서, 그 돈의 1/40 정도 되는 5000억 원 정도를 남북협력기금으로 만들어 평화 만들기를 추진한 겁니다. 그게 6·15의 패러다임이었어요.

평화 지키기를 계속하면서 동시에 평화 정착 노력도 본격화하겠다는 것이었습니다. 2000년 이후 7년밖에 유지되지 못했지만, 그 기간 동안 우리 국민들이 안보에 대한 걱정만은 안 하고 살았다는 사실은 반드시 짚고 넘어가야 합니다. 천안함 사고를 계기로 나오는 공세적인 대북 조치가 안보를 튼튼히 하는 것이라고 생각하는 사람이 일부 있겠지만, 사실상 그건 평화 만들기를 중단시킨 거예요. 이명박 대통령의 대국민 담화에 평화 만들기에 관한 대목은 없었습니다. 평화라는 단어는 썼지만, 평화를 모색하고 만들기 위해서 뭘 어떻게 하겠다는 의지나 구체적인 방향은 나와 있지 않았습니다. 연설 장소를 전쟁기념관으로 잡은 걸 보면서 이런 생각들이 들었습니다.

담화 시점도 여러 가지를 생각하게 합니다. 국내적으로는 노무현 대통령 1주기 다음 날 바로 발표하면서 지방선거를 앞두고 노풍盧風이 일어나는 걸 진화하겠다는 의도가 다분히 있었다고 봅니다. 합조단 발표 날이 선거운동 개시일인 20일이었던 것도 그렇지만, 4일이나 있다가 대통령 담화가 나오는 건 누가 봐도 국내정치를 의식한 측면이 있는 겁니다. 그런 점에서 정부·여당이 안보 문제를 정치화하려고 하고 북풍 몰이를 한다는 비난을 비켜갈 수는 없을 겁니다. 물론 청와대도 각오했겠죠. 비난을 좀 받더라도 지방선거에서 이기면 나쁠 것 없다는 계산을 했을 겁니다.

국제적인 차원으로 시야를 넓히면, 5월 24~25일 중국 베이징에서 미중 전략·경제대화가 열립니다. 대통령의 담화는 그 회의를 앞두고 미국과 중국 양쪽에 일종의 압박성 메시지를 보내는 의미도 있었습니다. 특히 미국으로 하여금 중국을 설득하거나 압박해서 중국도 북한 때리기에 동참하게 하라는 메시지를 보내기 위해서 24일 오전을 택했다고 봅니다. 힐러리 클린턴 미 국무장관이 미중 전략·경제대화를 끝내고 바로 서울로 와서 26일 한미 외무장관 회담을 할 예정입니다. 힐러리가 한국에서 어떤 말을 할지가 관전 포인트입니다. 천안함 문제가 어떻게 풀려갈지, 한반도 정세가 얼마나 오랫동안 격랑에 휩싸일지, 특히 미국이 어떻게 할 건지는 힐러리의 입에 달려 있습니다. 힐러리가 UN 안전보장이사회 제재라는 단어를 먼저 쓰고 또 힘주어 말하는지, 아니면

3장 요동치는 21세기 동북아

천안함으로 지역의 긴장이 높아졌지만 더 이상 악화돼선 안 되고 바람직한 방향으로 해결돼야 한다고 할지 주목할 필요가 있습니다.

외교부 조치, '안보리 회부'도 자신 없는 듯

대통령 담화 후 통일부·외교통상부·국방부 3개 부처 장관들이 발표한 구체적인 대북 조치의 내용을 봅시다. 우선 외교부는 별로 특별한 게 없고 그냥 이것저것 모아놨더군요. 두 장짜리 자료가 나왔던데 그거 채우느라고 고생 좀 했겠더라고요. 확실하게 뭘 하겠다는 건 없습니다. "안보리가 이 문제를 다루는 것이 필요하다는 판단이며, 이에 관해서 관련국들과 긴밀히 협의하고 있다." 이 정도예요. 안보리에 반드시 회부하겠다는 말도 자신 있게 못 썼어요. 대통령의 어조로 보자면 외교부가 안보리 회부를 서약하겠다는 말을 해도 부족한데, 벌써부터 자신이 없어졌나 봅니다.

안보리에 회부돼도 중국이 어떻게 나올지는 대개 예견하고 있잖아요. 중국은 천안함과 6자회담을 별개로 분리하자는 것이고, 북한을 제재하는 새로운 안보리 결의가 나오면 북핵 문제와 6자회담은 표류하고 그 와중에 동북아 정세가 험악해질 것을 우려하고 있잖습니까. 중국이 다른 국가들보다 동북아 평화를 더 사랑해서 그러는 건 아닙니다. 다 자기들의 이해관계 때문에 그러는 거예요. 평화적인 환경이 경제에 도움이 되기 때문에 한반도의 불안 요소를 줄이려는 겁니다. 중국은 이미 G2의 지위를 확보했지만, 동북 3성 경제의 발전을 위해 북한 나진항을 수출항으로 쓰려는 참이라서 대북 제재에 동참하기가 어렵습니다. 외교부가 안보리 상정을 애매하게 얘기한 건 1차적으로 중국 때문이었을 겁니다.

러시아도 그렇습니다. 러시아는 "천안함 조사 결과를 한국으로부터 들었다. 북한의 설명도 들었다"고 했거든요. 한국의 조사 결과만 일방적으로 지지하지 못하겠다는 뜻입니다. 조사 결과의 객관성·과학성에 문제를 제기하는 건지, 정치적 입장 때문에 남북에 등거리적인 태도를 취하는 건지는 알 수 없지만 러시아가 안보리에서 어떤 입장을 가질지도 두고 봐야 합니다. 그 역시 예단할 수 없지만, 아마도 한국의 입장을 지지하는 쪽은 아닐 겁니다. 어쨌든 외교부의 후속 조치 계획은 별게 없고, 안보리로 간다고 해도 중국과 러시아 때문에 전망이 그리 밝지 못합니다. 그러다 보니 나토, 아세안, G20 회의 같은 데서 북한의 대북 응징 조치를 촉구한다고 돼 있던데, '촉구' '협의' 같은 건 외교부가 제일 잘 쓰는 단어입니다. 내용은 별게 없는데 많아 보이게 하는 기술, 매우 외교적입니다.

국방부 심리전 재개, 한반도 위기지수 높이고 경제도 망쳐

국방부는 우선 서해에서 가까운 시일 내에 대잠수함 훈련을 하겠다고 했는데, 이것이야말로 사후약방문死後藥方文입니다. 천안함 사건 일어나고 대잠 훈련 하겠다고 크게 홍보를 하는데, 3월 26일 사고 날 때까지는 대잠 훈련을 안 했나요? 사고 당시 서해에 미국의 이지스함 두 척, 한국 이지스함 한 척이 있었다는데 그땐 뭘 한 겁니까? 더구나 북한이 소형 잠수정에 중어뢰를 싣고 귀신처럼 들어와 쏘고 갔다고 하면서 수심이

얕아 잠수함이 다닐 수 없는 물길을 절묘하게 뚫었다고 하는데, 지금이라도 대잠 훈련을 하면 이제는 잡을 수 있나요? 대잠 훈련만 하면 어뢰 도발을 막을 수 있는 것처럼 말하는 것은 국민들에게 별로 신뢰를 줄 것 같지 않습니다. 국방부가 PSI 훈련을 준비하겠다는 것도 하나마나 한 소리예요. 9월에 호주가 주관하는 훈련 참가한다고 북한이 겁이라도 낼까요? 서해나 동해상 영해, 공해를 막론하고 오늘부터 북한 선박 검색을 시작하겠다는 것이라면 북한에 압박이 좀 될지는 모르지만.

다만 국방부가 대북 심리전을 재개하겠다고 한 건 좀 주목할 얘기입니다. 남북이 심리전 방송 중단을 합의할 때 내가 통일부 장관으로 있었습니다. 2차 남북 장성급회담이 설악산 켄싱턴 호텔에서 2004년 6월 3일부터 4일까지 무박 2일로 열렸는데, 그때 우리는 서해상 우발적 충돌을 막기 위해 남북 함정 간 무선 교신을 합의하는 게 회담의 목표였습니다. 북방한계선(NLL) 주변에서 충돌 가능성을 줄이려면 기술적인 것부터 시작하자는 것이었습니다. 반면 북한은 군사분계선 일대에서 하고 있던 확성기 방송을 중지하라고 강하게 주장했습니다. 그래서 두 가지를 맞바꿨어요. 남북 함정 간 무선 교신을 시작하고, 심리전 방송은 중단하는 쪽으로. 그런데 이제 심리전 방송을 다시 한다고 하면 서해 함정 간 무선 교신도 완전히 끊기고 말 겁니다. 북한이 이미 2008년 5월부터 무선 교신을 끊었다고 국방부가 지적했지만, 심리전 방송이 재개되면 2004년 교환 조건으로 합의했던 함정 간 무선 외에 제3국 불법 어선 관련 정보 교환도 어렵고, 서해 쪽 남북 해군 부대 간 핫라인 운영도 끝나버리게 될 겁니다. 북한을 아프게 하려고 이런 것들을 하겠다는 건데, 상대방을 때리다 보면 자기도 다치게 돼 있어요.

개성공단도 대북지원 사업이라고?

외교부·국방부의 조치와는 달리 통일부의 조치들은 구체성을 띠면서 남북관계의 장래를 어둡게 하는 것들이 많아요. 우선 북한 선박의 우리 해역 운항을 전면 불허한다는 것을 보면, 북한 상선의 우리 해역 통과는 2003년부터 협의되다가 2005년 8월 15일부터 이행됐어요. 북한은 서해의 남포에서 동해의 청진·원산으로 가는데 저 멀리 공해로 돌아가면 기름도 많이 들고 시간도 많이 걸리니까 사전 통보와 승인을 조건으로 남쪽 해역, 특히 제주해협의 무해통항을 보장하라고 요구했습니다. 그래서 남북이 합의를 한 건데, 사실 그 합의 때문에 남쪽의 이득도 많았어요. 우리 배가 중국이나 러시아로 갈 때 북한의 영해를 통과하는 것을 교환 조건으로 합의했는데, 그렇게 하면서 우리 해운회사들도 경비를 많이 줄일 수 있게 됐습니다. 미국이나 유럽 가는 비행기도 북한 영공을 통과하면 시간과 기름 절약이 많이 됩니다. 2003년 협의 개시 초기만 해도 합참에서 반대를 많이 했습니다. 그런데 해군 출신인 윤광웅 국방부 장관이 들어서면서 특별한 문제가 없다는 판단이 나왔고, 2005년에 비로소 합의를 하게 된 겁니다. 국방부에서 반대하는 사람들은 북한 상선이 지나가면서 바로 뒤에 잠수함을 붙여서 올 수도 있고, 배 소음 때문에 잠수함을 탐지하지 못 한다는 이유를 댔습니다. 그런데 윤광웅 장관이 들어서니까 "북한 상선 통과가 얼마나 자주 있겠나? 그리고 그건 우리가 얼마든지 잡아낼 수 있다. 우리 상선이 북한 영해 통과하는 데 따른 이득이 더 커서 국가 전체로 볼 때 득이 된다"고 해서 합의하게 된 겁니다.

통일부는 또 남북 간 교역을 중단하겠다고 했어요. 통일부가 최근에 북한과 일반 교역과 위탁가공 교역을 하는 기업들에 원·부자재 반출을 사실상 금지시켰기 때문에 새로운 건 아니지만 이렇게 되면 통일부 업무의 반쪽이 없어지는 것은 물론이고, 남북 교역에 참여하는 영세 기업들은 회사가 망할 정도의 피해를 입게 됩니다. 북한에 위탁가공을 맡기면 인건비가 싸고, 민족 내부 거래라서 관세가 많이 안 붙기 때문에 시장 경쟁력이 생깁니다. 위탁가공은 1992년 노태우 정부 때부터 시작됐는데, 북한 사람들의 손재주와 싼 인건비를 활용한 겁니다. 남북 교역이나 위탁가공 교역을 하는 업체들 중에 부자 기업이나 대기업은 없습니다. 정부가 관심 가지고 도와주어야 하는 기업들만 있어요. 영세할수록 딸린 식구는 비율 면에서 대기업보다 오히려 많은 법인데, 이게 중단되면 남쪽의 관리 사이드에 있는 사람들이 하루아침에 실직자가 될지도 몰라요.

대북지원 사업을 원칙적으로 보류하겠다고도 했는데, 이명박 정부 들어 대북지원 사업이 보류하고 말고 할 정도로 뭘 크게 한 일이 없어요. 영·유아 지원은 유지한다고 하는데 많아야 10억 원대밖에 안 되는 지원으로 '인도주의' 생색이나 낼 수 있을지 모르겠고.

통일부 장관이 대북 조치를 발표하면서 개성공단 문제를 대북지원 사업 항목에 넣었더라고요. 통일부 직원들도 그렇게 생각하는 건지 장관만의 생각인지 알 길은 없지만, 직원들이라면 개성공단 사업을 지원 사업 카테고리에 넣지는 않았을 거라고 봅니다. 개성공단은 대북지원 사업이 아니에요. 기본적으로 경협 사업이지만 다목적 프로젝트입니다. 우선 인건비 압박 때문에 국내에서 기업을 운영하기 어려워 중국이나 동남아로 나가는 우리 중소기업들한테 살길을 열어주는 차원에서 시작한 겁니다. 개성공단의 두 번째 목표는 우리가 70년대 초에 마산수출자유공단을 만들어서 달러벌이의 방법이 무엇이고, 수출 경쟁력이란 게 뭔지 배웠듯 북한을 학습시키는 일종의 실습장이에요. 세 번째 목표가 더 중요한데, 군사지역을 경제협력지역으로 바꾸어나가려는 프로젝트였습니다. 그런데 그걸 지원 사업의 카테고리에 넣은 걸 보고, 개성공단을 우리가 먼저 폐쇄하겠다고 안 한 점에서는 그나마 다행이지만, 관점의 차이가 이렇게 큰가 하는 생각이 들었습니다.

이명박 정부로서는 이번 대북 조치의 효과, 특히 경제적 압박 효과를 크게 기대하는 것 같고 한국개발연구원(KDI)도 그런 내용을 담은 보고서를 낸 모양이던데, 그러나 이번 조치들이 북한을 아프게 하기보다는 우리 경제에 악영향을 끼칠 가능성이 훨씬 더 높습니다. UN 제재 결의안도 통과될 가능성이 적고, 설사 규탄성명 같은 게 나온다 한들 맷집 좋은 북한이 아파나 하겠어요? 욕이나 한마디 하는 거지. 그걸 위해 외교력을 집중한다? 그게 거저 되겠습니까? 그 경비로 북한 관리하면 훨씬 싸게 정세 안정시키고 국격도 올라갈 텐데.

국방부 조치도 '심리전 방송 재개' 제외하면 태산명동서일필泰山鳴動鼠一匹(태산이 울릴 정도로 요란했지만 잡은 것은 쥐 한 마리뿐)이고요, 몇 가지 아픈 게 없지 않지만, 저 사람들은 아프면 때리지 말라고 손을 붙잡는

2010년 5월 24일 이명박 대통령은 용산 전쟁기념관에서 천안함 관련 대국민 담화를 발표했다. 10년 전 나온 6·15 공동선언을 부정한 이명박 정부의 대북관·통일관이 여지없이 드러났다.

게 아니라 더 극렬하게 저항하는 스타일입니다. 겪어봤잖아요. 미국도 그동안 여러 번 처음에는 큰소리치다가도 결국 정책까지 바꾸지 않았습니까. 당장 심리전 시작하면 확성기를 조준해서 격파사격하겠다고 나왔잖아요. 앞으로 서해와 비무장지대를 사이에 두고 군사적 긴장이 현격히 높아질 겁니다. 총성이 울릴 가능성도 있어요. 그러다 보면 국지전이 확전돼서 전면전으로 가는 겁니다. 대외의존도 높은 우리 경제에 악영향을 미치는 건 불을 보듯 뻔한 일이지요.

끝으로 언론에 한마디 하겠습니다. 합조단의 조사 발표에 대해 대체로 국민들의 72%가 신뢰한다는 답을 했다던데, 미국 국민들도 2003년 3

월 부시 정부가 이라크를 칠 때 이라크가 대량살상무기를 개발하고 있기 때문이라는 정부의 설명을 믿었어요. 미국 언론들도 동조하면서 밀어줬기 때문입니다. 그런데 그로부터 1년 2개월 후에 <뉴욕타임스>가 사과 사설을 쓴 적이 있습니다. "정부 발표만 믿고 언론의 사명인 검증을 안 하고 보도했다가, 정부 발표가 사실이 아니란 걸 알고 부끄러웠다"고요. 언론이 정부 발표를 검증하는 걸 소홀히 하고, 정책이 그릇된 방향으로 나가는 걸 방조했다는 <뉴욕타임스>의 사설, 우리 언론들도 그런 점에서 한 번쯤은 스스로를 뒤돌아볼 필요가 있습니다.

버락 오바마, 너는 누구냐?

──────── **북핵 폐기에 대한 오바마 정부의 진정성을 묻는다** _ 2010. 6. 22

2008년 11월 버락 오바마 후보의 미국 대통령 당선은 많은 기대를 낳았다. 오바마 대통령은 인수위 시절 북한, 이란 등 적대국과 '터프하면서도 직접적인'(tough and direct) 외교를 통해 문제를 해결하겠다고 공언했다. 기대가 너무 컸기 때문일까? 그 기대를 접기까지는 1년 반이라는 긴 시간이 걸렸다. 오바바 정부의 정책 전환을 시사하는 작은 신호에도 귀를 쫑긋 세우기를 반복했지만 매번 허사였다. 오바마 정부는 '전략적 인내'라고 불렸지만, 대북정책이 없음을 숨기기 위한 포장에 불과하다는 사실이 드러났다. 대북정책 대신 북한 붕괴론과 6자회담 무용론이 자리를 차지했다.

미국은 과연 한반도의 평화를 바라나?

요란하던 천안함 외교도 이제 끝이 보이는 것 같습니다. UN 안전보장이사회의 제재 결의안은 당초부터 기대난이었고, 기껏해야 남북 양측 모두의 자제를 요구하거나 북한을 적시하지 않고 한반도 긴장 고조를 우려하는 내용의 의장성명이나 언론발표문 정도가 나올 공산이 커지는 것 같습니다. 천안함 국면이 마무리되면 언젠가는 6자회담 재개를 위한 흐름이 생길 겁니다. 6자회담이 다시 열리면 이번에는 확실하게 북핵 문제를 해결해야 하는데, 북핵 문제 해결을 위해서는 북한의 본심 못지않게 중요한 것이 미국의 본심입니다. 미국이 결정권을 가졌기 때문에 사실 미국의 본심이 훨씬 더 중요합니다. 미국은 말로는 북핵 폐기를 공언해놓고 내심으로는 이래도 좋고 저래도 좋다는 식으로 해서는 안 됩니다.

버락 오바마 미국 대통령이 2009년 4월 5일 북한이 장거리 로켓을 발사했는데도 불구하고 '핵무기 없는 세계'를 건설하겠다고 연설했고, 노벨평화상까지 미리 받았습니다. 힐러리 클린턴 국무장관은 취임 직후 "부시 행정부가 정확치도 않은 고농축 우라늄 의혹으로 북한을 압박한 결과 북한이 플루토늄 핵폭탄을 만들었다"고 했습니다. 그때만 해도 우리는 오바마 정부가 이제야말로 협상을 통해 북핵 문제를 확실하게 해결할 준비가 됐다고 생각했었습니다. 클린턴 장관은 작년 2월 25일 아시아소사이어티 연설, 7월 푸켓 아세안지역안보포럼(ARF) 연설, 11월 아프가니스탄 카불 기자회견에서도 북한이 핵무기를 폐기할 준비가 돼 있다면 미국은 미북 수교, 평화협정 체결, 경제지원을 할 준비가 돼 있다고 말했습니다. 그래서 오바마 정부가 북한의 비핵화, 즉 북핵 폐기를 확실한 정책 목표로 설정하고 있고, 이명박 정부는 거기에 보조를 맞춰야 한다는 말을 했습니다. 이명박 정부의 '비핵·개방·3000' 정책은 오바마 정부의 북핵정책과 상치되는 대목이 많다고 비판했었는데, 요즘 오바마 정부를 보면 이 사람들이 과연 뭘 목적으로 하는지 점점 의심

3장 요동치는 21세기 동북아

할 수밖에 없는 상황이 전개되고 있습니다. 오바마 정부의 본심이 뭐냐는 겁니다. 북핵 폐기냐 아니면 북핵 관리냐, 둘 중에 어느 것을 실제로 추구하는지 분명히 밝혀야 합니다.

작년 12월 스티븐 보즈워스 대북정책 특별대표의 방북 이후까지만 해도 미국의 평화협정 논의에 상당한 진정성이 있는 것처럼 보였어요. 그런데 이명박 정부가 그걸 워낙 견제하고 반대하니까 미국이 슬그머니 중단했고, 그러다가 천안함 사건이 터졌어요. 올 2~3월 까지는 한국이 미국의 발목을 잡는 현상이 뚜렷했는데, 천안함 사건이 터지면서 미국이 변했어요. 사고 직후에는 월터 샤프 주한미군 사령관이 "북한의 소행이라는 정황이 없다"고 말했지만, 시간이 지나면서 미국도 북한의 소행이라는 결론을 설정해놓고 그걸 입증하는 증거를 찾아내거나 혹은 만들어내려는 한국의 움직임에 서서히 동조했어요. 말하자면 미국도 북한 때리기에 보조를 맞추기 시작한 건데, 아마도 미국은 사건 초기에는 그게 일본하고 갈등을 빚고 있던 오키나와 미군기지 이전 문제를 해결하는 데 유용한 카드가 되리라는 생각을 못 했던 것 같아요. 그러다가 천안함 사건으로 북풍 몰이를 하는 이명박 정부의 움직임을 적당히 활용하고 맞장구를 쳐주면 후텐마 기지 이전에 대한 소신을 굽히지 않는 하토야마 내각을 압박할 수 있고, 결국 미국의 국익을 챙길 수 있다는 판단이 섰던 것 같습니다. 그렇게 되면서 결과적으로 6자회담 재개의 동력이 다시 한번 떨어져버렸습니다. "천안함 제재 후에나 6자회담을 해야 한다"는 이명박 정부의 연계 전략에 미국이 말려들거나 동조하게 됐기 때문입니다.

미국은 왜 이러는가? 오바마 정부의 북핵 정책이 아직 확립되지 않았기 때문인가? 아니면 미국의 본심 자체가 겉으로는 문제를 해결할 것처럼 하면서도 실제로는 어영부영 나중에 북한의 핵 보유를 기정사실화하면서 한국이 안보 면에서 미국에 더 의존할 수밖에 없는 구조를 만들려는 건가? 다시 말해 미국 군산복합체의 이익이 극대화되는 상황을 내심 바라고 있는 게 아닌가? 이런 의심을 지울 수 없게 됐습니다.

북핵 연계론에서 천안함 연계론으로 나아간 2010년 상반기

우리 정부와 보수 진영 사람들은 냉철해져야 합니다. 미국으로서는 북한에 핵무기가 설령 몇 개 있어도 사실 겁날 건 없습니다. 그런데 우리가 북한에 대해 독재국가니 인권 부재 국가니 대북지원으로 무기를 개발했느니 비난하면서 북한 때리기에 열중하거나, 협상보다 압박과 제재를 통해 체제를 붕괴시켜야 북핵 문제가 근본적으로 해결된다는 얘기나 하다 보면 어떻게 되는가? 그 틈새 시간에 북한은 핵무기의 개수와 미사일 사거리를 늘리면서 정말 한국한테는 엄청난 위협이 되는 비대칭 군사력을 키우게 될 겁니다. 한미동맹만 강화하고 미국만 따라가면 되고 북한에 보상을 해줘선 안 된다는 게 보수 진영의 일반적인 인식이고 대북관인데, 그게 결국 북한으로 하여금 핵무기를 갖게 만들고, 그 경우 우리가 받게 될 위험은 엄청나게 커집니다.

그런데 이명박 정부는 보즈워스 방북 후인 작년 말과 금년 초, 6자회담이 열리더라도 평화협정 논의를 일찍 하면 안 되고 북한의 비핵화가 어느 정도 진전된 후에나 시작해야 한다면서 6자회담 재개의 동력을 떨어뜨리더니, 천안함 사건이 터지니까 그 문제가 끝나기 전에 6자회담을 해서는 안 된다고 연계를 걸다가 금년 상반기가 다 지나갔습니다. 핑계 대기 좋아하는 사람들이니까 "천안함 사건을 우리가 일으켰냐, 북한이 일으켰지" 하면서 6자회담이 늦어진 건 우리의 책임이 아니라고 말하겠죠. 그러나 나라의 정책, 특히 안보정책을 입안·추진하는 사람들은 책임을 미루기보다 득실을 따지는 습관이 붙어야 합니다. 눈앞의 사건에만 집중하고 그 사건 너머에 있는 더 큰 위협 요인을 의식하지 못하는 단견은 금물 중의 금물이에요.

2009년 오바마 정부가 들어서고 나서 4월 5일 북한이 장거리 로켓을 발사하고 5월 25일에는 2차 핵실험을 하니까 오바마 정부도 이명박 정부도 "아무 일도 없었던 것처럼 회담을 할 수는 없다"면서 1874호 대북 제재에 주력하면서 6자회담을 안 열었어요. 그 틈새 시간에 북한이 아무 일도 안 하고 손 놓고 있었을 가능성은 없습니다. 천안함 사고도 마찬가지예요. 천안함의 진실에 대해 많은 학자와 전문가들이 기술적인 증거를 가지고 문제를 제기해도 정부가 대꾸를 안 해버리면 사회 이슈화가 안 되고, 시간이 지나면서 우선순위가 밀리고 잊혀져버리는 겁니다. 그런데 정부가 '천안함 잔치'를 벌이고 6자회담이 사실상 무기한 지연되는 틈새 시간에 북한은 다음 협상에서 유리한 고지를 점하고 대가를 키울 수 있는 카드를 개발하고 있다고 봐야 합니다. 이명박 정부가 지금 무슨 철학을 가지고 이러는지 모르겠지만, 우리 속담에 "손가락 곪는 줄만 알고 염통 썩는 줄 모른다"라는 말이 있고, 서양 속담에도 "프라이팬이 뜨겁다고 뛰다가 불 속에 빠진다"라는 말이 있어요. 이렇게 나가다가는 진짜 엄청난 재앙을 초래한다는 말입니다. 그때 가서 그 것도 김대중·노무현 정부 탓이라고 할 겁니까? 지금 이 정부가 들어선 지 거의 2년 반이 흘렀어요.

'백일몽' 황장엽도 북한 붕괴론 포기했는데…

북핵을 관리만 하면 된다는 게 우리 정부의 생각은 아닐 겁니다. 핵무 기 제로를 만들어야 한다는 것이라고 믿습니다. 그런데 그 목표를 위해 우리 정부가 어떤 정책을 이야기하는가? 공식적으로는 6자회담을 통 한 협상으로 북핵 문제를 해결할 것처럼 말은 하면서도, 실제로는 북한 은 협상 대가만 챙기고 비핵화는 안 할 터인즉 "6자회담 해봐야 소용없 다, 압박과 제재로 북한을 붕괴시키는 게 훨씬 빠르고 정확하게 북핵 문 제를 해결하는 길"이라는 북한 붕괴 유도론, 6자회담 무용론이 대세를 이루는 것 같아요. 정부 정책에 영향력을 행사하는 외부 전문가들이나 정책 결정의 축선상에 있는 참모들이 "회담 해봐야 소용없다. 북한은 핵을 절대 포기하지 않는다"는 6자회담 무용론을 얘기하고 있다는 겁 니다.

그러나 중국이 있는 한 북한은 절대 붕괴되지 않을 것이라는 말을 요 즘은 황장엽 씨까지 하고 다닙니다. 물론 나는 황장엽 씨 얘기를 별로 신뢰하지는 않아요. 그분이 1997년 남쪽으로 내려온 후에 했던 얘기들 때문입니다. 그해 가을로 기억하는데, 당시 안기부가 주선한 황장엽 간 담회에 나도 참석을 했어요. 막상 가 보니까 주로 연세가 높고 보수 성 향인 분들이 주류를 이루더군요. 돌아가신 분이지만 반공 검사로 유명한 오제도 검사, 반탁반공의 이철승 전 의원 등 한 20명 가까이 모였는데, 황장엽 씨랑 같이 왔던 김덕홍 씨가 재미있는 얘기를 하더라고요. "김정일을 몰아내야 한다. 우리 형님(황장엽) 이름으로 인민군 장령(장군)들에게 편지를 보내서 김정일을 쫓아내는 거사를 하면 우리가 올라가서 우리 형님을 수반으로 하는 정부를 세우고 난 후 남북이 협력해서 통일로 가면 된다." 이런 말을 하더라고요. 그러니까 황장엽 씨도 끄덕끄덕 하고 앉아 있었고, 거기 참석했던 분들 대부분이 "맞는 말이다. 대한민국 정부가 해야 할 일은 바로 그런 거다, 그런 걸 도와야 한다"고 하더라고요. 그 얘기를 들으면서 참 연세는 높지만 사고는 천진난만한 분들이라고 생각했어요. 북한이 어떤 사회인데요. 3선 감시 체제가 민초들한테까지 적용되는 통제사회예요. 더구나 남쪽으로 넘어간 '배신자'(북의 황장엽 호칭)한테서 인민군 장군들에게 편지가 오면 가만 놔두겠습니까? 그렇게 허술한 사회입니까? 북한을 욕할 때는 지독한 통제사회, 독재국가라고 하면서 대책을 세울 때 보면 구멍이 숭숭 뚫린 사회라서 그냥 우리 맘대로 할 수 있는 나라처럼 생각하는 겁니다.

그래서 그 후에는 황장엽 씨처럼 정치적 목적을 가지고 말하는 사람의 얘기는 못 믿겠다는 의심을 가졌지만, 올 들어 황장엽 암살조가 붙잡혔다는 얘기가 나올 때였나, 그때쯤에 황장엽 씨가 중국 때문에 북한은 안 무너진다는 말을 했어요. 이 정부 주변에 있는 사람들이 북한의 붕괴 유도가 핵 문제 해결의 가장 빠른 방법이라고 말하는 게 황장엽 씨가 보기에도 말이 안 된다는 겁니다.

다시 등장한 '정권교체론'

그런데 그런 말도 안 되는 얘기들이 오바마 정부 사람들한테서까지 나오고 있어요. 최근 국방부 우주정책 담당 부차관보에 임명된 그레고리 슐티라는 사람이 ≪포린 어페어즈≫ 7~8월호에 기고한 글을 보면 그런 얘기가 나와요. 우리로 치면 국장급 정도니까 결정권을 가지고 있는 고위층은 아니지만, 때로는 부차관보가 막강할 때도 있어요. 부시 정부 시절 리처드 롤리스 국방부 부차관보는 국무부의 제임스 켈리 차관보보다 더 셌습니다. 그 슐티라는 사람의 글을 요약하자면 "회담을 통해서는 북핵을 해결하지 못한다"는 겁니다. 6자회담 무용론이죠. 그리고 하는 말이 이렇습니다. "북한이 핵을 가지고 있으면 대외적인 위신이 올라가고 영향력도 커진다. 안보도 확실해진다. 그것이 국제사회로부터 가해지는 가벼운 제재나 불확실한 보상보다 북한에게는 훨씬 중요하다. 그러니 회담으로 핵 보유 야욕을 단념시키기에는 늦었다." 그러면서 대책이랍시고 한다는 말이 "북한으로 하여금 핵을 포기하도록 하려면 내부 정치의 변화를 간접적으로 지원해 정권교체를 유도하는 쪽으로 외교정책과 제재 방안을 마련해야 한다." 요즘 미국 조야의 대북정책 제안 수준이 여기까지 왔습니다.

이런 말은 단어를 연결한 문장으로는 성립할지 모르지만 정책으로는 성립되지 않는 말입니다. 이 사람이 2005년부터 2009년까지 IAEA 주재 미국 대사를 지냈다는데, 그랬다면 북한의 비핵화 문제를 실질적으로 리드하는 미국의 관리였습니다. 그런 사람이 이런 얘기를 하는 걸 보면 순진하다고 해야 할지, 아니면 정책적으로 전혀 의미가 없는 이런 얘기를 늘어놓으면서 실은 북한이 핵을 몇 개 가지고 있어도 미국으로서는 나쁘지 않으니까 비핵화에 힘쓰지 않아도 된다는 음흉한 저의가 있는 건지 모르겠습니다. 북한 내부의 정치적 변화를 간접적으로 지원해서 정권교체를 유도한다는 게 되는 애깁니까? 간접적으로 어떻게 지원해줍니까? 북한 내부의 경제·사회적 변화가 먼저 선행돼야 정치 변화가 될 수 있다는 사회 체제 변화 단계론에 입각해서 보더라도 그런 변화를 유도하려면 인게이지먼트가 필요합니다. 접촉, 교류, 왕래, 협력, 무역 같은 게 필요하다는 말입니다. 그걸 다 끊고 변화를 간접 지원해서 정권 교체를 유도한다? 황장엽 이름으로 편지를 보내서 북한 장성들이 일어나도록 하자는 것만큼이나 허황된 얘기예요.

이런 걸 대안이라고 내놓는 걸 보면 혹시 미국이 북핵 폐기에는 뜻을 두지 않고 북핵 관리·통제 쪽으로 유도하면서 한국을 자기네 무기 시장으로 묶어두려고 하는 것 아닌가 하는 생각이 듭니다. 이런 점을 국민들도 경각심을 가지고 봐야 합니다. 그리고 이명박 정부도 이렇게 하다가 북한이 핵무기를 가진 게 눈으로 확인됐을 경우, 그때 우리 국민들이 받게 될 충격과 안보의 공황 상황을 생각해야 합니다. 기다리는 것도 전략이라지만 기다리다 보면 북한의 핵무기 보유가 기정사실화되는 것밖에 안 나온다 이겁니다. 뭘 기다린다는 겁니까? 북한 붕괴? 핵 보유? 미적거릴 일이 아니에요. 북한에 틈새 시간을 안 주기 위해서라도 6자회담을 우리가 먼저 열자고 해야 합니다.

금융 제재라니, 기억상실증이라도 걸렸나?

미국이 대북 금융 제재를 추진한다고 합니다. 필립 크롤리 미 국무부 차관보가 금융 제재를 할 수 있는 방안을 검토하고 있다고 공식적으로 밝혔습니다. <로이터> 통신이 소식통을 인용해서 보도한 바에 따르면, 미국이 또 방코델타아시아(BDA) 은행 금융 제재 같은 걸 다시 구상하고 있는 것 같아요. 부시 시절 미국의 네오콘들이 어떻게 했습니까? 2005년 9월 BDA 제재를 걸었다가 결국 1차 핵실험이라는 모욕, 안보상의 중대한 위기를 자초했어요. 그건 단지 미국의 안보 문제가 아니라 미국의 정책적 판단의 수준에 관한 문제입니다. 그렇게 하면 북한이 굴복할 것이라고 믿었다는 그 판단 수준에 문제가 있었던 겁니다. 제재 시작 1년여 만에 북한은 핵실험으로 응수했고, 그에 놀란 미국이 결국 북한과 비공개 접촉을 시작했어요. 그리고 이듬해(2007년) 2월 2·13 합의를 만들었는데, 그거 다 북한이 해달라는 거 해주면서 만든 겁니다. BDA에 동결된 돈도 결국 북한이 지정한 루트로 시키는 대로 송금을 완료하고 끝났어요.

그런 실패의 기록이 있는데 다시 6자회담 복귀를 촉진시킨다면서 금융 제재 카드를 만지작거리는 걸 보면 미국 관리들이 기억상실증에 걸린 게 아닌가 싶어요. 실무자들은 아직도 그때 그 사람들인데 말이에요. "보상은 없다"거나 "아무 일도 없었던 것처럼 할 수 없다"는 게 수사로 끝나지 않고 정책으로 연결되고 북한의 핵 보유를 기정사실화했을 때 미국은 별로 문제될 건 없어요. 그런데 한국한테는 엄청난 재앙입니다. 그리고 이명박 정부 시기에 그렇게 됐다는 건 역사의 기록으로 남게 됩니다.

그레고리 슐티 차관보라는 사람은 이런 말도 했더라고요. "북한과 협상해서 6자회담 일정을 잡는 대신 북한의 미래에 관해 중국과 협의해서 대책을 마련하는 게 더 중요하다." 중국이 북한의 장래를 놓고 미국과 협의할 수 있는 나라라고 생각하나요? 미국은 무슨 오월동주吳越同舟를 생각하는 모양인데 절대로 그렇게는 안 될 겁니다.

한국전쟁 60주년에 맞춰 전쟁 당시 중공군이 참전할 때 마오쩌둥이 했던 말이 흘러나오고 있어요. 중국 공산당 정치국원들이 처음에는 한국전 참전을 반대했다고 합니다. 정권 수립 초반이고, 중국의 당시 능력으로 미국이라는 거대 군사 강국과 맞서는 건 문제가 있다면서 반대했다는 거예요. 사실 저우언라이도 그런 불평을 했어요. 정권 수립 1년도 채 안 된 중국이 일어서는 걸 막기 위해서 소련이 중국의 개입이 불가피한 상황을 만들었다고. 그런데 요즘 나오는 마오쩌둥 얘기는 이런 겁니다. 미국이 중국의 앞마당에 밀고 들어왔는데 한가하게 참전 가부 문제를 논의한다는 게 말이 안 된다고 하면서 참전을 밀어붙였다는 거예요.

북한과 중국의 관계를 순망치한이라고 하는데 그냥 밀접한 관계라는 미약한 뜻을 가진 게 아닙니다. 앞마당, 입술, 이런 얘기를 하고 있는 북한의 장래에 대해 미국이 중국과 협의하자고 하면 중국이 "그래, 우리 둘이 나눠 갖자"고 하면서 응하겠어요? ≪포린 어페어즈≫라면 국제정치 분야에서 제일 권위 있는 잡지로 쳤었는데 이제는 이런 수준의 글도 실어주나 보네요. 한쪽 다리가 길면 자르면 된다는 식의 대책, 이뤄질 수 없는 상황을 전제로 해서 거기에 무슨 논리성만 부여하면 정책이 되는 것처럼 생각하는 건 문제가 정말 심각합니다.

박정희 대통령이 지하에서 개탄할 노릇

───── 전작권 환수 연기, 억지력 강화가 안보를 가져오나 _ 2010. 7. 6

미국은 천안함 사건을 이용해 자신들의 숙원을 해결하려는 한국 보수 세력에 적극 호응했다. 전시작전통제권 환수 연기를 수용한 것은 그 결정판이었다. 그러나 공짜 점심은 없었다. 미국은 시간이 지나면서 하나 둘 청구서를 보내오기 시작했다. 한국 정부에 적극 협력한 대가를 요구하기 시작한 것이다. 한국 경제에 타격을 줄 수 있는 이란 제재에 동참해달라는 것은 신호탄에 불과했다. 한미 자유무역협정(FTA) 재협상 등 미국의 요구는 다방면에서 이뤄질 것으로 보인다.

박정희 전 대통령도 탄식할 일

6월 26일 한미 정상회담에서 전시작전통제권 환수 연기를 합의하는 걸 보면서 갑자기 박정희 대통령이 지하에서 어떤 말을 할까 하는 생각을 했습니다. 박정희 대통령은 1970년대 초부터 자주국방을 기치로 내세우면서 군사 분야 투자를 엄청나게 많이 했습니다. 70년대 중반 한국이 경제력 면에서 북한보다 우위에 서기 시작한 이후 방위 투자가 늘어났고 80년대로 넘어와서는 방위 투자 누계에서도 북한을 앞지르기 시작했어요. 그리고 80년대는 군인들이 계속 정치를 하던 시절입니다. 안보를 군인 통치의 명분으로 삼았습니다. 국방력을 강화해서 북한의 전쟁 도발을 사전에 억지해야 한다는 핑계를 대면서 군인들이 국가의 최고 권력을 장악하는 것을 정당화하던 시절이었습니다.

대한민국 정부 수립 이래 지금까지 62년이 지났는데 군인 통치 기간이 32년이었어요. 한국전쟁 이후부터 잡으면 60년 중 32년이 군인 통치 기간이었습니다. 그렇게 오랜 세월 동안 군인들이 안보를 명분으로 정권을 장악하고 유지하는 걸 정당화했는데, 아직도 자주국방을 못 해서 전작권 반환 일자를 3년 7개월씩이나 늦춰야 하는지….

박정희 대통령이 자주국방을 내세운 건 미국을 믿을 수 없다는 판단 때문이었습니다. 68년 김신조 사건과 미 정보 수집함 푸에블로호 나포 사건, 69년 미 정찰기 피격 사건에도 불구하고 미국이 북한을 응징하지 않고 오히려 동북아의 평화를 얘기하고 주한미군을 감축하니까 박정희 대통령이 도저히 안 되겠다면서 자주국방을 내세웠던 겁니다. 그러면서 전체 국가 예산 중 방위비 투자 비율이 20~25% 정도가 될 정도로 많은 돈을 썼습니다. 그러다가 88년 노태우 정부가 들어서자마자 바로 미국과 작전통제권 반환 문제를 협의하기 시작합니다. 그 결과 94년까지 평시작전통제권을 우리가 환수하기로 했습니다. 그건 뭘 의미하는가? 군인 통치가 30년 정도 경과한 노태우 정부 시절에는 우리의 방위력이 북한보다 상대적으로 우세해졌거나 최소한 균형을 이뤘다고 봤기 때문에 적어도 평시에는 한국이 작통권을 가지고 있어도 된다는 판단을 하게 됐고, 미국도 그런 사실을 잘 알았기 때문에 돌려준 거라고 봐야겠죠. 결국 94년 12월 31일 평시작전통제권이 돌아왔는데, 당시 김영삼 대통령은 그날을 '제2의 창군일'이라고 규정했습니다. 평작권을 돌려받은 것만으로도 '제2의 창군'이라고 했던 김영삼 대통령은 지금 무슨 말씀을 할 수 있을까요?

박정희 대통령은 뭐라고 하겠습니까? 아마 지하에서 이렇게 탄식하고 있을 겁니다. '내가 자주국방을 기치로 내건 지 40년이나 됐는데 아직도 자주국방을 못한단 말인가. 나의 육사 후배 군인 대통령들은 대체 뭘 했다는 건가. 아직도 자주국방을 못했다면 뭐가 문제인가? 경제력 면에서 내 임기 중에 북을 완전히 앞질렀고, 방위비 누계도 북한을 추월한 지 오래됐는데, 우리는 GDP 1조 달러에 국방 예산도 250억 달러나 되고, 북은 GDP 총액조차 200억 달러 미만이라는데 아직도 미군한테 전작권을 맡겨둬야 한다면 대체 북한의 군사력은 얼마나 막강하단 말인가?'

광해군에 폭군 낙인찍은 친명 사대 세력의 재림?

이번 일을 보면서 소위 친명 사대 세력에 의해 왕위에서 축출당한 광해군을 생각했습니다. 광해군의 외교가 상당히 높은 평가를 받고 있다는 건 웬만한 사람은 다 알고 있잖아요. 광해군은 당시 세력이 커지던, 나중에 청淸나라가 되는 후금後金과의 관계에 신경을 많이 썼습니다. 후금에 우호적이었다고 하긴 뭐하지만 최소한 명明과 후금 사이에서 균형 외교를 했습니다. 친명과 친청을 같이 해서 변방을 조용히 관리하고 조

3장 요동치는 21세기 동북아

333

선의 안위를 도모하려고 했습니다.

광해군은 왜 그런 외교를 했는가? 아버지인 선조 때 임진왜란이 났는데, 조선이 친명 사대 외교를 했기 때문에 명에서 원군이 오긴 왔습니다. 철저한 대명 종속 외교를 확실하게 한 결과 원군이 온 거죠. 그런데 여기 왔던 명의 장수들이 엄청난 횡포를 부렸어요. 그건 정사에도 나오고 야사에도 나오고 드라마에서도 나오니까 내가 재론할 필요는 없습니다. 그때 선조가 소위 전작권을 전부 명에 넘겼어요. 이순신 장군도 명의 진린 제독한테 지휘를 받으면서 나라를 지켰어요. 그 진린의 횡포는 아주 유명했습니다. 일본 사람들하고도 내통했다는 말까지 야사에 나와요. 철저한 친명 일변도 외교가 가져온 폐해를 광해군은 왕자 시절에 뼈저리게 체험했기 때문에 자기는 왕위에 올라서 균형 외교를 하려 했다고 봅니다. 전작권을 통째로 남의 나라에 넘기는 상황을 다시는 안 만들겠다고, 친명과 친청을 동시에 했다고 봐야 할 겁니다.

광해군의 대對 명·청 균형 외교 노선이 조선의 친명 사대 세력을 매우 불편하게 했어요. 그래서 그 사람들이 광해군에게 폭군이라는 딱지를 붙여서 인조반정을 일으켰습니다. 반정을 정당화하기 위해서 정치적인 이유를 들이댄 겁니다. 바로 그것 때문에 인조반정 직후 조선이 병자호란을 만난 거예요. 그리고 굴욕적인 항복을 하면서 후금에 신하의 예를 다하겠다고 맹세했습니다. 광해군 때만 해도 형제관계라고 해서 관계를 비교적 잘 유지했었는데, 병자호란을 만난 후부터는 명과의 관계를 끊고 청의 신하 국가로 전락한 겁니다. 군신관계가 됐습니다. 한쪽에 너무 지나친 사대 외교를 하다 보면 또 어느 한쪽에 다시 굴욕적인 사대 외교를 할 수밖에 없는 겁니다. 대상만 바꾸는 거죠.

우리는 지금이라도 광해군의 외교 노선을 재평가해야 합니다. 친명 사대 세력이 낙인찍은 '폭군' 이미지를 벗겨내고 외교적으로 어떤 지혜를 발휘했는지 잘 따져봐야 합니다. 이명박 정부가 노무현 정부를 여러 면에서 폄하하고, 그것으로 전작권 환수 연기를 정당화하고 있는데, 현실적으로 타당한 것인가를 따져봐야 합니다. 아직도 북한이 우리보다 우세해서 미군한테 의존해야 한다면 정말 북한은 세계 최강의 군사대국이라고 해도 논리적으로 과언이 아닌 겁니다.

북핵 때문에 전작권 환수 어렵다는 거짓말

이 정부는 북한의 핵 능력을 거론하고, 특히 천안함 사건을 명분으로 국민들의 안보 위기감을 자극해서 전작권 환수 연기를 정당화했는데요. 정말 설득력이 없습니다. 천안함 사건에 대한 설명이 부실하듯 전작권 환수를 연기하는 것을 정당화하는 논리도 참으로 부실하더라고요. 정부 쪽 사람들은 천안함 사건도 있고, 북한이 핵실험을 하면서 비대칭 살상 능력이 강화되는 마당에 대북 억지를 위해서는 전작권 환수를 연기할 수밖에 없다고 말합니다. 그리고 영원히 안 받는 게 아니라 3년 7개월 연기하는 것에 불과한데 왜 그렇게 시끄러운지 모르겠다고도 합니다. 그런데 한 번 연기한 선례가 생기면 그게 거듭될 수 있고, 사실상 군사 주권을 되찾지 못하는 상황이 고착될 수 있어요. 연기하는 것에 불과한데 왜 반대하느냐는 말은 유치한 변명입니다.

더욱 중요한 건 국민들을 속이고 있다는 사실입니다. 북한의 핵 능력 때문에 전작권 환수를 연기할 수밖에 없었다고 하는데, 노태우 정부가 평작권 환수를 협의할 때도 이미 북핵 문제는 미국에 의해 국제적 문제가 되어 있었어요. 그래서 미국은 우리한테도 남북 기본합의서만 체결하지 말고 한반도 비핵화 공동선언도 만들라고 요청했던 것 아닙니까. 92년 말에 평작권을 94년까지 돌려주기로 합의했는데, 김영삼 정부 시절인 93년 1차 북핵 위기가 터졌어요. 그래도 평작권 환수는 예정대로 했습니다. 미국이 한반도 상황에 대한 책임 문제 때문에 굉장히 고심하고 있는 상황임에도 불구하고 약속대로 돌려줬습니다. 또, 노무현 정부 들어와서 2005년 말에 전작권 환수 협의가 시작됐는데, 미국이 돌려주겠다고 합의한 것은 2006년 10월 한미 연례안보협의회(SCM) 때였습니다. "2009년 10월 15일 이후~2012년 3월 15일 이전에 전작권을 반환한다"고 합의했습니다. 그 시점이 언제입니까? 북한의 1차 핵실험에서 한 달도 안 됐을 때고, 장거리 미사일을 발사한 지 3개월이 약간 넘었을 때였어요. 그래도 미국은 전작권을 반환하겠다고 결정했습니다.

그건 뭘 의미하느냐? 미국의 군사적 판단이 이미 내려졌다는 겁니다. 북이 남쪽을 상대로 전쟁을 도발할 능력이 없거나 가능성이 낮다고 본 겁니다. 전작권이 반환돼도 주한미군이 남아 있으니까 그 자체가 억지력으로 작용하고, 전작권을 돌려줘도 한반도에서 전쟁이 안 난다는 판단을 한 겁니다. 노무현 정부가 전작권 반환을 하면서 민족주의적인 이미지 메이킹을 시도하기도 했지만, 미국의 입장에서 전작권을 돌려줘야 할 필요성이 더 컸어요. 2001년 9·11 테러 이후 알카에다나 그와 유사한 테러집단에 대한 대응력을 키우기 위

정세현의 외교토크

해서 미국은 해외 주둔 미군을 신속기동군화하는 쪽으로 갈 수밖에 없었습니다. 주한미군도 신속기동군화하겠다고 생각한 것이고, 그 구상을 바탕으로 주한미군의 전략적 유연성에 대한 협의를 제의한 겁니다. 주한미군 사령관이 한국군의 전작권을 가지고 있으면 미국의 자유로운 행동을 어렵게 만드는 족쇄가 됩니다. 그래서 돌려주려고 한 거예요.

거기에는 기본적으로 북한이 문제를 일으킬 가능성이 적고, 설사 문제를 일으킨다고 해도 신속기동군화되어 있는 주한미군이 중동이나 인도양 쪽에 나가 있더라도 곧바로 돌아올 수 있다는 계산이 깔려 있었죠. 또 주한미군이 다 떠나는 건 아니니까요. 그 시절 미국의 대통령이 부시였습니다. 전작권을 돌려주겠다고 했던 미국 정부는 북한을 극도로 불신하고, 대북 압박이 필요하다고 확신하던 부시와 네오콘들의 정부였어요. 그런 부시 행정부가, 북한이 핵실험을 했고 미사일도 곧 대륙간탄도미사일(ICBM) 수준으로 발전한다는 판단이 섰던 그 시절에도 전작권을 돌려주려고 했던 겁니다.

이렇게 보면 전작권 문제는 실체적 진실보다는 관점의 문제가 돼버렸어요. 이명박 정부가 들어서면서 노무현 정부가 전작권을 찾아오기로 했던 것에 대해 친북적인 입장의 발로였다는 논리로 합의를 뒤집은 것에 불과합니다. 소위 균형 외교를 하려고 했던 광해군을 완전히 도덕적으로 매도해서 반정을 정당화했던 친명 사대 세력과 비슷하다는 생각이 듭니다. 그러나 미국만 가까이하면서, 북한·중국과는 적대시하고 거리를 두어도 살 수 있다고 생각한다면 큰 오산입니다.

만리장성 쌓아서 중국 안보에 도움이 됐나?

또 다른 측면에서 얘기해봅시다. 미국과 러시아는 지난 3월에 핵무기를 감축하기 위한 새로운 협정을 타결했습니다. 무기 감축(arms reduction)을 하겠다는 겁니다. 감축을 하려면 우선 긴장 완화(tension reduction)를 해야 하고, 다음으로 위협 감소(threat reduction)를 해야 하고, 더 나아가면 무기 감축을 해야 합니다. 그게 순서입니다. 지금 미국과 러시아는 부시 때 일시 중단되었던 무기 감축 수순(상호 핵무기 감축)을 다시 밟고 있습니다. 완화·감소·감축(reduction)의 반대 개념은 억지(deterrence)입니다. 적대하면서 억지력을 키울 것인가, 상호 협력을 통해 위협을 감소시키고 무기까지 감축할 것인가, 둘 중의 하나를 선택해야 합니다. 그런데 미국과 러시아는 감축으로 가는데 우리는 억지력을 키우기 위해서 전작권 환수를 미루어야 한다고 한단 말예요. 작년에 이미 확장된 억지력(extended deterrence)을 미국한테 보장받았으면서도 전작권까지 좀 더 가지고 있으라고 하는 겁니다.

중국의 역사에서 억지력을 키우는 차원에서 대비했던 대표적인 사례가 진시황 때 쌓기 시작한 만리장성입니다. 명나라 때 서쪽으로 실크로드가 끝나는 지점까지 쌓았지만, 그럼에도 불구하고 숱하게 많은 새외塞外(요새 밖 즉, '만리장성 밖'을 뜻함) 민족, 만리장성 북쪽에 있는 유목민족들이 중국을 유린하고 약탈하고 중국 본토까지 넘어 들어와 나라까지 수립했었어요. 수隋나라가 중국을 통일하기 전 4세기 초부터 130 ~140년간 중국에서는 만리장성 북쪽의 흉노·선비·저·갈·강 등 다섯 유목민족들이 만리장성을 넘어와 나라를 16개나 세운 적도 있었어요.

중국사에서는 5호 16국 시대라고 부릅니다. 만리장성이 중국의 안보를 보장하지는 못했던 겁니다. 만리장성이라는 억지력만 가지고는 한족漢族의 안위가 보장되지 않았던 겁니다.

결국 중국은 주변 국가들, 새외 민족과의 화친이 안보 경비를 오히려 줄여준다는 걸 알게 됐습니다. 억지력 쪽에 투자를 하려면, 하나의 도발에 대비하기 위해서는 그보다 수천 수만 배나 많은 투자를 해야 되는데, 그런 안보정책을 쓰지 않고 화친정책을 쓰면 서로 상생할 수 있다는 걸 알게 된 겁니다. 그렇게 하니까 중국이 조공을 받게 됐어요. 자신들의 문화를 전수해주고, 형제관계·부자관계·군신관계를 맺으면서 새외 민족을 관리하던 시절, 중국엔 오히려 안보 위기가 없었어요. 그러다 보니 만리장성은 이제 건축사史에만 남았어요. 세계적인 건축물로 이름을 남겼지만, 외교·안보 정책 면에서는 무용지물이었습니다. 오히려 화친이 저경비 고효율의 결과를 냈습니다.

전작권 환수를 미루고 억지력을 키우겠다고 하는데, 미국이 짜놓은 시간표를 조정해야 하니까 거기서 생기는 부담은 우리가 다 떠안아야 합니다. 주한미군 주둔비 분담금은 2012년까지 비율을 정해놨으니까 추가 부담이 없을 거라고 둘러대던데, 결코 그렇지 않을 거예요. 전작권 환수 연기 때문에 우리가 얼마의 추가 부담을 해야 하는지 언론이나 전문가들은 이 문제를 캐볼 필요가 있습니다. 청와대와 백악관 사이의 합의로 환수를 연기했는데, 솔직히 우리 국방부도 좀 당황했을 겁니다. 2012년 4월 17일을 환수 디데이로 정해놓고, 그로부터 역산해서 미군기지 이전이라든지 우리의 내부적인 준비를 다 하고 있었는데, 모두

스톱시키고 3년 7개월 뒤로 미루면 추가 비용이 발생할 수밖에 없어요. 비용도 늘어나고, 미국이 내부적으로 조직을 개편하는 문제 같은 것도 재조정해야 합니다. 이 과정에서 생기는 비용을 미국이 부담할 것 같습니까?

미국이 어떤 나라입니까? 우리를 빼놓고 제네바 기본 합의를 북한하고 체결해놓고 와서 경수로 건설 경비의 70%를 우리한테 넘긴 사람들입니다. 그리고 지금 추세가 해외 주둔 미군들의 경비를 주둔국에 점점 더 떠넘기고 있잖아요. 우리도 아마 그 비율을 높여주는 무슨 이면 합의 같은 게 있지 않나 싶어요. 그러지 않고 이런 합의가 이루어지기는 어려울 겁니다. 시간이 좀 지나면 점차 밝혀질 수밖에 없을 겁니다. 작년에 우리가 미국으로부터 확장된 억지력을 보장받으면서 미국산 무기 구매 자격을 한 단계 올려놨는데, 그런저런 이유로 방위비 부담은 높아질 수밖에 없습니다. 결국 국민 부담으로 돌아가니까 지금은 없다고 하겠지만 내년부터 슬그머니 기정사실화하면서 그걸 정당화하는 말을 내놓을 겁니다.

아시아의 붉은 별이 떴다

―― **중·일 댜오위다오 분쟁, 뒷짐 질 일인가?** _ 2010. 10. 6

2010년 동북아의 정세는 시대의 변화를 절감케 했다. 미국은 자꾸만 허둥댔고, 중국은 자신들의 힘을 드러내는 데 주저함이 없었다. 한국과 일본은 구시대적 외교 패러다임으로는 풀 수 없는 문제들이 있음을 체감했다. 한국의 외교는 어디로 가야 하는가?

댜오위다오, 근대 중국의 굴욕과 응어리가 서려 있는 땅

지난 9월 7일 동중국해에 있는 댜오위다오釣魚島 부근에서 중국 어선이 일본 순시선을 들이받고 도주하다가 선원들이 일본에 체포된 일이 있었습니다. 그 문제 때문에 중국과 일본이 거의 한 달 동안 심각하게 갈등했는데, 그 사건의 정리 과정을 보면서 좀 앞서가는 것 같지만, 장차 우리 외교의 방향에 대해서 여러 가지 생각을 하게 됐습니다.

문제의 섬 이름이 댜오위다오인데 타이완에서는 댜오위타이釣魚臺라고 부르면서 자기네 영토라고 주장합니다. 베이징에 있는 영빈관과 글자가 같은데, 둘 사이에 관계는 없어요. 어쨌든 낚시를 할 만한 정도의 돌섬이라는 뜻입니다. 그래서 일본에서는 뾰족할 '첨' 자를 써서 센카쿠尖閣 열도라고 부릅니다.

소유권 문제가 좀 복잡해요. 거리상으로는 타이완에 가까운 섬입니다. 그런데 타이완은 명나라 때까지는 중국으로 치지 않았어요. 중국은 그저 타이완을 자기네 영역 안에 있는 관리 대상 정도로만 봤습니다. 명나라가 망한 뒤 명나라 복원운동 세력이 그 섬으로 들어가면서 중국과 밀접한 관계가 시작됐어요. 원나라의 고려 지배를 거부하는 삼별초가 제주도를 국권 회복 운동의 거점으로 삼았듯이.

청나라 중기에 타이완에 개척 이민을 대대적으로 보내면서 댜오위다오도 비로소 중국의 일부로 편입됩니다. 그렇게 해서 타이완이 중국의 일부가 됐는데, 1895년 중국이 청일전쟁에서 지고 일본과 시모노세키 조약을 맺으면서 펑후다오澎湖島와 타이완, 조선에 대한 관할권을 일본에 넘겼어요.

조선에 대해서는 일본의 우월적 지위를 인정하는 정도였지만, 중국 영토였던 펑후다오와 타이완에 대해서는 영유권 자체를 포기해버립니다. 승전국 일본의 대표였던 이토 히로부미가 리훙장을 시모노세키로 불러들여서 완전히 내놓으라고 해서 가져갔어요. 그때 타이완에 가까이 있던 댜오위다오 역시 일본으로 넘어갑니다. 오키나와도 그때 일본으로 넘어갔어요.

그리고 제2차 세계대전 후에 패전국 일본의 영토 문제를 협의하는 과정에서 펑후다오와 타이완은 중국으로 다시 돌아갑니다. 그런데 미국이 댜오위다오만큼은 군사 작전상 중요하다고 판단해서 일본 영토로 인정해주는 짓을 합니다. 내용상 미국이 쓰겠다는 거였지요. 댜오위다오 문제에 대해 중·일 간에 분쟁이 있을 때마다 미국이 일본 편을 드는 것은 바로 그 당시 자신들의 정치·군사적 조치에 대한 책임과 관련이 되어 있기 때문입니다.

그러니까 댜오위다오는 중국이 아편전쟁(1840~1842) 이후 한 세기 동안 서양과 제국주의 세력에 당했던 굴욕의 응어리가 서려 있는 땅이고 상징입니다. 그래서 중국이 더 민감하게 대응하는 겁니다.

내가 왜 자꾸 댜오위다오라는 중국 명칭을 쓰는가 하면, 원래의 소유자가 부르는 명칭을 쓰는 게 옳다고 보기 때문이에요. 우리가 댜오위다오를 센카쿠라고 부르면 원래 우리의 소유인 독도에 대해 일본이 다케시마竹島라고 부르는 걸 인정하는 것과 똑같습니다.

마오쩌둥의 '종이호랑이' 호언이 현실로

일본이 중국 어선의 선장을 억류하니까 중국이 아주 강력하게 반발했어요. 일본에 비교적 우호적이라고 평가되는 원자바오 총리까지 강한 얘기를 하면서 각종 외교적 교류를 거부했고, 결정적으로 일본 하이테크 상품 제조에 꼭 필요한 자원인 희토류의 수출을 중단한다고 통고했습니다. 그렇게 정치·외교·경제적으로 강하게 압박하니까 결국 일본이 맥없이 주저앉아버렸습니다. 선장을 풀어주면서 관계를 정상화하자고 나왔어요.

내가 지난 5월 '정세토크'에서 한국이 천안함 사건과 관련해서 중국을 너무 심하게 자극하는 바람에 중국의 유소작위를 불러왔다고 했는데, 그때 한국에 대해서는 유소작위만 했을지 모르지만, 이번 댜오위댜오 문제와 관련해서는 중국이 확실하게 굴기堀起(세계 속에 산처럼 우뚝 선다)를 했습니다. 지난 3월 중순 서울에서 열린 국제회의에서 헨리 키신저 전 미 국무장관 같은 대표적 미국 중심주의자도 인정했듯이, 미국은 '쇠퇴하는 강국'인 반면 중국은 '부상하는 강국'이 되고 있다는 걸 분명히 보여주는 사례였어요.

1960년대, 미국에서 에드가 스노의 <Red Star over China>(중국의 붉은 별)라는 책이 나왔는데, 마오쩌둥이 중국의 떠오르는 별이란 얘기였습니다. 이번 댜오위댜오 문제가 처리되는 과정을 보니까 중국이 그야말로 'Red Star over Asia'(아시아의 붉은 별)가 되고 있구나 하는 생각을 했습니다. 자기 고유 영역은 물론 아시아 문제에 관해서만큼은 미국보다 중국이 훨씬 강력한 영향력을 행사하고 위상을 정립하겠다는 메시지를 주었다고 봅니다.

20여 년 전만 같았어도 미국이 중국을 압박하기 위해서 중국산 물품 수입을 규제한다거나 하는 조치를 취할 수도 있었을 겁니다. 그런데 이번에 댜오위댜오 문제가 처음 터졌을 때 힐러리 국무장관까지 나서서 미일동맹 운운하면서 일본 편을 들던 미국이 막상 중국의 위세 앞에서 어쩌지 못하고 사실상 무력하게 손을 들었어요.

1989년 천안문 사태 이후 미국은 중국의 인권을 개선시킨다는 명목으로 무역에서의 최혜국 대우를 매년 갱신·연장하는 걸 레버리지로 삼아서 인권 개선을 요구했어요. 그때는 미국한테 그런 레버리지가 있었어요. 중국도 개혁·개방 과정에서 미국에 수출을 해서 먹고 살아야 하니까 미국의 요구를 받아들여 인권을 개선해나갔습니다.

그런데 이번에는 중국이 미국에 직접 타격을 주진 않았지만, 희토류라는 자원을 가지고 일본을 굴복시켰어요. 그러니까 은근히 일본 편을 들었던 미국도 어쩔 수 없이 발을 뺐습니다. 댜오위다오 근해에서 미일 합동 해상 군사훈련을 한다는 게 기껏 뒤늦게 내놓은 반응이었습니다. 사또 떠난 뒤 나팔 부는 격이지요. 그게 무슨 의미가 있습니까? 항공모함 조지워싱턴호를 아무리 동원한다고 해도 그건 분명 미국이 주저앉은 겁니다. 중·일 간에 승강이가 있을 바로 그 당시에는 못 치고 나갔거든요.

미국의 그런 모습을 보면서 과거 마오쩌둥이 문화대혁명 시절 미국에 대해 했던 평가가 드디어 현실화되는구나 하는 생각을 했습니다.

문화대혁명은 사회주의적 순수성을 회복한다는 명분을 내걸었지만, 마오쩌둥이 류사오치, 덩샤오핑 등 정적들을 '주자파走資派'(자본주의적 노선을 걷는 사람들)라고 규정하고 제거해나가는 권력투쟁이었습니다. 그러다 보니 이론상 '반제반미反帝反美'를 외쳐야만 했어요. 제국주의와 미국은 자본주의였으니까.

당시 마오쩌둥이 미국에 대해 몇 가지 평가를 내립니다. 중국인들이 가지고 있는 공미증, 즉 미국에 대한 공포를 불식시켜야 하고, 그래야 주자파를 제거할 수 있다는 계산이 있었을 겁니다. 그중 하나가 '미국은 종이호랑이(紙老虎)'라는 것이었습니다. 이게 나중에 영어로 'Paper Tiger'로 번역되었을 겁니다. 미국이란 나라가 별게 아니니까 겁낼 필요가 없다는 것이었습니다.

9월 9일 주중 일본 대사관 앞. 댜오위다오(일본명 센카쿠 열도)의 반환과 구속된 중국 어선 선장의 즉각 석방을 요구하며 중국인들이 시위를 벌였다. 중국은 희토류 수출 중지, 고위급 교류 중단 등의 조치를 내세워 일본의 백기를 받아냈다.

"미국이 당장은 굉장히 센 것 같지만 중국을 건드리지 못한다, 중국은 인구가 10억이 넘지만 미국은 3억도 안 되기 때문에 원자탄을 가지고 두 나라 사람들이 전부 죽을 때까지 살육전을 벌여도 중국 사람들은 남는 사람이 있을 뿐만 아니라 설령 다 죽어도 전 세계의 화교들이 돌아와서 나라를 세울 수 있다. 그런데 미국은 그럴 사람들이 없다. 그러니 중국이 결국은 미국을 이길 수 있다"고 마오쩌둥은 말했습니다.

공산주의 이론에서 말하는 혁명적 낙관주의에 입각한 말이었고, 그때만 해도 황당한 얘기였습니다. 선전선동 논리에 불과했어요. 그런데 이번에 보니까 마오쩌둥이 40여 년 전에 했던 말이 드디어 현실이 됐어요.

미국 제일주의 외치는 한국의 '이상한' 보수 세력

중요한 것은, 이번 일을 단지 중·일 간의 분쟁으로만 볼 게 아니라는 겁니다. 우리 외교와 관련해서도 많은 걸 미리 챙기고 생각해야 하는 계기로 삼아야 한다고 봅니다. 중국이 앞으로 분명히 굴기 쪽으로 나아갈 텐데 큰 호수만 한 서해 하나를 사이에 두고 있는 한국, 통일이 되면 압록강·두만강을 사이에 두게 될 우리가 중국과 어떻게 지내야 할지를 더 깊이 고민해야 하는 기회가 되어야 합니다.

이명박 정부 들어 대미 의존 일변도의 외교를 하고, 특히 천안함 사건을 계기로 한미동맹의 위력을 과시하고 북한을 압박한답시고 여러 가지 조치를 취했고 앞으로도 계속 하겠다고 합니다. 하지만 중국 입장에서는 한국과 미국의 그런 행동을 단지 북한 때리기로만 보지 않을 겁니다. 중국은 미국이 북한을 핑계로 한국 편드는 척하면서 사실상 자기들을 압박하는 걸로 볼 겁니다.

천안함 사건 이후 서해에서 한미 합동 군사훈련을 한다고 하니까 중국 언론들이 "한국에 본때를 보여야 한다"고 했어요. 물론 군사적으로 한국을 응징하지는 못하겠죠. 그러나 실제 본때를 보이기로 했다면, 중국이 우리한테 가지고 있는 레버리지를 쓰려고 했을 겁니다. 희토류 수출 중단으로 일본을 굴복시켰듯, 한국의 경쟁력 있는 상품과 관련된 원자재의 수출을 막아버린다거나 하는 식으로. 그러면 우리도 무릎을 꿇을 수밖에 없는 겁니다.

천안함 사건에 대해서도 더 이상 중국의 비위를 건드리지 않는 게 좋습니다. 무서워서 그러는 게 아닙니다. 우리 먹을거리의 상당 부분이 중국에서 오고 있다면 그런 나라의 기분을 나쁘게 해서 득 될 게 뭐가 있겠습니까? 국내적으로 보수 결집이라는 정치적 이득을 챙길지 모르겠지만 경제적 불이익이 뻔히 보이기 때문에 그렇게 간단한 문제가 아닙니다. 국민들과 언론들이 그 점에 대해 이명박 외교에 문제 제기를 해야 합니다.

노무현 정부 시절 우리가 일본과 중국 사이에서 균형자 역할을 하겠다고 했던 적이 있습니다. 보수층에서 "우리가 무슨 힘이 있다고 균형자를 하느냐"고 비판했어요. 그때 일부 진보도 비판했어요. 그런데 국제정치에서 균형자 역할은 꼭 강국만이 할 수 있는 건 아닙니다. 중소국도 외교를 잘하면 균형자 역할을 잘할 수 있어요. 오히려 중소국 정도 되는 나라들이 외교적인 지혜를 발휘하면 강국들의 충돌을 막고 자국의 외교적 위상도 높일 수 있습니다.

노무현 정부 시절의 동북아 균형자론이 침몰해버린 건 아쉽지만, 이제 다시 중·일 간의 균형자에서 나아가 미·중 간의 균형자가 되는 쪽으로 시야를 넓힐 필요가 있습니다.

전에도 한 번 얘기했는데요, 광해군은 쇠퇴하는 명나라와 신흥 세력인 후금(청) 사이에서 균형자랄까, 등거리 외교를 하면서 조선의 안위를 잘 지켰습니다. 숭명사대崇明事大 사상에 절어 있던 사람들이 결국 인조반정을 일으켜서 광해군을 퇴출시키고 왕이 아닌 '군君'으로 전락시켰지만, 두 세력과 균형을 이루며 살아야 한다는 광해군의 외교가 잘됐다는 건 국사학계의 정설입니다.

그런 지혜를 이제 우리가 배워야 합니다. 미국이 1등 강국인 건 틀림없지만 2등 강국인 중국을 마음대로 하지 못하는 상황에서 지리적으로 인접해 있는 중국과도 잘 지내고 미국과도 잘 지내는 균형 외교, 혹은 등거리 외교를 본격적으로 해야 합니다. 중국은 우리 최대의 시장이고 우리가 경쟁력을 가진 상품을 만드는 데 필요한 자원을 공급하는 기지이기도 합니다. 그런 중국을 놔두고 무조건 미국에만 의존하면 안 됩니다.

이명박 정부야 2년 정도밖에 안 남았지만, 차기 정권을 생각하는 사람들은 반드시 지금부터 그런 방향으로 전략을 세워나가야 합니다. 특히 보수 세력일수록 그 문제를 심각하게 고민해야 합니다. 다른 나라의 보수들은 자국 제일주의적인 성향을 보이는데 우리나라 보수는 미국 제일주의 성향을 보인단 말예요. 제대로 된 보수라면 자기네 국가와 민족의 이익부터 챙기는 쪽으로 가야 하고, 그게 바로 미·중 간 등거리 외교를 해야 하는 이유입니다.

진보도 마찬가지예요. 동북아시아의 국제질서는 큰 나라들에게 맡기고 그 영향권하에서 남북관계만을 얘기할 게 아니라, 우리가 국제질서 재편 과정에서 객체로 머물지 않고 주체의 일원이 되기 위해서는 지금보다 크고 넓은 시각과 관점을 가져야 합니다.

맺음말

이명박 정부가 들어선 지 얼마 되지 않았던 2008년 5월, 정세현 전 장관은 한 라디오 프로그램에 나와 이런 말을 했다. "좋은 일에는 초청을 받아야 가지만, 궂은일에는 소문만 듣고도 가는 겁니다." 북한의 식량난에 대한 이야기를 하면서 나온 말이었는데, 나는 그 얘기를 듣고 '저분과 뭔가를 같이 했으면 좋겠다'는 생각을 강하게 했다. 정전 장관의 논리는 어떤 특정한 이념이 아니라 상식에 기초하고 있어서 광범위한 설득력을 발휘한다는 건 그전에도 느낀 바였지만, 대북 쌀 지원의 당위성을 강조하면서 '궂은일' 비유를 하는 걸 듣고는 가만히 있을 수 없었다.

그렇게 시작된 '정세토크'가 이렇게 오랫동안 계속되리라고는 나 역시도 예상하지 못했다. 그러다 보니 '정 전 장관의 이야기보따리는 어떻게 이렇게 클까?' 하는 궁금증이 생겼다. '30년 가까이 남북관계의 현장에 있었으니 당연하겠지.' 1차적인 결론이었다. 하지만 그것만으로는 설명이 안 됐다. 정 전 장관 말고도 공직에서 수십 년간 산전수전 다 겪고 최고위급까지 오른 사람들은 많다. 외교·안보·통일 분야 말고도 모든 분야에 걸쳐 많이 있다. 그러나 그런 분들 중에서 자신의 경험과 지식을 그처럼 적극적으로 활용하는 경우는 거의 없다. 정 전 장관은 왜, 어떻게 그게 가능했을까?

나는 정 전 장관이 공직자이기에 앞서 한 사람의 학자이기 때문이라고 본다. 현실에서의 경험을 머릿속에 무질서하게 쌓아놓는 게 아니라 끊임없이 개념화하고 이론화하려는 연구자적 태도를 평생 버리지 않았기 때문이라고 생각한다. 그런 점에서 통일부 장관이나 민족통일연구원장 같은 공직은 정세현이라는 학자에게 주어진 하나의 '국가적 보직'이었다. 직접 물어보지는 못했지만, 한때 '반공'을 말하던 그가 대북 포용정책의 핵심 인물이 된 것도 냉전에서 탈냉전으로 가는 커다란 시대적 흐름을 학자적으로 수용한 결과라고 나는 해석하고 있다.

그런 정세현 전 장관과 2년 넘게 '정세토크'를 같이 했던 것은 그 무엇과도 바꿀 수 없는 귀중한 경험이었다. 나는 최고의 외교·안보·통일 전문가로부터 '공짜로' 개인과외를 받는 행운을 얻은 기자였다. 그 행운은 앞으로도 계속될 것이다. '정세토크'가 지금껏 그래왔듯 살아 있는 정세 분석과 비판 코너로 남아 있으려면 정 전 장관과 나 사이의 긴장이 있어야 한다고 감히 생각한다. 그저 경청하고 받아쓰는 게 아니라 때로는 반론을 펴고 토론을 하며 같이 만들어가야 한다고 본다. 아들과 같은 나이의 기자가 어설프기 짝이 없는 태도를 보여도 이해하고 감싸주며 호흡을 같이 해준 정세현 전 장관께 무한한 감사의 마음을 전해드린다.

2010년 11월
황 준 호